Algebra und Stochastik 10. Klasse

Marc Schuster

STARK

Autor: Marc Schuster unterrichtet seit dem 2. Staatsexamen im Jahr 2007 am Gymnasium Grafing die Fächer Mathematik und Physik. Seit 2010 ist er Betreuungslehrer für Lehramts-Praktikanten der TU München.

Bildnachweis

Umschlag: Jim Jordan Photography
S. 1: © Moth/Dreamstime.com
S. 7: © anitapatterson/morguefile.com
S. 8: © kk-artworks/fotolia.com
S. 10: © tellgraf/sxc.hu
S. 14: © Andrzej Gdula/sxc.hu
S. 15: © Philip MacKenzie/sxc.hu
S. 16: Fotograf: Abhijit Tembhekar, http://commons.wikimedia.org/wiki/File:Red_Apple.jpg?uselang=de. Diese Datei ist unter der Creative Commons-Lizenz Namensnennung 2.0 US-amerikanisch (nicht portiert) lizenziert.
S. 17: Fotograf: Benh LIEU SONG, http://commons.wikimedia.org/wiki/File:Tour_Eiffel_Wikimedia_ Commons.jpg?uselang=de. Diese Datei ist unter der Creative Commons-Lizenz Namensnennung-Weitergabe unter gleichen Bedingungen 3.0 Unported lizenziert.
S. 39: © wseahorse/sxc.hu
S. 52: © Redaktion
S. 55: Fotograf: tohma, http://commons.wikimedia.org/wiki/File:Tor_zum_Siebengebirge_2.jpg. This file is licensed under the Creative Commons Attribution-Share Alike 3.0 Unported, 2.5 Generic, 2.0 Generic and 1.0 Generic license.
S. 77: Fotograf: Norbert Aepli, http://commons.wikimedia.org/wiki/File:Zentrum_Paul_Klee_Bern_ 21.JPG. This file is licensed under the Creative Commons Attribution 2.5 Generic license.
S. 83: © sioda/morguefile.com
S. 100: © Ohrimalex/Dreamstime.com
S. 109: © Andrey Nekrasov – Fotolia.com
S. 123: © Darrenw/Dreamstime.com

© 2015 by Stark Verlagsgesellschaft mbH & Co. KG
www.stark-verlag.de
1. Auflage 2011

Das Werk und alle seine Bestandteile sind urheberrechtlich geschützt. Jede vollständige oder teilweise Vervielfältigung, Verbreitung und Veröffentlichung bedarf der ausdrücklichen Genehmigung des Verlages.

Inhalt

Vorwort
So arbeitest du mit diesem Buch

Methoden **1**

Exponentielles Wachstum und Logarithmen **7**
1   Wachstums- und Abnahmeprozesse 8
1.1 Lineare Zu- und Abnahme 8
1.2 Exponentielle Zu- und Abnahme 11
2   Die Exponentialfunktion 20
3   Der Logarithmus 26
4   Exponentialgleichungen 33

Zusammengesetzte Zufallsexperimente **39**
1   Zufallsexperimente kombinieren 40
2   Bedingte Wahrscheinlichkeit 46

Ganzrationale Funktionen **55**
1   Potenzfunktionen mit natürlichen Exponenten 56
2   Ganzrationale Funktionen und Symmetriebetrachtungen 62
3   Weitere Eigenschaften ganzrationaler Funktionen 66
3.1 Nullstellen 66
3.2 Verhalten der Funktionswerte an den Rändern der Definitionsmenge ... 70
3.3 Vorzeichen der Funktionswerte 71
3.4 Verlauf des Funktionsgraphen 73

Trigonometrische Funktionen **77**
1   Sinus- und Kosinusfunktion 78
2   Eigenschaften trigonometrischer Funktionen 80
2.1 Symmetrie 80
2.2 Nullstellen 81

Funktionslehre ... 83

1   Bekannte Funktionen – Überblick ... 84
2   Grenzwerte ... 95
3   Parametervariation ... 101

Grundwissen der 5. bis 10. Klasse ... 109

Lösungen ... 123

Autor: Marc Schuster

Vorwort

Liebe Schülerin, lieber Schüler,

mit diesem auf den Lehrplan abgestimmten Trainingsbuch kannst du den **gesamten Unterrichtsstoff** für Algebra und Stochastik in der **10. Klasse** selbstständig wiederholen und dich optimal auf Klassenarbeiten bzw. Schulaufgaben vorbereiten.

- Wie du geschickt an die Lösung von Mathematik-Aufgaben herangehst, erfährst du im Kapitel **Methoden**.

- In den weiteren Kapiteln werden alle **unterrichtsrelevanten Themen** aufgegriffen und anhand von ausführlichen **Beispielen** veranschaulicht. **Kleinschrittige Hinweise** erklären dir die einzelnen Rechen- oder Denkschritte genau. Die Zusammenfassungen der **zentralen Inhalte** sind außerdem in farbiger Schrift hervorgehoben.

- **Zahlreiche Übungsaufgaben** mit ansteigendem Schwierigkeitsgrad bieten dir die Möglichkeit, die verschiedenen Themen einzuüben. Hier kannst du überprüfen, ob du den gelernten Stoff auch anwenden kannst. Komplexere Aufgaben, bei denen du wahrscheinlich etwas mehr Zeit zum Lösen brauchen wirst, sind mit einem ✳ gekennzeichnet.

- Zu allen Aufgaben gibt es am Ende des Buches **vollständig vorgerechnete Lösungen** mit **ausführlichen Hinweisen**, die dir den Lösungsansatz und die jeweiligen Schwierigkeiten genau erläutern.

- Begriffe, die dir unklar sind, kannst du im **Grundwissen der 5. bis 10. Klasse** nachschlagen. Dort sind alle wichtigen Definitionen zusammengefasst, die du am Ende der 10. Klasse wissen musst.

Ich wünsche dir gute Fortschritte bei der Arbeit mit diesem Buch und viel Erfolg in der Mathematik!

Marc Schuster

So arbeitest du mit diesem Buch

Besonders effektiv kannst du mit diesem Buch **arbeiten**, wenn du dich an den folgenden Vorgehensweisen orientierst:

- Lies dir zunächst die **Methoden** zur Lösung von Mathematikaufgaben gründlich durch. Versuche dann, dich bei der Bearbeitung der Aufgaben an diese Schritte zu halten.

- Um den **Unterrichtsstoff zu trainieren**, hast du grundsätzlich zwei verschiedene Möglichkeiten:

  Methode 1:
  - Bearbeite zunächst den **Unterrichtsstoff mit den Beispielen**.
  - Löse anschließend selbstständig die **Übungsaufgaben** in der angegebenen Reihenfolge.
  - Schlage bei der **Bearbeitung der Aufgaben** erst dann in den Lösungen nach, wenn du mit einer Aufgabe wirklich fertig bist.
  - Solltest du mit einer Aufgabe gar nicht zurechtkommen, dann markiere sie und bearbeite sie mithilfe der Lösung.
  - Versuche, die Aufgabe nach ein paar Tagen noch einmal selbstständig zu lösen.

  Methode 2:
  - Beginne damit, einige **Übungsaufgaben in einem Kapitel zu lösen** und danach mit den angegebenen Lösungen zu vergleichen.
  - Wenn alle Aufgaben richtig sind, bearbeitest du die weiteren Aufgaben des Kapitels.
  - Bei Unsicherheiten oder Schwierigkeiten **wiederholst du die entsprechenden Inhalte** in den einzelnen Kapiteln.

- An die **komplexeren Aufgaben**, die du an dem $*$ erkennst, solltest du dich erst dann wagen, wenn du die übrigen Aufgaben gut lösen konntest. Lass dich jedoch nicht entmutigen, wenn du bei diesen schwierigen Aufgaben nicht sofort auf eine Lösung kommst.

- Stolperst du in den einzelnen Kapiteln oder den Lösungen über Begriffe, die dir unklar sind, kannst du diese im **Grundwissen der 5. bis 10. Klasse** nachschlagen. Ebenfalls kannst du damit am Ende der 10. Klasse noch einmal alle wichtigen Definitionen wiederholen.

Methoden

Warum gibt es Menschen, die gut in Mathematik sind, und andere, die die Mathematik weniger gut beherrschen? Diese Frage wird oft lapidar mit einem Satz wie „Das liegt an der Begabung" abgetan. Wenn man allerdings im Sportverein einen guten Sportler betrachtet, erkennt man schnell, dass Erfolg immer mit regelmäßigem und mitunter auch hartem **Training** verbunden ist. Das bedeutet, dass du alle Möglichkeiten zum Üben nutzen solltest. Dazu gehören das regelmäßige Erledigen der **Hausaufgaben** und die **Wiederholung** des im Unterricht behandelten Stoffs sowie das **Üben** mit diesem Buch.

Bei der Lösung von Aufgaben kann man drei verschiedene Fehlerarten unterscheiden:

- Fehlerart 1: Du beherrschst den Stoff, machst aber immer wieder Flüchtigkeitsfehler.

- Fehlerart 2: Du beherrschst den aktuellen Stoff, kannst aber die geforderten Grundlagen nicht anwenden.

- Fehlerart 3: Du beherrschst den aktuellen (und früheren) Unterrichtsstoff nicht und weißt somit überhaupt nicht, wie du die Lösung der Aufgabe gestalten sollst.

Fehlerart 1

Tauchen viele Flüchtigkeitsfehler wie falsches Abschreiben der Angabe, Vorzeichenfehler etc. auf, ist dies oft ein Hinweis, dass du unter Zeitdruck stehst. Dieser kann z. B. dadurch entstehen, dass wenig Zeit zum Lösen der Aufgabe zur Verfügung steht. Möglich ist auch, dass du dich selbst stark unter Druck setzt oder diesen Aufgabentyp noch nicht ausreichend trainiert hast. Um diesem Problem zu begegnen, ist es ratsam, den gleichen Aufgabentyp sehr oft zu wiederholen – ähnlich einem Sportler, der eine Bewegungsform durch unzähliges Wiederholen eintrainiert. Dabei ist es wichtig, dass du exakt auf die richtige und vor allem vollständige Bearbeitung der Aufgabe achtest. Erledige zu diesem Zweck die Aufgaben in diesem Buch. Die Theorieteile brauchst du in diesem Fall nur zu Rate ziehen, wenn ein unvorhergesehenes Problem auftritt. Vergleiche im Anschluss deine Lösungen mit den Musterlösungen am Ende des Buches, wobei du dabei genauso gewissenhaft vorgehst wie bei der Lösung der Aufgaben. Du solltest nun die gleichen Aufgaben nach einigen Tagen noch einmal genauso gründlich bearbeiten wie beim ersten Mal. Dadurch verankert sich diese Arbeitsweise und die Zahl der Flüchtigkeitsfehler sinkt mit der Zeit.
Hinweis 1:
Nur durch viel Übung beherrscht man die Mathematik!

Methoden **3**

Fehlerart 2

Stehst du oft vor dem Problem, dass du bei einer Aufgabe die nötigen Zwischenschritte nicht lösen kannst, dann haben sich Lücken in dein bisheriges mathematisches Wissen eingeschlichen. Schlage im Kapitel „Grundwissen der 5. bis 10. Klasse" die benötigten Begriffe und Definitionen nach. Solltest du danach weiter vor einem Rätsel stehen, versuche, den fehlenden Schritt mittels der Musterlösung nachzuvollziehen und anschließend die Aufgabe noch einmal selbst zu lösen. Wenn die Lücken im Grundwissen zu groß sind, besorge dir die Bücher der vorigen Jahre und arbeite die entsprechenden Kapitel sorgfältig durch.

Hinweis 2:
Wissenslücken nicht hinnehmen – sie müssen geschlossen werden!

Fehlerart 3

Wenn du häufig überhaupt keinen Zugang zu gestellten Aufgaben hast, solltest du in diesem Buch zuerst den Theorieteil des entsprechenden Kapitels durcharbeiten und anschließend alle Aufgaben bearbeiten. Die Musterlösungen dienen dabei nicht zum „Spicken", sondern um die eigene Lösung zu kontrollieren. Das Lösen möglichst vieler Aufgaben ist unbedingt nötig, da du mit reinem Verstehen der Theorie genauso wenig ein guter Mathematiker wirst wie ein Fußballer durch das Lernen der Spielregeln Nationalspieler wird.

Hinweis 3:
Immer einen Schritt komplett abschließen, bevor man den nächsten beginnt!

Bei der Lösung einer Mathematikaufgabe ist es hilfreich, sich an die folgenden Schritte zu halten:

1. Schritt – Analyse

Lies den Aufgabentext aufmerksam durch und finde heraus, was du bei dieser Aufgabe machen sollst. Schreibe dazu die gegebenen Informationen auf dein Blatt und notiere dein Ziel. Du kannst jetzt den Aufgabentext zur Seite legen und dich voll und ganz der Lösung der Aufgabe widmen.

2. Schritt – Lösungsplan

Überlege genau, wie du mittels der gegebenen Größen zur Lösung gelangst, und halte bei sehr umfangreichen Aufgaben die einzelnen Schritte fest (Lösungsplan).

3. Schritt – Lösen der Aufgabe

Orientiere dich bei der Lösung der Aufgabe an deinem Lösungsplan. Gehe hier Schritt für Schritt vor.

4. Schritt – Testen der Lösung

Überprüfe dein Ergebnis, wenn dies möglich ist. Dafür kannst du beispielsweise eine Skizze zeichnen oder eine Überschlagsrechnung durchführen.

5. Schritt – Lösung markieren
Du musst noch die Lösung als solche kenntlich machen. Manchen Lehrern reicht es, wenn du die Lösung unterstreichst, andere wollen einen Antwortsatz. Richte dich unbedingt nach den Vorgaben deines Mathematiklehrers.

Beispiel

Ein Flugzeughangar hat ein parabelförmiges Dach und ist 80 m breit. Ein 10 m hoher Lastkran soll bis 20 m an die Dachseite heranfahren können, ohne an der Decke anzustoßen. Berechne, wie hoch der Hangar an der höchsten Stelle mindestens sein muss.

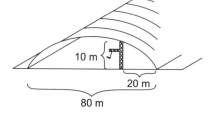

Lösung:
Analyse
Gegebene Größen: Breite in Metern: $b = 80$
Höhe Lastkran in Metern: $h_K = 10$
Abstand Dachseite in Metern: $d = 20$
Zusammenhänge: siehe Skizze (wenn nicht gegeben, selbst anfertigen)
Gesucht: Höhe des parabelförmigen Hangars in Metern (h_H)

Lösungsplan
1. Bestimme ein günstiges Koordinatensystem.
2. Stelle aus den gegebenen Größen die Gleichung der Parabel, die die Form des Hangardachs wiedergibt, auf.
3. Finde die Scheitelstelle dieser Parabel.
4. Der Funktionswert des Scheitels ist die gesuchte Höhe des Hangars in Metern.

Lösen der Aufgabe
1. Lege den Nullpunkt des Koordinatensystems in die Mitte des Hangardachs. Damit ergeben sich aus der Skizze folgende Punkte der Parabel: P(–40|0), Q(40|0) und R(20|10)
2. Da es sich hierbei um eine achsensymmetrische Parabel handelt, gilt für die Funktionsgleichung: $y = ax^2 + c$

   Einsetzen der Punkte Q und R ergibt:
   (I) $a \cdot 40^2 + c = 0$
   (II) $a \cdot 20^2 + c = 10$

   Durch Vereinfachen erhält man:
   (I) $1\,600a + c = 0$
   (II) $400a + c = 10$

Methoden 5

$$(I) - (II) \quad 1\,200a = -10$$
$$a = -\frac{1}{120}$$

Einsetzen in (II) $\quad -\frac{400}{120} + c = 10$
$$c = 10 + \frac{10}{3}$$
$$c = \frac{40}{3}$$

Parabelgleichung: $y = -\frac{1}{120}x^2 + \frac{40}{3}$

3. Bei einer achsensymmetrischen Parabel liegt der Scheitel auf der y-Achse.

4. $f(0) = \frac{40}{3} \implies h_H = \frac{40}{3} \approx 13,33$

Testen der Lösung

Hier kann man testen, ob die gefundene Parabel wirklich das Hangardach beschreibt.

$$f(x) = -\frac{1}{120}x^2 + \frac{40}{3}$$

$$\left.\begin{array}{l} f(-40) = -\frac{1}{120} \cdot (-40)^2 + \frac{40}{3} = 0 \\[2mm] f(40) = -\frac{1}{120} \cdot 40^2 + \frac{40}{3} = 0 \\[2mm] f(20) = -\frac{1}{120} \cdot 20^2 + \frac{40}{3} = 10 \end{array}\right\} \implies$$ Die gefundene Parabel beschreibt das Hangardach.

Lösung markieren

Das Hangardach muss etwa 13,33 m hoch sein.

Exponentielles Wachstum und Logarithmen

1 Wachstums- und Abnahmeprozesse

In vielen Bereichen interessiert man sich dafür, wie sich eine Größe in Zukunft entwickeln wird.

1.1 Lineare Zu- und Abnahme

In Peters Sparschwein befinden sich 28 €.
Jeden Monat wirft Peter 11 € hinzu.
Wie viel Geld hat er nach 6 Monaten im Sparschwein?

Startwert:
$$28 \, € + \underbrace{0 \, €}_{11\,€\,\cdot\,0} \qquad\quad = 28 \, €$$

Summe nach einem Monat:
$$28 \, € + \underbrace{11 \, €}_{11\,€\,\cdot\,1} \qquad\quad = 39 \, €$$

Summe nach zwei Monaten:
$$28 \, € + \underbrace{11 \, € + 11 \, €}_{11\,€\,\cdot\,2} \qquad = 50 \, €$$
$$\vdots$$

Summe nach sechs Monaten:
$$28 \, € + \underbrace{11 \, € + \ldots + 11 \, €}_{11\,€\,\cdot\,6} \qquad = 94 \, €$$

Allgemein gilt:

$y = b + a \cdot x$ y: Wert nach x Änderungen

b: Startwert (für $x = 0$)

a: konstante Änderung pro Schritt

x: Anzahl der Änderungen

Verändert sich eine Größe pro Schritt um den festen **Wert a**, nennt man diesen Prozess

- **lineare Zunahme** (Wachstum), falls $a > 0$ ist.
- **lineare Abnahme** (Abklingen), falls $a < 0$ ist.

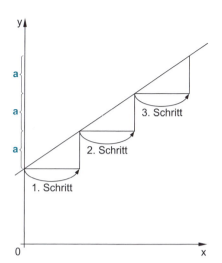
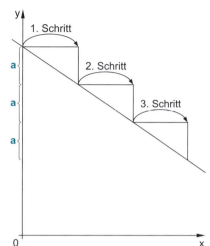

lineare Zunahme:
Bei jedem Schritt kommt zur Größe y der gleiche Wert a hinzu.
y = b + ax   mit a > 0

x	0	1	2	3
y	b	b+a	b+2a	b+3a

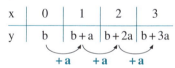

Da a > 0 gilt, wird y mit jedem Schritt größer.

lineare Abnahme:
Bei jedem Schritt nimmt die Größe y um den gleichen Wert a ab.
y = b + ax   mit a < 0

x	0	1	2	3
y	b	b+a	b+2a	b+3a

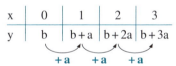

Da a < 0 gilt, wird y mit jedem Schritt kleiner.

Beispiel

Bei einer Anlagesumme von 12 000 € und einem jährlichen Zinssatz von 4,2 % werden die Zinsen jedes Jahr abgehoben und nicht mitverzinst. Nach wie vielen Jahren übersteigt das Kapital erstmals 20 000 €?

Lösung:
Es handelt sich hier um **lineares Wachstum**, da sich das zu verzinsende Kapital nicht verändert und so jedes Jahr der gleiche Betrag hinzukommt.
$\Rightarrow$ y = b + ax

Gegeben:
Startwert: b = 12 000 €
Prozentsatz p: 4,2 %
Endwert: y ≥ 20 000 €

Gesucht:
Anzahl der Schritte (hier Jahre): x

Die Zunahme des Kapitals pro Jahr beträgt:
a = 12 000 € · 4,2 % = 12 000 € · 0,042 = 504 €

Es gilt:
y = b + a · x
20 000 = 12 000 + 504 · x |–12 000
  8 000 = 504 · x |:504
  15,9 ≈ x
Probe:
y = 12 000 + 504 · 15 = 19 560
y = 12 000 + 504 · 16 = 20 064
Nach 16 Jahren ist das Kapital erstmals auf über 20 000 € angewachsen.

1 Wie hoch war die Abraumhalde zu Beginn der Grabung, wenn sie nun 5,16 m hoch ist, pro Stunde 78 cm hinzukommen und seit 3,5 Stunden gegraben wird?

2 Die Pumpen der Feuerwehr befördern pro Stunde 2 600 ℓ Wasser aus Familie Langers 50 m² großem Keller, der nach starken Regenfällen bis zu einer Höhe von 0,5 m unter Wasser stand.
Wie lange werden die Pumpen insgesamt arbeiten müssen, bis der Keller vom Wasser befreit ist?

3 a) Bestimme die Temperatur im Ofen 5 Minuten, 9 Minuten und 17 Minuten nach dem Einschalten bei Zimmertemperatur von 21 °C. Die Temperatur steigt dabei um 11,4 °C pro Minute.
b) Erstelle ein Zeit-Temperatur-Diagramm.
c) Für Omas Kuchen muss im Ofen eine Temperatur von 180 °C herrschen. Wie lange muss man den Ofen vorheizen?

1.2 Exponentielle Zu- und Abnahme

Bakterien vermehren sich durch Teilung. In einer Nährlösung sind die Bedingungen so gewählt, dass sich ihre Anzahl in einer Stunde verdoppelt.
Wie viele Bakterien sind nach 6 Stunden vorhanden, wenn es anfangs 800 waren?

Startwert: $\quad\quad\quad\quad 800 \cdot \underbrace{1}_{2^0} \quad\quad = 800$

nach einer Stunde: $\quad 800 \cdot \underbrace{2}_{2^1} \quad\quad = 1\,600$

nach zwei Stunden: $800 \cdot \underbrace{2 \cdot 2}_{2^2} \quad = 3\,200$

$\quad\quad\quad\quad\quad\quad\quad\vdots$

nach sechs Stunden: $800 \cdot \underbrace{2 \cdot 2 \cdot \ldots \cdot 2}_{2^6} = 51\,200$

Allgemein gilt:

$\mathbf{y = b \cdot a^x}$ $\quad$ (a > 0) $\quad$ y: $\;$ Wert nach x Änderungen
$\quad\quad\quad\quad\quad\quad\quad\quad\quad\quad\;\,$ b: $\;$ Startwert (für x = 0)
$\quad\quad\quad\quad\quad\quad\quad\quad\quad\quad\;\,$ a: $\;$ konstanter **Wachstumsfaktor**
$\quad\quad\quad\quad\quad\quad\quad\quad\quad\quad\;\,$ x: $\;$ Anzahl der Änderungen

Verändert sich eine Größe pro Schritt um den festen Faktor a, heißt dieser Prozess
- **exponentielle Zunahme** (Wachstum), falls **a > 1** ist.
- **exponentielle Abnahme** (Abklingen), falls **0 < a < 1** ist.

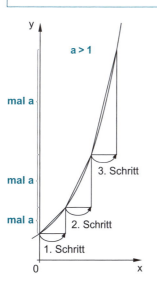
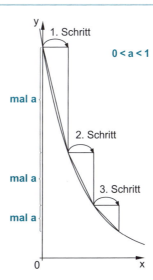

exponentielle Zunahme:
Bei jedem Schritt vervielfacht sich die Größe y um den gleichen Faktor a.
$y = b \cdot a^x$ mit $a > 1$

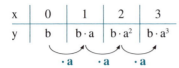

Da $a > 1$ gilt, wird y mit jedem Schritt größer.

exponentielle Abnahme:
Bei jedem Schritt verringert sich die Größe y um den gleichen Faktor a.
$y = b \cdot a^x$ mit $0 < a < 1$

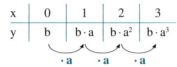

Da $0 < a < 1$ gilt, wird y mit jedem Schritt kleiner.

Oft wird das Wachstum durch die prozentuale Änderungsrate pro Schritt angegeben, z. B. Zinsen 4,2 % p. a. (p. a. = pro anno = pro Jahr).

Bestimmung des Wachstumsfaktors
(falls die prozentuale Änderungsrate gegeben ist)
- Handelt es sich um eine Zunahme, kommt pro Schritt zum Startwert noch ein bestimmter prozentualer Anteil p des Startwerts hinzu. Damit gilt für den Wachstumsfaktor:
  $a = 1 + p$
- Handelt es sich um eine Abnahme, vermindert sich der Startwert um einen bestimmten prozentualen Anteil p des Startwerts. Damit gilt für den Wachstumsfaktor:
  $a = 1 - p$

Strategie:
1. Untersuche, um welche Art von Wachstum es sich handelt (linear, exponentiell oder keines von beidem).
2. Bestimme gegebenenfalls den Startwert sowie die Änderungsrate bzw. den Wachstumsfaktor.
3. Bestimme die gesuchten Größen durch Verwendung des richtigen Ansatzes.

Bemerkungen:
- Oft werden statt x und y Variablennamen verwendet, die dem jeweiligen Problem entsprechen (z. B. N: Anzahl; t: Zeit).
- Statt b schreibt man auch den Variablennamen mit einer tiefgestellten 0 (z. B. N_0: Anfangsanzahl).

Exponentielles Wachstum und Logarithmen ✏ 13

Beispiele

1. Bei einer Anlagesumme von 12 000 € und einem jährlichen Zinssatz von 4,2 % werden die Zinsen jedes Jahr mitverzinst.
   Nach wie vielen Jahren ist das Kapital auf 20 000 € gestiegen?

   Lösung:
   Hier handelt es sich um **exponentielles Wachstum**, da das Kapital jedes Jahr um 4,2 % des Wertes vom Vorjahr wächst.
   $\Rightarrow y = b \cdot a^x$

   Gegeben:
   Startwert: $b = 12\,000$
   Prozentsatz: $p = 4,2\,\%$
   Ergebnis: $y \geq 20\,000$

   Gesucht:
   Anzahl der Schritte (hier Jahre): x

   Der Wachstumsfaktor beträgt:
   $a = 1 + p = 1 + 4,2\,\% = 1 + 0,042 = 1,042$
   Damit gilt:
   $y = b \cdot a^x$
   $20\,000 = 12\,000 \cdot 1,042^x$

   Da solche Gleichungen bisher noch nicht gelöst werden können, muss hier die richtige Lösung durch Geschick gefunden werden.

   Wertetabelle:

x	10	11	12	13	14
y	18 107	18 868	19 660	20 486	21 347

   Hier ist das Kapital bereits nach 13 Jahren erstmals auf über 20 000 € gestiegen.

2. Aufgrund ungünstiger Bedingungen vermindert sich die Population der Stockenten in einem Vogelschutzgebiet um 1,1 % pro Jahr.
   Bestimme den Wachstumsfaktor und stelle eine allgemeine Gleichung zur Ermittlung des zukünftigen Bestands an Stockenten auf.

   Lösung:
   Es handelt sich hier um eine **exponentielle Abnahme**, da sich in einem bestimmten Zeitraum (ein Jahr) der Wert um einen bestimmten Prozentsatz vermindert.

Der Wachstumsfaktor beträgt:
a = 1 − p = 1 − 1,1 % = 1 − 0,011 = 0,989

Ist N_0 die heutige Anzahl der Vögel, N die gesuchte Anzahl und t die Anzahl der Jahre, dann gilt:
$N = N_0 \cdot 0{,}989^t$

Man kann mit diesem Verfahren nicht nur zukünftige Entwicklungen berechnen, auch die Bestimmung vorhergehender Werte ist möglich.

> Vorhergehende Werte berechnet man, indem man für die Anzahl der Änderungen einen negativen Wert einsetzt. Dies gilt sowohl für lineare als auch für exponentielle Wachstums-/Abklingprozesse.

Beispiel

Die Zahl der Handynutzer in einem Land stieg die letzten 5 Jahre jährlich um 27 %. Heute sind es 23 Millionen Nutzer.
Wie viele Menschen haben vor 5 Jahren ein Handy besessen?

Lösung:
Es handelt sich hier um **exponentielles Wachstum**.
$\Rightarrow y = b \cdot a^x$

Gegeben:
Startwert: b = 23 000 000
Prozentsatz: p = 27 %
Schritt (in Jahren): x = −5

Hinweise und Tipps:
Der Wert ist negativ, da ein früherer Wert gesucht ist.

Gesucht:
Zahl der Handynutzer y vor 5 Jahren

Der Wachstumsfaktor beträgt:
a = 1 + p = 1 + 27 % = 1 + 0,27 = 1,27
Damit gilt:
$y = b \cdot a^x$
$y = 23\,000\,000 \cdot 1{,}27^{-5} \approx 6\,961\,603$
Vor 5 Jahren waren es etwa 7 000 000 Handynutzer.

Bemerkung:
Man kann mit diesem Verfahren natürlich auch alle Werte zwischen den einzelnen Schritten berechnen (falls sinnvoll). Will man im obigen Beispiel die Zahl der Handynutzer vor $3\tfrac{1}{2}$ Jahren wissen, erhält man:

$N = 23\,000\,000 \cdot 1{,}27^{-3{,}5} \approx 9\,963\,566$

Exponentielles Wachstum und Logarithmen 15

4 a) Wie viele Bakterien sind unter optimalen Bedingungen nach einem Tag vorhanden, wenn man mit einem Bakterium startet, das sich nach 20 Minuten zum ersten Mal teilt? Lösung Seite 125 ! wichtig!

b) Wie viele Bakterien waren nach 23 Stunden und 20 Minuten vorhanden?

5 Bestimme den Wachstumsfaktor für folgende exponentielle Wachstums-/Abklingprozesse.

a) Nach einer Stunde hat sich die Anzahl der Bakterien in einer Nährlösung verdoppelt. v = 2

b) Die jährliche Inflation (Wertminderung einer Währung) beträgt 1,9 %. 0,981 ✓

c)
x	0	1	2	3	4
y	5	14	39,2	109,76	307,328

2,8 ✓

d)
a	–2	0	2
b	16,807	0,343	0,007

6 a) Kevin will seine ersparten 5 000 € anlegen. Drei Banken bieten ihre Zinssätze pro Jahr an (1,7 %, 1,9 % und 2,1 %).
Wie groß ist Kevins Kapital jeweils nach 5 Jahren, wenn er nichts abhebt und somit die Zinsen jedes Jahr mitverzinst werden?

b) Stelle die Entwicklung des Kapitals für den Zinssatz von 2,1 % für die nächsten 40 Jahre grafisch dar.

7 Der Luftdruck p nimmt mit steigender Höhe exponentiell ab. Auf Meereshöhe herrscht bei 0 °C ein Druck von $p_0 = 1{,}0$ bar. Pro Kilometer Höhenzuwachs nimmt der Luftdruck um ca. 12 % ab.

a) Bestimme eine Gleichung, mit der sich der Luftdruck in Abhängigkeit von der Höhe h ermitteln lässt.

b) Bestimme den Luftdruck in 1 km, 3 km, 5 km und 10 km Höhe sowie in 500 m, 300 m und 100 m Höhe.

c) Erstelle ein h-p-Diagramm für 0 km < h < 10 km.

d) Der Außendruck eines Flugzeuges beträgt 0,35 bar. In welcher Höhe fliegt das Flugzeug?

16 Exponentielles Wachstum und Logarithmen

8 Obst und Gemüse verlieren durch Reaktion mit der Luft und Licht monatlich ca. 11 % ihres Vitamins-C-Gehaltes.

a) Wie viel Vitamin C ist in 100 g Petersilie nach einer Woche (ein Viertel eines Monats) noch vorhanden, wenn nach der Ernte 160 mg Vitamin C enthalten waren?

b) Ein über den Winter (5 Monate) eingelagerter Apfel enthält noch 12 mg Vitamin C.
Wie viel Vitamin C war ursprünglich in ihm enthalten?
Wie groß ist seine Masse, wenn in 100 g eines frischen Apfels etwa 12 mg Vitamin C enthalten sind?

9 In einem Land mit (konstant) 57 Millionen Einwohnern sind $\frac{2}{3}$ der Bevölkerung wahlberechtigt. Die Wahlbeteiligung lag vor 10 Jahren bei 75 %.

a) Wie viele Bürger gingen vor 10 Jahren zur Wahl?

b) Seitdem hat die Wahlbeteiligung jährlich um 2,5 % abgenommen.
Wie viele Wähler konnten in diesem Jahr gezählt werden?

c) Eine genauere Aufschlüsselung des Wahlverhaltens hat ergeben, dass vor 10 Jahren die Hälfte der Wähler 30 oder weniger Jahre alt waren. Die Wahlbeteiligung in dieser Gruppe ist aber pro Jahr um 1 % gestiegen.
Wie viele Bürger jeder Gruppe gingen dieses Jahr jeweils zur Wahl?

d) Um wie viel Prozent hat sich die Wahlbeteiligung bei den über 30-Jährigen innerhalb der letzten 10 Jahre geändert?

10 Schenkt man Malzbier in ein zylindrisches Glas, kann man beobachten, dass die Höhe des Schaums exponentiell abnimmt. Nach einer Minute ist die Höhe des Schaums auf die Hälfte abgesunken. Man spricht von der „Halbwertszeit".

a) Stelle eine Gleichung zur Berechnung der Malzbierschaumhöhe auf und berechne die Schaumhöhe nach 45 Sekunden, 3 Minuten und 7 Minuten, wenn sie am Anfang 7 cm betrug.

b) Erstelle ein t-h-Diagramm für 0 min ≤ t ≤ 7 min.

c) Wie würde sich das Diagramm verändern, wenn die anfängliche Schaumhöhe größer/kleiner wäre?

d) Wie würde das Diagramm aussehen, wenn die anfängliche Schaumhöhe größer wäre, nach 3 Minuten aber weniger Schaum vorhanden wäre als in Teilaufgabe a? Was bedeutet dies für den Wachstumsfaktor?

Exponentielles Wachstum und Logarithmen 17

11 Radioaktive Stoffe wandeln sich durch Aussendung von Strahlung in (letztlich) stabile andere Stoffe um. Wann ein Atom zerfällt, kann nicht vorhergesagt werden. Man erkennt aber, dass in einer bestimmten Masse des Stoffs die Zahl der noch nicht zerfallenen Atome mit der Zeit exponentiell abnimmt.

a) Von den anfangs 5 000 000 Atomen einer Probe des radioaktiven Elements Bismut 210 (Bi 210) sind nach 5 Tagen durch β^--Zerfälle die Hälfte der Atome zu Polonium 210 (Po 210) umgewandelt worden.
Wie viele Bi 210-Atome sind nach 100 Tagen noch vorhanden?

b) Auch Po 210 ist ein radioaktives Element. Es zerfällt durch α-Zerfälle weiter zum stabilen Blei 206 (Pb 206). Nach ca. 4 Jahren und 80 Tagen sind noch etwa 6 800 Po 210-Atome vorhanden.
Bestimme die anfängliche Zahl der Po 210-Atome, wenn die Halbwertszeit 140 Tage beträgt.

12 Milchsäurebakterien werden für die Herstellung vieler Milchprodukte benötigt, sind aber auch Teil der menschlichen Darmflora. Sie vermehren sich durch Zellteilung. Dieser Prozess benötigt 20 Minuten. Ein Milchsäurebakterium hat ein Volumen von ca. 1 µm³ und eine Masse von ca. 10^{-12} g.

a) Wie groß kann bei optimalen Vermehrungsbedingungen eine Bakterienkolonie, die aus einem Bakterium entsteht, in 24 Stunden werden?
Vergleiche diesen Wert mit einem Volumen aus deiner Umgebung.

b) Wie lange dauert es etwa, bis bei ungebremstem Wachstum die Masse der Kolonie die des Eiffelturms in Paris (m = 8 000 t) übersteigt?
Erstelle hierzu eine Wertetabelle.

c) In vielen Joghurts sind lebende Milchsäurebakterien vorhanden. Warum braucht man keine Angst zu haben, dass der Joghurt irgendwann den ganzen Kühlschrank füllt?
Erstelle hierzu qualitativ ein t-N-Diagramm (N: Anzahl der Bakterien im Joghurt), das die reale Situation darstellt.

18 ✎ Exponentielles Wachstum und Logarithmen

13 Solange ein Organismus (Pflanzen, Tiere) lebt, kommen die Kohlenstoffisotope C12 und C14 in ihm in einem konstanten Verhältnis vor ($10^{12} : 1$). Stirbt der Organismus, findet kein Austausch mit der Umgebung mehr statt und die radioaktiven Kohlenstoffisotope C14 zerfallen mit einer Halbwertszeit von 5 730 Jahren, ohne wieder nachgeliefert zu werden. Die Zahl der stabilen C12-Atome bleibt konstant.

a) Warum eignet sich die Untersuchung des Verhältnisses von C12- und C14-Isotopen (C14-Methode) besonders gut zur Bestimmung des Alters von Fundstücken, die älter als 500 Jahre sind? Eignet sich diese Methode auch zur Bestimmung kurzer Zeiträume?
Begründe deine Antwort.

✱ b) Ein in einem Moor konservierter Holzspeer soll mit der C14-Methode datiert werden. Dabei wird festgestellt, dass das Verhältnis von C12 zu C14 bereits $(1,6 \cdot 10^{13}) : 1$ beträgt.
Bestimme das Alter des Fundstücks.

Vermischte Aufgaben

14 Handelt es sich bei folgenden Beispielen um lineare Zu-/Abnahme, exponentielle Zu-/Abnahme oder um keines von beiden?

a) Frau Bauer hat seit 2 Jahren 1 kg pro Monat zugenommen.

b) Das Wissen der Menschheit verdoppelt sich alle 7 Jahre.

c) Die Anzahl der verkauften Musik-CDs verringert sich um 5 % pro Jahr.

d) Die Höhe eines fallenden Steines über dem Grund eines Brunnens nimmt ab.

e) Oma Spann überweist per Dauerauftrag von einem nicht verzinsten Konto, auf dem anfänglich 1 000 € waren, monatlich je 20 € an ihre beiden Enkel.

15 Um welche Art von Zu-/Abnahme handelt es sich bei den folgenden durch Wertetabellen dargestellten Prozessen? Fertige je ein Diagramm an. Berechne (falls nötig) den Startwert (für $x = 0$ bzw. $N = 0$ bzw. ♥ $= 0$) und vergleiche dein Ergebnis mit dem Diagramm.

a)

x	0	1	2	3	4
y	7	14	21	28	35

b)

x	5	6	8	12	18
y	3,1	2,8	2,2	1,0	−0,8

c)
t	−2	−1	0	1	2
N	1	0,25	0	0,25	1

d)
t	−6	−3	−1	5	6
N	6 561	243	27	$\frac{1}{27}$	$\frac{1}{81}$

✳ e)
♥	0	2	4	6
♣	0,1	0,121	0,14641	0,1771561

16 Zwei unterschiedliche Pilze befallen einen umgestürzten Baum, dessen Höhe 12 m betrug. Pilz A bedeckt zu Beginn 3 cm^2 der Oberfläche und wächst pro Tag um 1 %. Pilz B bedeckt zu Beginn 50 cm^2 und wächst pro Tag um 58 cm^2.

a) Betrachte den Baum als kegelförmiges Objekt mit einem Durchmesser an der Grundseite von 30 cm.
Bestimme die Oberfläche des Baums.

b) Nach wie vielen Tagen hätte Pilz A bzw. Pilz B den ganzen Baum bedeckt, wenn er jeweils alleine das Holz besiedeln könnte?
Löse gegebenenfalls mit einer Wertetabelle.

c) Nach wie vielen Tagen ist der ganze Baum mit Pilzen bedeckt, wenn beide Pilze wachsen? Löse grafisch.

✳ **17** Herr Meier braucht dringend Geld und will einen Kredit aufnehmen. Dabei stößt er auf folgendes Angebot:
„Sie erhalten einen Kredit von 5 000 € und wählen aus den folgenden Konditionen. Sie zahlen nach der verabredeten Laufzeit die 5 000 € komplett zurück. Die Zinsen zahlen Sie monatlich:

a) Monatliche Kreditzinsen: 3 %

b) Sie zahlen monatlich 150 € Zinsen.

c) Im ersten Monat zahlen Sie 25 € Zinsen, für jeden Folgemonat verdoppelt sich der Zins.“

Für welches Angebot sollte sich Herr Meier entscheiden, wenn er das Angebot für fünf Monate in Anspruch nehmen will? Begründe deine Antwort sowohl durch Rechnung als auch grafisch.

2 Die Exponentialfunktion

Bei den behandelten Prozessen hängt immer eine Größe von einer anderen Größe ab. Dabei wird jedem Wert genau ein anderer Wert zugeordnet. Es handelt sich mathematisch gesehen also um Funktionen.

> Eine Funktion der Form $x \mapsto a^x$ mit $a \in \mathbb{R}^+$ und $x \in \mathbb{R}$ heißt **Exponentialfunktion mit Basis a**.
>
> **Eigenschaften:**
> - Der Graph verläuft stets oberhalb der x-Achse.
> - Der Punkt $(0|1)$ liegt immer auf dem Graphen.
> - Für $a > 1$ steigt der Graph streng monoton. (Der Zusatz „streng" bedeutet, dass keine waagrechte Stelle vorhanden ist.)
> - Für $0 < a < 1$ fällt der Graph streng monoton.
> - Die x-Achse ist waagrechte Asymptote.

Weitere Eigenschaften:
- Je weiter sich der Wert der Basis a der 1 annähert, desto flacher wird der Graph.
- Für $a = 1$ ist der Graph eine Parallele zur x-Achse durch den Punkt $(0|1)$.
- Der Graph der Exponentialfunktion $x \mapsto \left(\frac{1}{a}\right)^x$ geht aus dem Graphen der Exponentialfunktion $x \mapsto a^x$ durch Spiegelung an der y-Achse hervor und umgekehrt.

Graphen: $a = 2$ und $a = \frac{1}{2}$

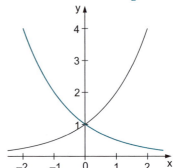

> Funktionen der Form $x \mapsto b \cdot a^x$ mit $a \in \mathbb{R}^+$, $b \in \mathbb{R}^+ \setminus \{0\}$ und $x \in \mathbb{R}$ heißen **allgemeine Exponentialfunktionen mit der Basis a**.
>
> **Eigenschaften:**
> - Der Graph von $x \mapsto b \cdot a^x$ geht aus dem Graphen der Exponentialfunktion $x \mapsto a^x$ hervor, indem jeder Funktionswert mit b multipliziert wird.
> - Der Graph schneidet die y-Achse im Punkt $(0|b)$.
> - Der Graph von $x \mapsto -b \cdot a^x$ geht aus dem Graphen der Funktion $x \mapsto b \cdot a^x$ durch Spiegelung an der x-Achse hervor, da sich nur das Vorzeichen der y-Werte verändert.
> - Für $|b| > 1$ wird der Graph steiler. Für $0 < |b| < 1$ wird der Graph flacher.

Im Folgenden sind verschiedene Graphen dargestellt:

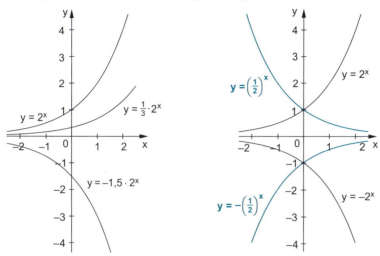

Die x-Achse ist auch hier immer waagrechte Asymptote.

Beispiel

Skizziere den Verlauf der Graphen folgender Exponentialfunktionen in ein Koordinatensystem. Achte dabei besonders auf die relative Lage zueinander.

$x \mapsto 3^x \qquad x \mapsto 1{,}2^x \qquad x \mapsto 0{,}4^x$

Lösung:
Skizzieren bedeutet, dass man nur wenige charakteristische Punkte (z. B. die Schnittpunkte mit den Achsen) markiert und dann den Verlauf des Graphen zeichnerisch andeutet. Dabei sind insbesondere die charakteristischen Eigenschaften der Graphen zu berücksichtigen.

In diesem Beispiel ist also Folgendes zu beachten:
Alle Graphen verlaufen durch den Punkt $(0|1)$.
Die ersten beiden Graphen **steigen**, der dritte **fällt** streng monoton.
Der zweite Graph verläuft **flacher** als der erste.

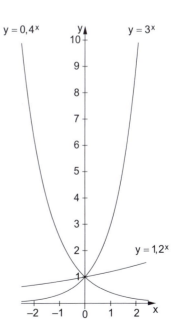

Hinweise und Tipps:
Will man einen genaueren Verlauf eines Graphen erfahren, spricht man vom „Erstellen" oder „Zeichnen" des Graphen. Dazu ist eine Wertetabelle erforderlich.

22 | **Exponentielles Wachstum und Logarithmen**

Andere Darstellungen allgemeiner Exponentialfunktionen
Gemäß der Potenzgesetze (→ vgl. Grundwissen S. 118) können die Terme allgemeiner Exponentialfunktionen auch ein anderes Erscheinungsbild haben:

Beispiele
1. $x \mapsto 5^{3x}$

    Es gilt:
    $5^{3x} = (5^3)^x = 125^x$
    $x \mapsto 125^x$ ist gleichbedeutend mit $x \mapsto 5^{3x}$.

2. $x \mapsto 4^{x+2}$

    Es gilt:
    $4^{x+2} = 4^x \cdot 4^2 = 16 \cdot 4^x$
    $x \mapsto 16 \cdot 4^x$ ist gleichbedeutend mit $x \mapsto 4^{x+2}$.

18 Ordne jeder Exponentialfunktion den richtigen Graphen zu. Für eine der Funktionen existiert kein Graph. Fertige zu dieser eine Wertetabelle an und zeichne ihren Graphen in ein geeignetes Koordinatensystem.

a) $x \mapsto 0,5^x$

$x \mapsto \left(\frac{1}{3}\right)^x$

$x \mapsto 2,5^x$

$x \mapsto 2^x$

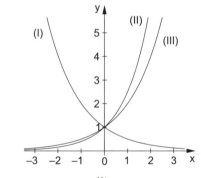

b) $x \mapsto 0,5^{x+1}$

$x \mapsto 2^{x+1}$

$x \mapsto 2^{-x+1}$

$x \mapsto 2^{x+3}$

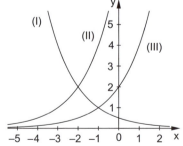

c) $x \mapsto -2 \cdot \left(\frac{1}{2}\right)^x$

$x \mapsto 2 \cdot \left(\frac{3}{2}\right)^x$

$x \mapsto -2 \cdot \left(\frac{3}{2}\right)^x$

$x \mapsto -\left(\frac{1}{2}\right)^{x-2}$

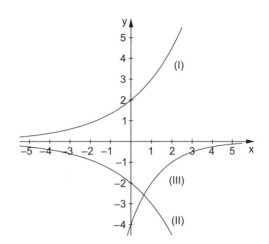

19 Welche der folgenden Wertetabellen gehören zu einer allgemeinen Exponentialfunktion? Zeichne diese in ein geeignetes Koordinatensystem.

Tipp: Die Werte sind teilweise gerundet.

a)
x	−3	−2	−1	0	1	2	3
y	64	16	4	1	$\frac{1}{4}$	$\frac{1}{16}$	$\frac{1}{64}$

b)
x	−3	−2	−1	0	1	2	3
y	18	9	2	1	2	8	18

c)
x	−3	−2	−1	0	1	2	3
y	2401	343	49	7	1	$\frac{1}{7}$	$\frac{1}{49}$

d)
x	$-\frac{3\pi}{2}$	$-\pi$	$-\frac{\pi}{2}$	0	$\frac{\pi}{2}$	π	$\frac{3\pi}{2}$
y	1	0	−1	0	1	0	−1

20 Skizziere die Graphen folgender allgemeiner Exponentialfunktionen in ein gemeinsames Koordinatensystem. Achte dabei auf die relative Lage der Graphen zueinander.

a) $x \mapsto 2^x$ $\qquad$ $x \mapsto 3^x$ $\qquad$ $x \mapsto \left(\frac{1}{2}\right)^x$ $\qquad$ $x \mapsto \left(\frac{1}{3}\right)^x$

b) $x \mapsto 2^x$ $\qquad$ $x \mapsto 2^{-x}$ $\qquad$ $x \mapsto \left(\frac{1}{2}\right)^x$ $\qquad$ $x \mapsto \left(\frac{1}{2}\right)^{-x}$

c) $x \mapsto 2^x$ $\qquad$ $x \mapsto 2 \cdot 2^x$ $\qquad$ $x \mapsto 3 \cdot 2^x$ $\qquad$ $x \mapsto \frac{1}{2} \cdot 2^x$

d) $x \mapsto 2^x$ $\qquad$ $x \mapsto \frac{1}{2} \cdot 2^x$ $\qquad$ $x \mapsto 2^{-x}$ $\qquad$ $x \mapsto \frac{1}{2} \cdot 2^{-x}$

24 Exponentielles Wachstum und Logarithmen

21 Welche der folgenden Aussagen sind richtig, welche falsch?
Begründe die richtigen Aussagen kurz und widerlege die falschen mit einem Gegenbeispiel.

a) Alle allgemeinen Exponentialfunktionen verlaufen durch den Punkt (0|1).

b) Der Graph einer allgemeinen Exponentialfunktion verläuft stets komplett oberhalb oder komplett unterhalb der x-Achse.

c) Den Graphen der Funktion $f: x \mapsto 3 \cdot 2^x$ erhält man, indem man den Graphen der Funktion $g: x \mapsto 2^x$ um drei Einheiten nach oben verschiebt.

d) Der Graph der Funktion $f: x \mapsto 0,4^{-x}$ verläuft steiler als der Graph der Funktion $g: x \mapsto 0,2^{-x}$.

e) Man erhält den Graphen der Funktion $f: x \mapsto 8 \cdot 2^x$, indem man den Graphen der Funktion $g: x \mapsto 2^x$ um 3 Einheiten in die negative x-Richtung verschiebt.

22 Folgere aus Aufgabe 21 e einen Zusammenhang zwischen Funktionen der Form $x \mapsto b \cdot a^{x+c}$ ($c \in \mathbb{R} \setminus \{0\}$) und Funktionen der Form $x \mapsto b \cdot a^x$.

23 Gib, falls möglich, den Funktionsterm in der Form $b \cdot a^x$ an.
Runde, falls nötig, a und b auf zwei Dezimalen.

a) $x \mapsto 3^{2x}$
b) $x \mapsto 1,7^{-0,8x}$

c) $x \mapsto 2^{x+1}$
d) $x \mapsto -0,2^{x-0,7}$

e) $x \mapsto 5^{2x+4}$
f) $x \mapsto \left(\frac{1}{7}\right)^{0,2x-1}$

g) $x \mapsto \frac{2}{3} \cdot 7^{-0,84x+1,2}$
h) $x \mapsto 3^4 \cdot 2,5^{x+1} - 17$

i) $x \mapsto 0,7 \cdot \frac{2^x}{3}$
j) $x \mapsto \frac{0,5 \cdot 1,1^{x+1}}{2^3}$

24 Bei der Erstellung folgender Graphen haben sich unbemerkt Fehler eingeschlichen. Finde in jedem Graphen zwei Fehler.

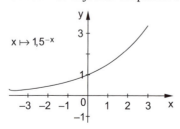

$x \mapsto 1,5^{-x}$

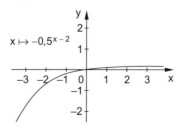

$x \mapsto -0,5^{x-2}$

25 a) Wieso genügen zwei gegebene Punkte (beide oberhalb oder beide unterhalb der x-Achse), um den Term der allgemeinen Exponentialfunktion eindeutig aufzustellen, deren Graph diese beiden Punkte enthält?

b) Stelle jeweils aus den gegebenen Punkten diejenige Exponentialfunktion auf, deren Graph beide Punkte enthält.
   (1) P(0|1) und Q(2|16)
   (2) S(−3|−2) und T(1|−32)
   (3) A(−5|0,5) und B(−6|4)

c) Nenne zwei Bedingungen, die diese zwei gegebenen Punkte erfüllen müssen, sodass der Funktionsterm eindeutig aufgestellt werden kann.

d) Wieso genügt es bei Exponentialfunktionen der Form $x \mapsto a^x$, nur einen Punkt P(x|y) mit $x \neq 0$ anzugeben, um einen eindeutigen Funktionsterm aufzustellen?

e) Wie viele Graphen verschiedener Exponentialfunktionen der Form $x \mapsto b \cdot a^x$ verlaufen durch den Punkt Z(1|1)? Begründe deine Antwort und nenne Beispiele.

26 Peter hat in seinem Heft folgende Definition notiert:
„Funktionen der Form $x \mapsto a^x$ mit $a \in \mathbb{R}$ und $x \in \mathbb{R}$ heißen Exponentialfunktionen mit der Basis a. Die Grundmenge ist $\mathbb{R}$."
Warum ist diese Definition falsch? Vergleiche hierzu die in diesem Kapitel gegebene Definition und gib Beispiele an, die die Probleme verdeutlichen.

27 a) In der nebenstehenden Abbildung sind die Graphen von zwei Exponentialfunktionen eingezeichnet. Die Einheiten sind in cm angegeben. Berechne die Fläche des Dreiecks ABC.

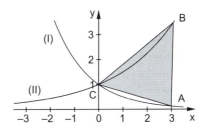

✱ b) Bestimme die Exponentialfunktion, deren Graph durch die Punkte C und D des Trapezes ABCD mit A(−1|0), B(3|0) und C(3|3) verläuft. Die Trapezfläche beträgt dabei $A_T = 7{,}4$ cm².

Tipp: Runde a und b in der gesuchten Exponentialfunktion auf zwei Dezimalen.

3 Der Logarithmus

Bei der Exponentialfunktion interessieren die y-Werte der Gleichung $y = a^x$ für verschiedene x. Wenn man die Fragestellung umkehrt, fragt man nach dem x-Wert der Gleichung $y = a^x$ bei bekanntem y.

Manchmal lässt sich x leicht bestimmen. Beispielsweise bei $32 = 2^x$ erkennt man schnell, dass $x = 5$ sein muss. Hat man jedoch eine Gleichung wie $134{,}7 = 1{,}8^x$, lässt sich x nicht auf den ersten Blick berechnen. Hierfür wird der Logarithmus benötigt.

Die Lösung der Gleichung $b = a^x$ für $a, b \in \mathbb{R}^+$ und $a \neq 1$ heißt **Logarithmus** von b zur Basis a. In Zeichen $\log_a b$.

$$b = a^x \;\Rightarrow\; x = \log_a b$$

Besondere Logarithmen: $(a, b \in \mathbb{R}^+, a \neq 1, c \in \mathbb{R})$

- $\log_a a = 1$ da $a^x = a \;\Rightarrow\; x = 1$
- $\log_a 1 = 0$ da $a^x = 1 \;\Rightarrow\; x = 0$
- $\log_a \dfrac{1}{a} = -1$ da $a^x = \dfrac{1}{a} \;\Rightarrow\; a^x = a^{-1} \;\Rightarrow\; x = -1$
- $\log_a a^c = c$ da $a^x = a^c \;\Rightarrow\; x = c$

Es gibt zwei Arten der **Umkehrung des Potenzierens**. Das Logarithmieren und das Radizieren (Wurzel ziehen).

Logarithmieren	Radizieren
Lösen der Gleichung $b = a^x$ $\rightarrow$ Variable im **Exponenten**	Lösen der Gleichung $b = x^a$ $\rightarrow$ Variable in der **Basis**
$\qquad b = a^x \qquad\quad \mid \log_a$	$\qquad b = x^a \qquad\quad \mid \sqrt[a]{}$
$\log_a b = \log_a a^x$	$\sqrt[a]{b} = \sqrt[a]{x^a}$
$\log_a b = x$	$\sqrt[a]{b} = x$
	$b^{\frac{1}{a}} = x$
Lösung: $x = \log_a b$ (Logarithmus von b zur Basis a)	Lösung: $x = b^{\frac{1}{a}}$ (a-te Wurzel)

Das Logarithmieren ist wie das Radizieren eine äquivalente Termumformung für Gleichungen, aber nur, solange alle auftauchenden Logarithmen existieren.

Exponentielles Wachstum und Logarithmen ✔ 27

Rechenregeln ($a, b, c \in \mathbb{R}^+, a \neq 0$)

- $\log_a(b \cdot c) = \log_a b + \log_a c$
- $\log_a \frac{b}{c} = \log_a b - \log_a c$
- $\log_a b^c = c \cdot \log_a b$
- $\log_a b = \frac{\log_c b}{\log_c a}$ (Basiswechsel, $c \neq 0$)

Mit dem **Taschenrechner** können Logarithmen berechnet werden, allerdings meistens nur der dekadische oder Zehner-Logarithmus (zur Basis 10) und der natürliche Logarithmus (mit der Euler'schen Zahl $e = 2{,}71828\ldots$ als Basis).

Zehner-Logarithmus: Taste meist $\boxed{\text{log}}$ oder $\boxed{\text{lg}}$

Natürlicher Logarithmus: Taste meist $\boxed{\text{ln}}$

Für den **Zehner-Logarithmus** wird oft neben $\log_{10}$ auch **lg** als Bezeichnung verwendet.

Um Logarithmen zu anderen Basen berechnen zu können, verwendet man das Rechengesetz zum Basiswechsel.

Beispiele

1. Berechne mit dem Taschenrechner:
   a) $\log_{10} 10\,000$
   b) $\log_7 52$

   Lösung:

   a) $\boxed{\text{log}}$ $\boxed{10\,000}$ $\boxed{=}$ $\Rightarrow$ $\log_{10} 10\,000 = 4$

   (bei manchen Taschenrechner-Modellen auch $\boxed{10\,000}$ $\boxed{\text{log}}$)

   b) $\log_7 52 = \frac{\log_{10} 52}{\log_{10} 7}$

   $\boxed{\text{log}}$ $\boxed{52}$ $\boxed{\div}$ $\boxed{\text{log}}$ $\boxed{7}$ $\boxed{=}$ $\Rightarrow$ $\log_7 52 = 2{,}030537\ldots$

2. Löse die folgenden Gleichungen durch Logarithmieren.
   a) $512 = 8^x$
   b) $-216 = 6^x$
   c) $256 = (-4)^x$

   Lösung:

   a) $\qquad 512 = 8^x \qquad\qquad | \log_8$

   $\qquad \mathbf{\log_8 512 = \log_8 8^x}$

   $\qquad\qquad 3 = x$

b) $\qquad -216 = 6^x \qquad | \log_6$

$$\log_6(-216) = \log_6 6^x$$

Da $\log_6(-216)$ nicht definiert ist, gibt es keine Lösung.

c) $\qquad 256 = (-4)^x \qquad | \log_{-4}$

$$\log_{-4} 256 = \log_{-4}(-4)^x$$

Da $\log_{-4}$ nicht definiert ist, kann mit dieser Methode keine Lösung gefunden werden. Jedoch kann diese Gleichung eindeutig gelöst werden:
$(-4)^4 = 256$
Wenn es eine Lösung gibt, muss sie gerade sein, da nur so $(-4)^x$ eine positive Zahl ergeben kann. Löse daher zunächst:
$256 = 4^x$
$\quad x = 4$
Jetzt muss die Probe gemacht werden: $(-4)^4 = 256$

3. Berechne die Lösung der folgenden Terme:

   a) $\log_5 125 + \log_5 0{,}2$

   b) $\log_4 5{,}12 - \log_4 0{,}08$

   c) $\log_6 36^{11}$

   Lösung:

   a) $\log_5 125 + \log_5 0{,}2 = \log_5(\mathbf{125 \cdot 0{,}2}) = \log_5 25 = 2$

   b) $\log_4 5{,}12 - \log_4 0{,}08 = \log_4 \dfrac{\mathbf{5{,}12}}{\mathbf{0{,}08}} = \log_4 64 = 3$

   c) $\log_6 36^{11} = \mathbf{11} \cdot \log_6 36 = 11 \cdot 2 = 22$

4. Gib die größtmögliche Definitionsmenge für a an und bestimme den Logarithmus durch geschickte Basisumrechnung für $\log_{a^3} a^4$.

   Lösung:
   Die Basis darf nicht 1 sein. Daher muss $a^3 \neq 1$ gelten. Dies gilt für $\mathbf{a \neq 1}$. Zusätzlich gilt laut Definition für $\log_a b$, dass a, $b \in \mathbb{R}^+$ sein muss. Damit gilt $a \in \mathbb{R}^+ \setminus \{1\}$.
   Mit der Basisumrechnung zur Basis a gilt:

   $$\log_{a^3} a^4 = \frac{\log_a a^4}{\log_a a^3} = \frac{4}{3}$$

28 Ergänze die Tabelle. Verwende, falls nötig, den Taschenrechner.

a)

x	5				0		6
3^x		27	81	3^{10}		2 187	

b)

x		3			1,5		
4^x	16		256	2		128	1 024

c)

x	2			5			
$0,5^x$		0,125	$0,5^7$		$\frac{1}{8}$	$\frac{1}{\sqrt{2}}$	$\sqrt[3]{\frac{1}{2}}$

29 Berechne folgende Logarithmen ohne Verwendung des Taschenrechners.

a) $\log_{13}13$

b) $\log_{417}417$

c) $\log_{13}1$

d) $\log_{11}\frac{1}{11}$

e) $\log_3 3^{17}$

f) $\log_{11,3}11,3^{\frac{17}{3}}$

30 Bestimme die Lösung (falls möglich Logarithmus und Zahlenwert) folgender Gleichungen, ohne den Taschenrechner zu verwenden.

a) $2^x=16$

b) $81^x=9$

c) $2^x=0,125$

d) $0,5^x=256$

e) $17^x=1$

f) $11^x=\frac{1}{11}$

g) $99^x=0,\overline{01}$

h) $x^3=125$

31 Berechne folgende Logarithmen durch geschickte Darstellung des Arguments.

a) $\log_{10}100\,000$

b) $\log_7\sqrt{7}$

c) $\log_{13}(13^4\cdot13^{2,2})$

d) $\log_4(4^3)^5$

e) $\log_9 0,\overline{1}$

f) $\log_8 0,125$

g) $\log_{6,5}\frac{\sqrt{169}}{(\sqrt{2})^2}$

h) $\log_8 2^9$

i) $\log_8(\sqrt[3]{8}+\log_5 5^6)$

j) $\log_4\sqrt{0,5}$

30 / **Exponentielles Wachstum und Logarithmen**

32 Berechne unter Verwendung der Rechengesetze des Logarithmus folgende Terme ohne Verwendung des Taschenrechners.

a) $\log_{12}3 + \log_{12}4$

b) $\log_{21}\frac{1}{3} + \log_{21}63$

c) $\log_5 30 - \log_5 6$

d) $\log_3 13 - \log_3 \frac{13}{81}$

e) $2 \cdot \log_2 32$

f) $\frac{1}{3} \cdot \log_3 729$

g) $\log_3(\log_7 343)^2$

h) $\frac{1}{4} \cdot \log_4 128 + \frac{1}{4} \cdot \log_4 2$

✳ i) $\log_3\left(\frac{\log_4 512}{\log_{36} 6}\right)^4$

✳ j) $\log_5(\log_3(\log_2 8^3)^3) + \log_5 \frac{25}{8}$

33 In einer Zeitschrift liest du: „Durch das Logarithmieren kann man in einfacher Weise ein Produkt in eine Summe, einen Quotienten in eine Differenz und eine Potenz in ein Produkt umwandeln."
Nimm zu dieser Aussage kritisch Stellung. Begründe deine Aussagen.

34 Schreibe folgende Terme als Summe oder als Differenz.

a) $\log_3 12$

b) $\log_3 3^2$

c) $\log_5 \frac{5}{6}$

d) $\log_5 0{,}375$

e) $\log_2 1$

f) $\log_5 26^{\log_3 7}$

35 Berechne folgende Logarithmen mit dem Taschenrechner.
Runde die Ergebnisse auf drei Dezimalen.

a) $\lg 6$

b) $\lg(6 \cdot 7)$

c) $\log_2 3$

d) $\log_7 21 - \log_{21} 7$

e) $\frac{\log_9 11}{\lg 11}$

f) $\log_{17}(\log_3 4)$

g) $\log_{134} 637\,230\,000\,000$

h) $\lg 0{,}0000000012345$

36 Gib die größtmögliche Definitionsmenge für a an und bestimme den Logarithmus durch geschickte Basisumrechnung.

a) $\log_{a^2} a^3$

b) $\log_{\left(\frac{1}{a}\right)^2} a^3$

c) $\log_{a^5} \sqrt{a}$

d) $\log_{\sqrt{a}} \frac{a}{\sqrt{a}}$

e) $\log_{\sqrt{\frac{a}{a^3}}} \sqrt[3]{a^4}$

f) $\log_{\frac{1}{\sqrt[3]{a^2}}} a^{\frac{4}{3}}$

Exponentielles Wachstum und Logarithmen ✦ 31

37 Bestimme alle Lösungen folgender Gleichungen. Runde die Ergebnisse, falls nötig, auf drei Dezimalen.

a) $\lg(x+2) = 8$

b) $\log_3(2x+7) = 14$

c) $5^x - 2 = 8$

d) $0{,}003^x = \frac{4}{7}$

e) $3^{x^2} = 729$

f) $7^{x^3 - 2} = 1\,048$

38 In der Chemie dient der pH-Wert dazu, die Konzentration an Oxonium-Ionen (H_3O^+) in einer wässrigen Lösung zu beschreiben. Als Bezugspunkt dient destilliertes Wasser mit einem pH-Wert von 7. Ist der gemessene Wert kleiner, spricht man von einer sauren Lösung oder Säure, ist er größer, von einer basischen Lösung oder Base bzw. Lauge. Bei pH 7 gilt die Lösung als neutral. Es gilt:

$pH = -\lg c$,

wobei c die Konzentration an Oxonium-Ionen in Mol pro Liter ist.

a) Bestimme die Oxonium-Ionen-Konzentration von destilliertem Wasser.

b) Bestimme jeweils den pH-Wert und gib an, ob eine saure oder basische Lösung vorliegt:

Cola $\qquad c_{Cola} = 10^{-3}\,\frac{mol}{\ell}$

Spülmittel $\qquad c_{Spülmittel} = 10^{-10}\,\frac{mol}{\ell}$

Kaffee $\qquad c_{Kaffee} = 10^{-5}\,\frac{mol}{\ell}$

c) Blut hat einen pH-Wert von ca. 7,35 bis 7,45.
Um welchen Faktor ist die Oxonium-Ionen-Konzentration bei einem pH-Wert von 7,35 höher als die bei 7,45?

d) Wie verändert sich der pH-Wert bei einer Halbierung der Oxonium-Ionen-Konzentration in einer wässrigen Lösung?

39 In der Seismologie (Lehre von Erdbeben) wird die Stärke eines Bebens oft in Einheiten auf der Richter-Skala angegeben. Sie liefert einen Zusammenhang zwischen der Magnitude eines Erdbebens (diese wird mit Seismographen = Messgerät für die Erschütterung bestimmt) und der Explosionsenergie von TNT (Sprengstoff).

Es gilt: $\quad E = 10^{\frac{3}{2} \cdot (M-2)}$

E: Explosionsenergie (in Tonnen TNT)

M: (Richter-)Magnitude

a) Werden in einem Steinbruch Sprengungen durchgeführt, kann man bereits eine Magnitude von bis zu 2 auf der Richter-Skala feststellen. Diese Mikrobeben sind für den Menschen kaum spürbar.
Berechne, wie viel seismische Energie (in Tonnen TNT) durch die Sprengung in die Erde abgegeben wurde.

32 ✦ **Exponentielles Wachstum und Logarithmen**

b) Welche Stärke müsste ein Erdbeben auf der Richter-Skala haben, um die täglich auf der Erde auftreffende Sonnenenergie von ca. $3{,}16 \cdot 10^{13}$ Tonnen TNT aufzubringen?
(Das stärkste auf der Erde gemessene Beben hatte 9,5 auf der Richter-Skala.)

✳ c) Beurteile folgende Zeitungsmeldung kritisch und formuliere die Meldung gegebenenfalls um.
„… Das schwere Erdbeben mit 8,6 auf der Richter-Skala war damit doppelt so stark wie das Beben vor einem Jahr, das 4,3 auf der Richter-Skala erreichte …"

✳ **40** Beweise folgende Zusammenhänge für $a, b \in \mathbb{R}^+ \setminus \{1\}$.

a) $\log_a b = \dfrac{1}{\log_b a}$

b) $\log_a b = -\log_a \dfrac{1}{b}$

c) $\log_a b = \log_{\frac{1}{a}} \dfrac{1}{b}$

Exponentielles Wachstum und Logarithmen ✦ 33

4 Exponentialgleichungen

Die Variable in einer Gleichung tauchte bis jetzt nie (oder nur in sehr einfachen Fällen) im Exponenten auf, da die Lösung derartiger Gleichungen spezielle Lösungsstrategien erfordert. Diese werden in diesem Kapitel erläutert.

> Gleichungen, bei denen die Variable nur im Exponenten von Potenzen erscheint, heißen **Exponentialgleichungen**.

Zur Lösung von Exponentialgleichungen gibt es verschiedene Strategien.

Strategie 1: Sortieren
Durch äquivalente Termumformungen können viele Exponentialgleichungen auf die Form $a^x = b$ gebracht werden.
$$\Rightarrow \quad x = \log_a b$$

Beispiel

$$2^x \cdot 7 = 5 \cdot 3^x \qquad |:7 \quad |:3^x$$

$$\frac{2^x}{3^x} = \frac{5}{7}$$

$$\left(\frac{2}{3}\right)^x = \frac{5}{7}$$

$$x = \log_{\frac{2}{3}} \frac{5}{7}$$

$$x = \frac{\lg \frac{5}{7}}{\lg \frac{2}{3}}$$

$$x \approx 0{,}83$$

Strategie 2: Logarithmieren
Durch Logarithmieren der Gleichung entsteht eine **lineare Gleichung**, die durch äquivalente Termumformungen gelöst werden kann. Dabei wird meist der Zehner-Logarithmus verwendet, da man diesen direkt mit dem Taschenrechner berechnen kann.

Beispiel

$$2^x : 7 = 5 \cdot 3^x \qquad |\lg$$

$$\lg(2^x : 7) = \lg(5 \cdot 3^x)$$

$$\lg 2^x - \lg 7 = \lg 5 + \lg 3^x$$

$$x \cdot \lg 2 - \lg 7 = \lg 5 + x \cdot \lg 3 \qquad |+\lg 7 \quad |-x \cdot \lg 3$$

$$x \cdot \lg 2 - x \cdot \lg 3 = \lg 5 + \lg 7$$

$$x \cdot (\lg 2 - \lg 3) = \lg 5 + \lg 7 \qquad |:(\lg 2 - \lg 3)$$

$$x = \frac{\lg 5 + \lg 7}{\lg 2 - \lg 3}$$

$$x \approx -8{,}77$$

34 Exponentielles Wachstum und Logarithmen

Strategie 3: Exponentenvergleich
Manchmal kann eine Gleichung so umgeformt werden, dass auf beiden Seiten nur noch eine **Potenz mit gleicher Basis** steht. Das Ergebnis erhält man durch Gleichsetzen der Exponenten und Lösen dieser Gleichung.

Beispiel

$$3^x \cdot 9^{0,5x} = 3^{2x+1} \cdot (27^x)^{\frac{1}{3}}$$

$$3^x \cdot (9^{0,5})^x = 3^{2x+1} \cdot (27^{\frac{1}{3}})^x$$

$$3^x \cdot 3^x = 3^{2x+1} \cdot 3^x \qquad |:3^x$$

$$3^x = 3^{2x+1}$$

$$x = 2x+1 \qquad |-2x$$

$$-x = 1 \qquad |\cdot(-1)$$

$$x = -1$$

Strategie 4: Substitution
Eine weitere elegante Möglichkeit zur Lösung von Gleichungen bietet die Substitution (Ersetzen). Dabei wird ein **Term durch eine Variable ersetzt**.

Beispiel

$$3^x + 3^{2x} = 18$$

$$3^x + (3^x)^2 = 18$$

Jetzt wird der Term 3^x durch eine Variable ersetzt: $u = 3^x$

$$u + u^2 = 18 \qquad |-18$$

$$u^2 + u - 18 = 0$$

$$u_{1/2} = \frac{-1 \pm \sqrt{1^2 - 4 \cdot 1 \cdot (-18)}}{2 \cdot 1}$$

$$u_{1/2} = \frac{-1 \pm \sqrt{73}}{2}$$

$$u_1 = \frac{-1 + \sqrt{73}}{2} \quad \text{und} \quad u_2 = \frac{-1 - \sqrt{73}}{2}$$

Nun wird die Substitution rückgängig gemacht **(Resubstitution)**. Man ersetzt also in den Lösungen u wieder durch den ursprünglichen Term 3^x:

$$3^x = \frac{-1 + \sqrt{73}}{2} \qquad |\lg \qquad\qquad 3^x = \frac{-1 - \sqrt{73}}{2} \qquad |\lg$$

$$x \cdot \lg 3 = \lg\left(\frac{-1 + \sqrt{73}}{2}\right) \quad |:\lg 3 \qquad x \cdot \lg 3 = \lg\left(\frac{-1 - \sqrt{73}}{2}\right)$$

$$x = \frac{\lg\left(\frac{-1 + \sqrt{73}}{2}\right)}{\lg 3} \qquad\qquad \text{Da } \frac{-1 - \sqrt{73}}{2} < 0, \text{ existiert keine Lösung.}$$

$$x \approx \mathbf{1,21}$$

$\Rightarrow$ $x \approx 1,21$ ist die einzige Lösung der Gleichung.

Achtung: Manche Exponentialgleichungen sind nicht durch Äquivalenzumformungen lösbar. Eine Näherungslösung ist meist aber möglich durch
- geschicktes Einsetzen oder
- grafische Bestimmung des Schnittpunkts der Graphen, die zu den Termen der beiden Seiten der Gleichung gehören.

Beispiel $2^x + 7^x = 15$

Eine Umformung der Gleichung auf die Form $a^x = b$ ist nicht möglich. Auch das Logarithmieren bringt nichts, da $\lg(2^x + 7^x)$ nicht weiter vereinfacht werden kann. Der Exponentenvergleich scheidet ebenfalls aus, da die Basen verschieden sind.

geschicktes Einsetzen:

x	$2^x + 7^x \approx$
1,00	9,0
1,20	12,6
1,30	**15,0**
1,31	15,3

x = 1,3 ist eine Näherungslösung (auf eine Dezimale genau)

grafisch:
Betrachtet man die Graphen der beiden Funktionen f und g mit
f: $x \mapsto 2^x + 7^x$ und g: $x \mapsto 15$, dann ergibt der x-Wert des Schnittpunkts die Lösung der Gleichung.

Wertetabelle:

x	−1,5	−1	0	1	1,5
f(x)	0,41	0,64	2	9	21,35
g(x)	15	15	15	15	15

Graphen:

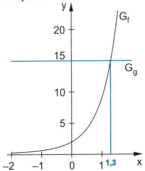

36 ✦ **Exponentielles Wachstum und Logarithmen**

41 Bestimme die Lösungen folgender Exponentialgleichungen mittels der Sortier-Strategie. Runde die Ergebnisse auf zwei Dezimalen.

a) $11^x = 2^x \cdot 2$

b) $0{,}3^x = 0{,}9 : 1{,}01^x$

c) $\left(\frac{1}{2}\right)^{x+1} = \left(\frac{2}{3}\right)^{x+1} \cdot \frac{7}{2}$

d) $4^{2x-2} \cdot 3^{x-1} = \frac{2^3}{\sqrt[3]{27}}$

e) $\frac{3 \cdot 1{,}2^x}{3{,}4} = (\sqrt{121})^x : 3!$

f) $\frac{5^x : 3{,}2}{3^x} = 2^{x+1} \cdot 2^{x+2} \cdot 2^{2x+3}$

42 Bestimme die Lösungen der Exponentialgleichungen aus Aufgabe 41 mittels der Logarithmier-Strategie. Runde die Ergebnisse auf zwei Dezimalen.

43 Bestimme die Lösungen der Exponentialgleichungen mittels der Exponentenvergleich-Strategie (falls möglich). Runde die Ergebnisse gegebenenfalls auf zwei Dezimalen.

a) $3^{2x} = 3^{x+7}$

b) $5^{x+1} = 25^x$

c) $5^x = 25^x \cdot 5$

d) $2^{x^2} \cdot 2 = 8^x$

e) $16^{0{,}5x} = 2^{2 \cdot \sqrt{x}} : 64$

f) $36^x \cdot \sqrt{6} - \sqrt{4} \cdot x = \frac{6^x}{36} - \frac{1}{2}(4x+3) + \frac{3}{2}$

44 Löse die folgenden Gleichungen mittels Substitution.

a) $2^x - 2^{2x} = -21$

b) $4^x \cdot 2^{2x} - 16^{0{,}5x} = 5$

c) $2 \cdot \sin 3^x = \sqrt{3}$ $(x \in [0; 1])$

d) $(2^x)^{2x} + 4^{2x^2} = 12$

45 Nähere die Lösungen folgender Exponentialgleichungen durch geschicktes Einsetzen auf eine Dezimale genau an. Überprüfe deine Ergebnisse grafisch.

a) $3^x - 3 = 2^x$

b) $3{,}5^x - 2^x = 3$

c) $2^x - 1^x + 7 = 7^x - 2$

d) $2^{x+1} \cdot 5 - 3^{2x} = 1$

46 Petra und Luca wollen ihr erspartes Geld bei einer Bank anlegen. Petra legt 15 000 € zu einem jährlichen Zinssatz von 2,8 % an. Luca will bei einer anderen Bank 14 000 € anlegen. Bei beiden Banken werden die Zinsen zum Jahresende auf das Konto gebucht und im nächsten Jahr mitverzinst (Zinseszins).

a) Luca möchte nach 5 Jahren genauso viel Geld auf seinem Konto haben wie Petra.
Wie hoch müsste sein Zinssatz sein?

b) Die Bank gewährte Luca einen Zinssatz von jährlich 3,2 %.
Wie lange müssten Petra und Luca warten, bis sie gleich viel Geld auf ihren Konten haben?

Exponentielles Wachstum und Logarithmen 37

47 Bei der Gewinnung von Mineralwasser interessiert, wie lange das verwendete Quellwasser bereits in der Erde war. Regnet es, wird ein Teil der Wasserstoffatome des Regenwassers in der oberen Atmosphäre durch kosmische Strahlung in Tritium („superschwerer Wasserstoff") umgewandelt. Dabei besitzt der Atomkern neben dem Proton noch zwei Neutronen. Dieses natürlich vorkommende radioaktive Wasserstoffisotop ist sehr selten und zerfällt mit einer Halbwertszeit von 12,3 Jahren zum Heliumisotop ^{3}He. Ist das Wasser erst einmal im Erdreich, können durch die kosmische Strahlung keine weiteren Tritium-Atome mehr gebildet werden. Im Niederschlag sind 10 Tritium-Atome pro 10^{18} Wasserstoff-Atome vorhanden. 1 Liter Wasser enthält etwa $6{,}7 \cdot 10^{25}$ Wasserstoffatome.

a) Wie lange verweilte das Wasser einer Quelle in der Erde, wenn in der Quellwasserprobe nur noch 3 Tritium-Atome pro 10^{18} Wasserstoff-Atome vorhanden sind?

b) Wie sicher schätzt du das in Teilaufgabe a ermittelte Ergebnis?

c) Wie viele Tritium-Atome erwartest du in einem Liter Quellwasser, das vor 100 Jahren als Regen fiel und seitdem im Erdboden verweilte?

48 Bei der Geburt beginnt bei Neugeborenen die Besiedelung des Darms durch Escherichia Coli. Dieses Bakterium lebt mit dem Menschen in Symbiose (z. B. für Vitamin-K-Produktion), solange es im Darm bleibt. Unter optimalen Bedingungen teilt sich ein Escherichia Coli Bakterium alle 20 Minuten.

a) Wie lange dauert die Besiedelung durch ein Escherichia Coli Bakterium unter optimalen Bedingungen, wenn du vereinfachend für den Darm eines Neugeborenen von einem 3 m langen Zylinder mit einem Durchmesser von 3 cm, und einer Maximalzahl von 10 Billionen Bakterien pro Kubikzentimeter Darminhalt ausgehst?

b) Wie viele E.-Coli-Bakterien müssten zu Beginn in den Darm gelangen, um eine Besiedlungszeit von 10 Stunden zu erreichen?

✳ **49** Durch das Einleiten warmen Wassers durch Industrie in einen 30 m langen algenfreien Bereich eines Flusses wachsen Algen von beiden Seiten mit gesteigertem Wachstum in diesen Bereich hinein. Von der einen Seite wachsen Algen der Gattung A und erobern so in der ersten Woche 1,2 m, jede weitere Woche erhöht sich der eingenommene Bereich um 37 %. Von der anderen Seite wachsen Algen der Gattung B. Diese schaffen in der ersten Woche lediglich 0,5 m, sie erhöhen allerdings diesen Wert pro Woche um 49 %.

a) Nach welcher Zeit (Wochen) ist der gesamte zuvor freie Bereich von Algen besiedelt?

Tipp: Suche eine geeignete Möglichkeit, die entstehende Exponentialgleichung zu lösen.

38 ⫽ Exponentielles Wachstum und Logarithmen

b) In welchem Abstand zu den ehemaligen Algengrenzen berühren sich die Algenpopulationen schließlich?
Löse das Problem rechnerisch und grafisch.

∗ 50 Im Rahmen eines Kunstwettbewerbs besprühen zwei Gruppen von Künstlern eine Betonkugel. 20 % der Kugeloberfläche befinden sich unter der Erde und können nicht besprüht werden. Nachdem beide Gruppen 10 Minuten gearbeitet haben, haben die Spiders 1,7 m^2 der Oberfläche mit Kunstwerken versehen. Die Hawks haben erst 1,4 m^2 geschafft. Da ihnen nicht mehr viel Zeit bleibt, ihr Kunstwerk zu vollenden, erhöhen die Spiders ihr Arbeitstempo um 15 % pro 10 Minuten, die Hawks um 17 % pro 10 Minuten. Nach Ablauf der Zeit (beide Teams sind gleichzeitig fertig geworden) stellen beide Gruppen erstaunt fest, dass sie jeweils genau die Hälfte der Fläche bemalt haben.
Welchen Durchmesser hat die Kugel?

Tipp: Berechne zunächst, wie lange die Künstler für die Vollendung ihres Kunstwerks benötigt haben.

Zusammengesetzte Zufallsexperimente

1 Zufallsexperimente kombinieren

Beim „Mensch-Ärgere-Dich-Nicht" darf man das Spiel erst starten, wenn man eine 6 würfelt. Mithilfe von zusammengesetzten Zufallsexperimenten kann nun die Wahrscheinlichkeit dafür berechnet werden, dass man beim n-ten Wurf die erste 6 würfelt. Dazu kann man im Baumdiagramm den Pfad betrachten, der bei den ersten n – 1 Würfen $\overline{6}$ und beim n-ten Wurf 6 enthält.

> Für die Wahrscheinlichkeit, dass ein Ereignis A genau bei der n-ten Wiederholung **zum ersten Mal** eintritt, gilt:
> $P_n = (P(\overline{A}))^{n-1} \cdot P(A)$

Oft ist nach der Wahrscheinlichkeit gefragt, dass ein Ereignis A bei n-maliger Wiederholung **mindestens einmal** eintritt. In diesem Fall ist es oft günstiger, das Gegenereignis (Ereignis A tritt nicht ein) zu betrachten und dessen Wahrscheinlichkeit von 1 zu subtrahieren.

> Für die Wahrscheinlichkeit, dass ein Ereignis A nach n Wiederholungen **gar nicht** eingetreten ist, gilt:
> $P_n = (P(\overline{A}))^n \cdot (P(A))^0 = (P(\overline{A}))^n$

Beispiele

1. Wie groß ist die Wahrscheinlichkeit, dass beim dritten Wurf mit einem Laplace-Würfel die erste 6 gewürfelt wird?

   Lösung:
   Veranschaulichung in einem Baumdiagramm:

   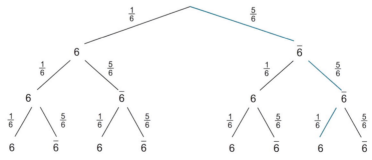

   Mithilfe der Pfadregeln erhält man für die gesuchte Wahrscheinlichkeit:
   $P(\text{„beim dritten Wurf die erste 6"}) = \frac{5}{6} \cdot \frac{5}{6} \cdot \frac{1}{6} = \left(\frac{5}{6}\right)^2 \cdot \frac{1}{6} = \frac{25}{216} \approx 0{,}1157$

Zusammengesetzte Zufallsexperimente 41

2. Wie oft muss man würfeln, um mit einer Wahrscheinlichkeit von 99 % mindestens eine 6 zu würfeln?

Lösung:

Das **Gegenereignis** zu „mindestens eine 6" lautet „keine 6".

$P(\text{„mindestens eine 6"}) \geq 0,99$

$$1 - P(\text{„keine 6"}) \geq 0,99 \qquad \big| + P(\text{„keine 6"}) \, \big| - 0,99$$

$$0,01 \geq P(\text{„keine 6"})$$

$$0,01 \geq \left(\frac{1}{6}\right)^0 \cdot \left(\frac{5}{6}\right)^n$$

$$0,01 \geq \left(\frac{5}{6}\right)^n \qquad \big| \lg$$

$$\lg 0,01 \geq \lg \left(\frac{5}{6}\right)^n$$

$$\lg 0,01 \geq n \cdot \lg \frac{5}{6} \qquad \big| : \lg \frac{5}{6}$$

Da $\lg \frac{5}{6} < 0$ ist, muss das Ungleichheitszeichen umgedreht werden.

$$\frac{\lg 0,01}{\lg \frac{5}{6}} \leq n$$

$$n \geq 25,26$$

Man muss **mindestens 26-mal** würfeln, um mit einer Wahrscheinlichkeit von mindestens 99 % wenigstens eine 6 zu würfeln.

Wird in einer Aufgabe nach den Wahrscheinlichkeiten zweier verschiedener Ereignisse A und B gefragt, bietet sich oft die Darstellung mittels einer Vierfeldertafel an.

Vierfeldertafel:
- Die absoluten bzw. relativen Häufigkeiten von A, $\overline{A}$, B und $\overline{B}$ werden in die äußeren Felder geschrieben.
- Die absoluten bzw. relativen Häufigkeiten von $A \cap B$, $A \cap \overline{B}$, $\overline{A} \cap B$ und $\overline{A} \cap \overline{B}$ werden in die inneren Felder geschrieben.
- Die Einträge in den Zeilen und in den Spalten der inneren vier Felder summieren sich jeweils zum entsprechenden Wert in der äußeren Zeile bzw. Spalte.
- Die beiden Einträge der äußeren Zeile bzw. Spalte addieren sich zur Gesamtzahl (bei absoluten Häufigkeiten) bzw. zu 100 % (bei relativen Häufigkeiten).

42 ◆ **Zusammengesetzte Zufallsexperimente**

Beispiel

Peter wirft 100-mal ein regelmäßiges Dodekaeder (12-Flächner). Die Ergebnisse sind in folgender Tabelle dargestellt:

Augenzahl	1	2	3	4	5	6	7	8	9	10	11	12
Anzahl	7	9	11	5	9	14	3	6	8	13	10	5

Betrachte folgende Ereignisse:
A: „die geworfene Augenzahl ist zweistellig"
B: „die geworfene Augenzahl ist gerade"
Stelle die absoluten und die relativen Häufigkeiten von A und B in einer Vierfeldertafel dar.

Lösung:
Absolute Häufigkeiten:

	A	$\overline{A}$	
B	18	34	52
$\overline{B}$	10	38	48
	28	72	100

Relative Häufigkeiten:

	A	$\overline{A}$	
B	$\frac{18}{100}$	$\frac{34}{100}$	$\frac{52}{100}$
$\overline{B}$	$\frac{10}{100}$	$\frac{38}{100}$	$\frac{48}{100}$
	$\frac{28}{100}$	$\frac{72}{100}$	$\frac{100}{100}$

51 Luisa wirft mehrmals einen Ikosaeder (20-Flächner), auf dessen Seitenflächen die Zahlen 1 bis 20 stehen.
Erstelle ein Baumdiagramm für die erste Stufe der folgenden Ereignisse und bestimme damit jeweils ihre Wahrscheinlichkeit.

a) Die ersten 5 Zahlen sind gerade.

b) Die ersten 17 Zahlen sind ungerade.

c) Bei den ersten drei Würfen erscheint immer eine 7.

d) Die ersten 5 Zahlen sind durch 3 ganzzahlig teilbar.

e) Beim 11. Wurf erscheint zum ersten Mal eine gerade Zahl.

f) Beim vierten Wurf erscheint zum ersten Mal eine durch 4 teilbare Zahl.

g) Beim 17. Wurf erscheint zum ersten Mal die 20.

h) Beim sechsten Wurf erscheint zum ersten Mal eine gerade Zahl, die nicht durch 3 teilbar ist.

Zusammengesetzte Zufallsexperimente 43

52 Vervollständige die folgenden Vierfeldertafeln.

a)

	A	$\overline{A}$	
B		19	24
$\overline{B}$	49		
		66	

b)

	A	$\overline{A}$	
B	0,02		0,43
$\overline{B}$			
		0,9	1

c)

	A	$\overline{A}$	
B	56 %		
$\overline{B}$		21 %	
	39 %		

d)

	A	$\overline{A}$	
B	17,7 %		
$\overline{B}$		$\frac{3}{17}$	
	$0,\overline{3}$		

53 Erstelle eine vollständige Vierfeldertafel und löse damit die Aufgabe.

a) 67 % der Maikäfer eines Jahres sind dunkelbraun. Die anderen sind heller gefärbt. 38 % dieser Population sind männlich.
Wie groß ist der Anteil der dunkelbraunen, männlichen Maikäfer, wenn 19 % hellbraune, weibliche Maikäfer sind?

b) Eine Maschine, die Kartons herstellt, knickt 3 % der herzustellenden Kartons, sodass sie aussortiert werden müssen. 0,2 % der herzustellenden Kartons sind geknickt und verschnitten. 96,2 % sind nicht geknickt und auch nicht verschnitten.
Welchen Anteil der Kartonproduktion verschneidet die Maschine?

c) Lili bewahrt ihre gesammelten Aufkleber in einem Schuhkarton auf. 885 Aufkleber sind rund, 713 der 2 104 bunten Aufkleber sind rund und 636 Aufkleber sind eckig und nicht bunt.
Wie viele Aufkleber besitzt Lili?

54 Ein Satz Schafkopfkarten besteht aus 32 Karten, unter denen 4 Könige sind. Klaus zieht von diesem Kartenstapel nacheinander jeweils eine Karte. Er behauptet, dass die Wahrscheinlichkeit, dass die dritte Karte der erste König ist, mittels $P(\overline{K}\,\overline{K}K) = \left(\frac{28}{32}\right)^2 \cdot \left(\frac{4}{32}\right)^1 = \frac{49}{512} \approx 0,0957$ berechnet werden kann.
Beurteile diese Aussage kritisch. Erstelle hierzu ein Baumdiagramm.

44   Zusammengesetzte Zufallsexperimente

55   Der Systemadministrator einer kleinen Firma hat ermittelt, dass eine eintreffende E-Mail mit einer Wahrscheinlichkeit von 17 % Spam ist.

a) Wie groß ist die Wahrscheinlichkeit, dass die nächsten 10 Mails keine Spammails sind?

b) Wie viele Mails muss der Systemadministrator mindestens abwarten, um mit einer Wahrscheinlichkeit von wenigstens 90 % mindestens eine Spammail zu erhalten?

c) Wie viele Mails muss er abwarten, um mit einer Wahrscheinlichkeit von mindestens 99 % mindestens eine Spammail zu erhalten?

d) Mit welcher Wahrscheinlichkeit sind die nächsten 7 Mails keine Spammails, die zwei darauffolgenden aber schon?

56   Eine Maschine produziert Leuchtstoffröhren. Dabei wird im Schnitt jede zweihundertste Röhre nicht richtig mit Leuchtgas befüllt und bei 0,1 % der Leuchtstoffröhren sind die Anschlüsse defekt.

L: Leuchtgas korrekt $\overline{L}$: Leuchtgas nicht korrekt
A: Anschlüsse korrekt $\overline{A}$: Anschlüsse nicht korrekt

a) Vervollständige folgende Vierfeldertafel:

	L	$\overline{L}$	
A			
$\overline{A}$		$\frac{1}{1\,250}$	

b) Mit welcher Wahrscheinlichkeit wird eine Leuchtstoffröhre vollkommen korrekt produziert?

c) Wie groß ist die Wahrscheinlichkeit, dass unter 100 produzierten Leuchtstoffröhren mindestens eine einen defekten Anschluss aufweist?

d) Wie groß ist die Wahrscheinlichkeit, dass unter 1 000 produzierten Leuchtstoffröhren mindestens eine defekt ist?

e) Wie viele Leuchtstoffröhren muss man untersuchen, um mit einer Wahrscheinlichkeit von mindestens 98 % wenigstens eine Leuchtstoffröhre zu finden, die nicht ausreichend mit Leuchtgas befüllt ist?

f) Wie viele Leuchtstoffröhren muss man untersuchen, um mit einer Wahrscheinlichkeit von mindestens 99 % wenigstens eine defekte Leuchtstoffröhre zu finden?

57 Landwirt Zunhammer will lila-farbigen Mais anbauen. Sein Saatguthändler bietet ihm Saatmais an, der zu 91 % Maispflanzen mit lila Früchten ergibt. Mit den anderen 9 % erhält man gelbe Maispflanzen. Zunhammer macht einen Test und baut einen Teil des Maises an.

a) Wie viele Maispflanzen muss Zunhammer anbauen, um mit einer Wahrscheinlichkeit von wenigstens 99,9 % mindestens eine gelbe Maispflanze zu erhalten?

b) Wie viele Maispflanzen darf der Landwirt höchstens anbauen, um mit einer Wahrscheinlichkeit von mindestens 10 % keine gelbe Maispflanze zu erhalten?

c) Zunhammer baut auf 1,6 Hektar Maispflanzen an. Dabei wachsen pro Quadratmeter durchschnittlich 9,6 Maispflanzen. Er erhält dabei 24 300 gelbe Maiskolben. Der Saatguthändler erstattet 20 % des Kaufpreises zurück, wenn die Abweichung vom im Angebot genannten Prozentsatz größer als 7 Prozentpunkte ist.
Kann der Landwirt den Kaufpreis mindern?

2 Bedingte Wahrscheinlichkeit

In einer Urne befinden sich zehn Kugeln, sieben sind rot, drei grün. Es wird zweimal gezogen, ohne die erste Kugel zurückzulegen.
R: „gezogene Kugel ist rot"
G: „gezogene Kugel ist grün"

Für die Wahrscheinlichkeit, zwei rote Kugeln zu ziehen, gilt:

$P(RR) = \frac{7}{10} \cdot \frac{6}{9} = \frac{7}{15} \approx 46,7\%$

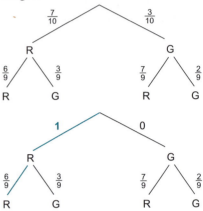

Diese Wahrscheinlichkeit ändert sich, wenn bekannt ist, dass im ersten Zug bereits eine rote Kugel gezogen wurde.
Für die Wahrscheinlichkeit, im zweiten Zug eine rote Kugel zu ziehen, unter der **Bedingung**, dass auch die **erste gezogene Kugel rot** war, gilt:

$P(\text{„R, falls erste Kugel rot"}) = 1 \cdot \frac{6}{9} = \frac{2}{3} \approx 66,7\%$

Die Wahrscheinlichkeit, zwei rote Kugeln zu ziehen, ändert sich also, wenn man beim Ziehen der zweiten Kugel schon weiß, dass die erste Kugel eine rote Kugel war.

Anschaulich steht der Ast „erste Kugel grün" nicht zur Verfügung. Die Wahrscheinlichkeit, beim ersten Ziehen eine rote Kugel zu erhalten, steigt auf 1, da man schon weiß, dass es eine rote war.

> Die Wahrscheinlichkeit für ein Ereignis unter einer bestimmten Voraussetzung nennt man **bedingte Wahrscheinlichkeit.**
> Sind A und B Ereignisse, so schreibt man für die Wahrscheinlichkeit für A unter der Bedingung, dass B bereits eingetreten ist: $P_B(A)$
> Für die bedingte Wahrscheinlichkeit gilt:
>
> $P_B(A) = \frac{P(A \cap B)}{P(B)}$

Die Formel ist leicht zu verstehen, wenn man sich klar macht, dass B bereits eingetreten ist. Die Grundgesamtheit aller jetzt noch möglichen Ergebnisse besteht nun aus denjenigen, für die B gilt. Hieraus wählt man nun diejenigen, für die auch A gilt.

Für die Wahrscheinlichkeit folgt:

$$P_B(A) = \frac{\text{Anzahl der günstigen Ergebnisse}}{\text{Anzahl aller möglichen Ergebnisse}} = \frac{|A \cap B|}{|B|}$$

Erweitert man $\dfrac{|A \cap B|}{|B|}$ mit $\dfrac{1}{|\Omega|}$, folgt:

$$P_B(A) = \frac{\frac{|A \cap B|}{|\Omega|}}{\frac{|B|}{|\Omega|}} = \frac{P(A \cap B)}{P(B)}$$

Beispiel

In der Universität schreiben bei einer Mathematik-Klausur 83 Studenten und 67 Studentinnen mit. 65 der Studenten tragen eine Brille.
Wie groß ist die Wahrscheinlichkeit, dass eine zufällig ausgewählte Studentin eine Brille trägt, wenn man weiß, dass 62 % aller Prüflinge eine Brille tragen?

Lösung:

B: „Brille"

W: „Studentin"

Gesucht: $P_W(B)$

Für die Gesamtanzahl der Prüflinge gilt:

$83 + 67 = 150$

$0{,}62 \cdot 150 = 93$ Prüflinge tragen eine Brille.

Vierfeldertafel:

	B	$\overline{B}$	
W	28	39	67
$\overline{W}$	65	18	83
	93	57	150

$\Rightarrow$

	B	$\overline{B}$	
W	$\frac{28}{150}$	$\frac{39}{150}$	$\frac{67}{150}$
$\overline{W}$	$\frac{65}{150}$	$\frac{18}{150}$	$\frac{83}{150}$
	$\frac{93}{150}$	$\frac{57}{150}$	$\frac{150}{150}$

$$P_W(B) = \frac{P(B \cap W)}{P(W)} = \frac{\frac{28}{150}}{\frac{67}{150}} = \frac{28}{67} \approx 41{,}8\,\%$$

Die Wahrscheinlichkeit, dass eine zufällig ausgewählte Studentin eine Brille trägt, beträgt also 41,8 %.

Oftmals wirken Aufgaben zur bedingten Wahrscheinlichkeit etwas unübersichtlich. Deshalb ist ein **strukturiertes Vorgehen** beim Lösen von Vorteil.

- **Veranschaulichen:** Stelle die gegebene Situation als mehrstufiges Zufallsexperiment in Form eines Baumdiagramms oder einer Vierfeldertafel dar.
- **Lösen:** Berechne die fehlenden Größen.
- **Interpretieren:** Beantworte die Fragestellung der Aufgabe.

Wenn in der Angabe bedingte Wahrscheinlichkeiten gegeben sind, lässt sich die Situation oft als Baumdiagramm besser darstellen als mit einer Vierfeldertafel.

Beispiele

1. 60 % der Äpfel in einer Kiste sind rot. In 30 % von diesen wohnt ein Wurm. 32 % der Äpfel sind grün und wurmfrei.
   Wie groß ist die Wahrscheinlichkeit, dass ein Apfel grün ist, wenn er einen Wurm enthält?

   Lösung:
   Veranschaulichen:
   R: „Apfel ist rot" $\overline{R}$: „Apfel ist grün"
   W: „Wurm" $\overline{W}$: „kein Wurm"

   Gegeben:
   $P(R) = 0{,}6$
   $P_R(W) = 0{,}3$
   $P(\overline{R} \cap \overline{W}) = 0{,}32$

   Hier ist eine bedingte Wahrscheinlichkeit gegeben. Daher bietet sich eine Veranschaulichung mittels eines **Baumdiagramms** an.

   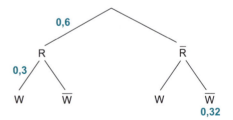

   Nun kann man das Baumdiagramm vervollständigen:

   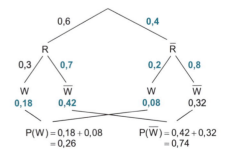

Zusammengesetzte Zufallsexperimente 49

Lösen:

Gesucht: $P_W(\overline{R})$

$$P_W(\overline{R}) = \frac{P(\overline{R} \cap W)}{P(W)} = \frac{0{,}08}{0{,}26} \approx 0{,}31$$

Interpretieren:

Die Wahrscheinlichkeit, dass ein Apfel, der einen Wurm enthält, grün ist, beträgt etwa 31 %.

2. In der Klasse 10a sind 28 Schüler. 9 der 16 Mädchen sind blond. 8 Jungs sind nicht blond.
   Wie groß ist die Wahrscheinlichkeit, dass aus den blonden Schülern ein Junge ausgewählt wird?

   Lösung:

   Veranschaulichen:

   J: „Junge" $\quad\quad$ $\overline{J}$: „Mädchen "
   B: „blond" $\quad\quad$ $\overline{B}$: „nicht blond"

   Gegeben:

   $$|\overline{J}| = 16 \quad \Rightarrow \quad P(\overline{J}) = \frac{16}{28}$$

   $$|\overline{J} \cap B| = 9 \quad \Rightarrow \quad P(\overline{J} \cap B) = \frac{9}{28}$$

   $$|J \cap \overline{B}| = 8 \quad \Rightarrow \quad P(J \cap \overline{B}) = \frac{8}{28}$$

   Hier ist keine bedingte Wahrscheinlichkeit gegeben. Daher bietet sich eine Veranschaulichung mittels einer **Vierfeldertafel** an:

	J	$\overline{J}$	
B		$\frac{9}{28}$	
$\overline{B}$	$\frac{8}{28}$		
		$\frac{16}{28}$	

   Nun kann man die Vierfeldertafel vervollständigen:

	J	$\overline{J}$	
B	$\frac{4}{28}$	$\frac{9}{28}$	$\frac{13}{28}$
$\overline{B}$	$\frac{8}{28}$	$\frac{7}{28}$	$\frac{15}{28}$
	$\frac{12}{28}$	$\frac{16}{28}$	1

50 ⟋ **Zusammengesetzte Zufallsexperimente**

Lösen:
Gesucht: $P_B(J)$

$$P_B(J) = \frac{P(B \cap J)}{P(B)} = \frac{\frac{4}{28}}{\frac{13}{28}} = \frac{4}{13} \approx 0{,}31$$

Interpretieren:
Die Wahrscheinlichkeit, dass unter den blonden Schülern ein Junge ausgewählt wird, beträgt etwa 31 %.

58 Ergänze die Vierfeldertafeln und bestimme die angegebenen Wahrscheinlichkeiten. A, B, C und D seien dabei beliebige Ereignisse.

a) $P(A)$ $P(\overline{B})$
    $P(A \cap \overline{B})$ $P(\overline{A} \cap \overline{B})$
    $P_A(B)$ $P_B(A)$
    $P_{\overline{A}}(B)$ $P_{\overline{A}}(\overline{B})$

	A	$\overline{A}$	
B	31 %		
$\overline{B}$			46 %
	59 %		

b) $P(C)$ $P(\overline{D})$
    $P(C \cap \overline{D})$ $P(\overline{D} \cap C)$
    $P(\overline{C} \cap D)$ $P_C(\overline{D})$
    $P_{\overline{D}}(C)$ $P_C(D)$
    $P_D(C)$

	C	$\overline{C}$	
D		13	576
$\overline{D}$			277
	719		

59 Am Ernst-Mach-Gymnasium wird die Vermutung untersucht, dass musisch be-
gabte Menschen oft auch eine mathematische Begabung aufweisen. Dazu werden
von 150 Schülern, die ein Instrument spielen oder sich im Schulchor engagieren,
und von weiteren 150 Schülern, die weder ein Instrument spielen noch singen, die
Noten in Mathematik betrachtet. 33 % aller betrachteten Schüler erbringen in
Mathematik gute Leistungen, wovon wiederum 59 ein Instrument spielen oder
singen.

a) Veranschauliche die Situation in einer Vierfeldertafel.

b) Berechne die Wahrscheinlichkeit, dass ein aus den 300 Schülern zufällig ausgewählter Jugendlicher in Mathematik keine Begabung aufweist, aber musikalisch ist.

c) Die Musiklehrerin macht unter den Musikern eine Stichprobe.
Wie groß ist die Wahrscheinlichkeit, dass sie einen Schüler wählt, der mathematisch begabt ist?

d) Auch ein Mathematiklehrer wählt in seinem Unterricht einen mathematisch begabten Schüler aus.
Wie groß ist die Wahrscheinlichkeit, dass dieser musikalisch ist?

e) Würdest du der Aussage, dass musische und mathematische Begabung oft einhergehen, aufgrund dieser Erhebung zustimmen?
Erläutere mögliche Schwächen dieser Erhebung.

60 Am Samstagabend treffen sich 728 junge Menschen vor einer Disco. Die Türsteher verweigern 96 Besuchern, da sie noch nicht volljährig sind, und weiteren 38 sehr aggressiven Besuchern im Alter von 21 bis 23 den Eintritt. Der Discobetreiber weiß aus Erfahrung, dass jeden Abend etwa 18 % aller, die in der Disco feiern wollen, unter 18 Jahre alt sind.

a) Wie viele minderjährige Jugendliche befinden sich in der Disco, wenn die Erfahrung des Betreibers auch heute zutrifft?

b) Die Polizei führt in der Disco eine Personenkontrolle durch.
Wie groß ist die Wahrscheinlichkeit, dass sie hier einen minderjährigen Jugendlichen erwischt?

61 a) Zeige, dass die Angaben im folgenden Baumdiagramm allgemein stimmen.
S und T seien dabei beliebige Ereignisse:

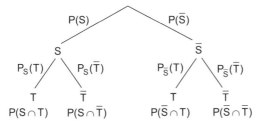

b) Bestimme für den folgenden Fall $P(A)$, $P_A(B)$, $P_{\overline{A}}(\overline{B})$ und $P(\overline{A} \cap B)$.

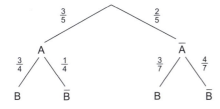

c) Stelle die Zusammenhänge aus b in einer Vierfeldertafel dar.

d) Stelle die Zusammenhänge aus b so in einem Baumdiagramm dar, dass $P_B(A)$, $P_B(\overline{A})$, $P_{\overline{B}}(A)$ und $P_{\overline{B}}(\overline{A})$ direkt daran abgelesen werden können.

62 Bei einer neuen Maschine zur Herstellung von Schokoküssen ist bekannt, dass bei 1 % der produzierten Schokoküsse die Füllung deformiert ist. Bei 2 % hat der Schokoguss Löcher. 97,1 % aller produzierten Schokoküsse bestehen die Qualitätskontrolle anstandslos.

a) Wie groß ist der Anteil der produzierten Schokoküsse, die sowohl eine deformierte Füllung als auch Löcher im Schokoguss haben?

b) Wie groß ist die Wahrscheinlichkeit, unter den wegen deformierter Füllung aussortierten Schokoküssen zufällig einen herauszugreifen, der auch Löcher im Schokoguss aufweist?

c) Der Hersteller erwägt einen Umbau der Anlage. Dabei wird ein Schokokuss, noch bevor der Schokoguss aufgetragen wird, ausgesondert, falls die Füllung deformiert ist. Ist dieser Umbau sinnvoll?

63 Ein neuer Aids-Test erkennt mit einer Wahrscheinlichkeit von 99,9 % eine Infektion mit HIV. Bei gesunden Personen fällt der Aids-Test allerdings bei 0,5 % aller Fälle ebenfalls positiv aus.
Verwende für die Bearbeitung der Aufgaben die Daten aus den Diagrammen für das Jahr 2007.

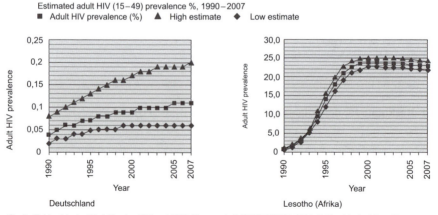

Quelle: Epidemiological Fact Sheet on HIV and AIDS (Germany), © UNAIDS/WHO, 2008; Epidemiological Fact Sheet on HIV and AIDS (Lesotho), © UNAIDS/WHO, 2008

a) Wie groß ist die Wahrscheinlichkeit, als 15–49-Jähriger in Deutschland mit HIV infiziert zu sein?

b) Wie groß ist die Wahrscheinlichkeit in Deutschland, dass der Test bei einer 15–49-jährigen Person positiv ausfällt?

c) Mit welcher Wahrscheinlichkeit ist ein Mensch in Deutschland, der ein positives Testergebnis erhält, tatsächlich infiziert?

d) Berechne die Wahrscheinlichkeit, dass ein Mensch in Deutschland tatsächlich nicht mit HIV infiziert ist, wenn er ein negatives Ergebnis erhält.

e) Bearbeite die Teilaufgaben a bis d für einen Menschen aus Lesotho (Afrika).

64 Bei einem schweren Verbrechen hat der Täter am Tatort Spuren hinterlassen, die sich mit einer DNA-Analyse auswerten lassen. Während beim Täter der Test sicher positiv ausfällt, beträgt die Wahrscheinlichkeit, dass der Test bei einer unschuldigen Person positiv ausfällt, 0,0002 %. Als mögliche Täter kommen 3 Millionen Menschen infrage, unter denen sich auch der Täter befindet.

a) Bestimme die Wahrscheinlichkeit, dass eine Person, die ein positives Testergebnis erhält, der Täter ist.

b) Die lokale Tageszeitung titelt nach drei Monaten: „Täter mittels DNA-Test eindeutig überführt." Nimm zu dieser Aussage kritisch Stellung.

65 Beweise oder widerlege folgende Aussagen für beliebige Ereignisse A und B:

a) Es ist $P_B(A) = 0$, falls $P(A \cap B) = 0$ gilt.

b) $P_B(A) + P_A(B) = 1$

∗ c) Es ist $P_B(A) + P_A(B) = P(A) + P(B)$, falls $P(A \cap B) = P(A) \cdot P(B)$ gilt.

∗ **66** Bei einem Hütchenspiel steht der Kandidat vor drei Hütchen. Unter einem der Hütchen befindet sich ein Gewinn, unter den beiden anderen Nieten. Der Kandidat wählt Hütchen 2. Nun wird eines der beiden nicht gewählten Hütchen, unter dem sich eine Niete befindet, gehoben. Auf die Frage, ob der Kandidat nun von seiner Wahl zum anderen noch verdeckten Hütchen wechseln will, antwortet dieser ohne zu zögern mit „Ja".

Zeige, dass es für den Kandidaten tatsächlich günstiger ist, sich umzuentscheiden.

Tipp: Verwende zur Lösung folgendes Baumdiagramm.

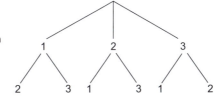

Ganzrationale Funktionen

1 Potenzfunktionen mit natürlichen Exponenten

Um die Eigenschaften komplexerer Funktionen zu verstehen, wird zunächst das Verhalten der Funktionen $x \mapsto ax^n$ betrachtet, wenn a und n variiert werden.

> Funktionen der Form $x \mapsto ax^n$ nennt man **Potenzfunktion (n-ten Grades)**.
> n heißt **Exponent**. Es gilt $n \in \mathbb{N}$.
> a heißt **Koeffizient**. Es gilt $a \in \mathbb{R} \setminus \{0\}$.
> Für n > 1 heißt der Graph **Parabel (n-ter Ordnung)**.

Einfluss des Exponenten n auf die Form der Parabel
n gerade (a > 0)

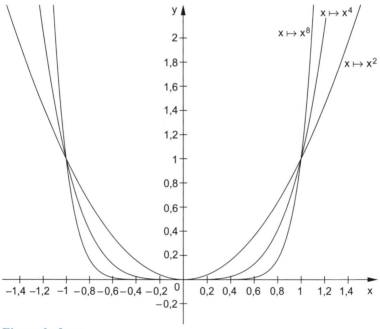

Eigenschaften:
- achsensymmetrisch zur y-Achse
- $\mathbb{W} = \mathbb{R}_0^+$
- verläuft durch den I. und II. Quadranten
- streng monoton fallend für x < 0
- streng monoton steigend für x > 0
- verläuft durch die Punkte (0|0), (−1|a) und (1|a)

n ungerade (a > 0)

Eigenschaften:
- punktsymmetrisch zum Ursprung
- $\mathbb{W} = \mathbb{R}$
- verläuft durch den I. und III. Quadranten
- monoton steigend für alle $x \in \mathbb{R}$
- verläuft durch die Punkte $(0|0)$, $(-1|-a)$ und $(1|a)$

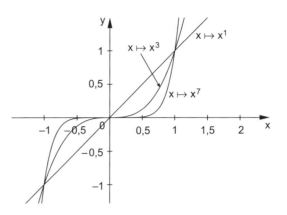

Einfluss des Koeffizienten auf die Form der Parabel

a > 0 und n gerade

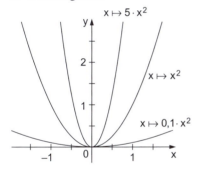

a > 0 und n ungerade

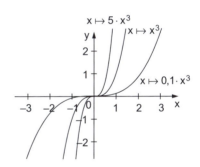

a < 0 und n gerade

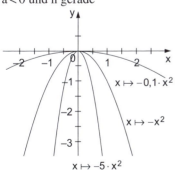

a < 0 und n ungerade

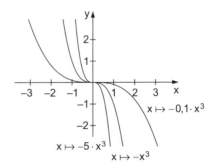

Eigenschaften:
- Für negative Koeffizienten a ist der Verlauf der Parabel im Vergleich zum Verlauf für positive a an der x-Achse gespiegelt.
- Je größer $|a|$ ist, desto „steiler" verläuft der Graph.

Beispiel

Bestimme den Funktionsterm der Potenzfunktion, deren Graph durch die Punkte $\left(-2 \mid \frac{4}{9}\right)$ und $\left(3 \mid -\frac{27}{8}\right)$ verläuft, und zeichne ihn.

Lösung:
Allgemeine Form einer Potenzfunktion: $f: x \mapsto ax^n$

Einsetzen der Punkte: (I) $\quad \frac{4}{9} = a \cdot (-2)^n \quad \Rightarrow \quad a = \dfrac{\frac{4}{9}}{(-2)^n}$

(II) $\quad -\frac{27}{8} = a \cdot 3^n$

Einsetzen in (II): $\quad -\frac{27}{8} = \dfrac{\frac{4}{9}}{(-2)^n} \cdot 3^n$

$$-\frac{27}{8} = \frac{4}{9} \cdot \frac{3^n}{(-2)^n}$$

$$-\frac{27}{8} = \frac{4}{9} \cdot \left(\frac{3}{-2}\right)^n \qquad \Big| \cdot \frac{9}{4}$$

$$-\frac{243}{32} = \left(-\frac{3}{2}\right)^n$$

$$-\frac{243}{32} = (-1)^n \cdot \left(\frac{3}{2}\right)^n$$

Daraus folgt, dass **n ungerade** sein muss, da ansonsten die linke Seite der Gleichung nicht negativ wäre. Damit muss gelten:

$\frac{243}{32} = \left(\frac{3}{2}\right)^n$

$n = \log_{\frac{3}{2}} \frac{243}{32}$

n = 5

Eingesetzt in (I):

$a = \dfrac{\frac{4}{9}}{(-2)^5} = -\frac{1}{72}$

Die gesuchte Potenzfunktion lautet:

$f: x \mapsto -\frac{1}{72} \cdot x^5$

Der Graph G_f verläuft im II. und IV. Quadranten und ist monoton fallend.

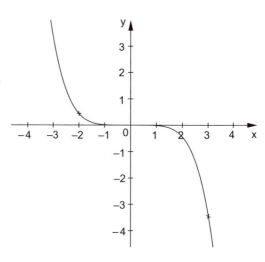

67 Erstelle eine Wertetabelle und zeichne die Graphen der Funktionen jeweils in ein Koordinatensystem:
a) $f_1: x \mapsto x^2$, $f_2: x \mapsto 0{,}8x^2$, $f_3: x \mapsto 3{,}2x^2$
b) $f_1: x \mapsto x^3$, $f_2: x \mapsto 0{,}8x^3$, $f_3: x \mapsto 3{,}2x^3$
c) $f_1: x \mapsto x^2$, $f_2: x \mapsto -0{,}8x^2$, $f_3: x \mapsto 1{,}6x^8$
d) $f_1: x \mapsto -x^2$, $f_2: x \mapsto -1{,}2x^3$, $f_3: x \mapsto 2{,}5x^4$

68 Ordne dem jeweiligen Graphen die passende Funktion zu, indem du zeigst, dass er von den anderen Funktionen nicht erzeugt werden kann:

a) $f_1: x \mapsto x^2$
$f_2: x \mapsto -1{,}5x^2$
$f_3: x \mapsto 1{,}5x^2$

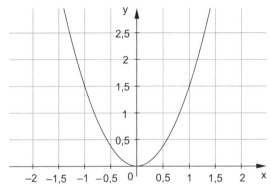

b) $f_1: x \mapsto -2x^2$
$f_2: x \mapsto 2x^6$
$f_3: x \mapsto 2x^3$

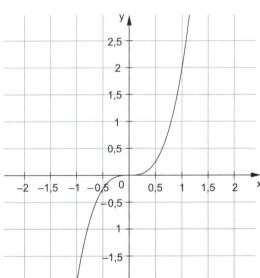

c) $f_1: x \mapsto 0{,}5x^4$
$f_2: x \mapsto x^6$
$f_3: x \mapsto 0{,}5x^5$

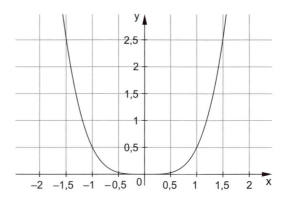

d) $f_1: x \mapsto x^3$
$f_2: x \mapsto 0{,}5x^5$
$f_3: x \mapsto -1{,}5x^3$

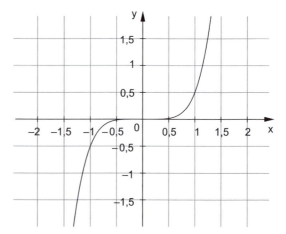

69 Entscheide, in welchen Quadranten die Graphen verlaufen, und bestimme das Steigungs- sowie das Symmetrieverhalten, ohne den Graphen zu zeichnen.

a) $f: x \mapsto x^2$
b) $f: x \mapsto -3x^2$
c) $f: x \mapsto 0{,}1x^{11}$
d) $f: x \mapsto -2x^9$
e) $f: x \mapsto -x^{\frac{21}{3}}$
f) $f: x \mapsto 0{,}12386x^{\sqrt{144}}$

70 Beurteile, ob die folgenden Aussagen wahr oder falsch sind. Belege falsche Aussagen mit einem Gegenbeispiel:

a) Die Graphen von Potenzfunktionen sind achsensymmetrisch.

b) Die Graphen zweier Potenzfunktionen schneiden sich in genau zwei Punkten.

c) Die Graphen aller Potenzfunktionen der Form $f: x \mapsto 2{,}7x^n$, $n \in \mathbb{N}$, verlaufen durch den Punkt $P(1 \mid 2{,}7)$.

Ganzrationale Funktionen 61

d) Die Graphen aller Potenzfunktionen der Form $f\colon x \mapsto -0{,}5x^n$, $n \in \mathbb{N}$, verlaufen durch den Punkt $P(-1\,|-0{,}5)$.

e) Zu jedem beliebigen Punkt im Koordinatensystem kann man eine Potenzfunktion finden, sodass deren Graph durch diesen Punkt verläuft.

71 Bestimme den Koeffizienten a so, dass der Graph der Funktion f durch den angegebenen Punkt P verläuft.

a) $f\colon x \mapsto ax^2$; $P(1\,|\,2)$

b) $f\colon x \mapsto ax^3$; $P(3{,}5\,|\,1{,}7)$

c) $f\colon x \mapsto ax^5$; $P(-0{,}8\,|-2{,}4)$

d) $f\colon x \mapsto ax^4$; $P(-4{,}5\,|-0{,}5)$

72 Bestimme den Exponenten n so, dass der Graph der Funktion f durch den angegebenen Punkt P verläuft.

a) $f\colon x \mapsto x^n$; $P(3\,|\,9)$

b) $f\colon x \mapsto 2x^n$; $P(3\,|\,4\,374)$

c) $f\colon x \mapsto \frac{3}{4}x^n$; $P\left(\frac{1}{2}\,\middle|\,\frac{3}{16}\right)$

d) $f\colon x \mapsto \frac{1}{1\,024}x^n$; $P(2\,|\,8)$

73 Bestimme sowohl den Koeffizienten a als auch den Exponenten n, sodass der Graph der Funktion $f\colon x \mapsto ax^n$ durch die gegebenen Punkte P und Q verläuft.

a) $P(-1\,|\,3{,}2)$, $Q(2\,|\,51{,}2)$

b) $P(-2\,|-14{,}4)$, $Q(1{,}5\,|\,6{,}075)$

c) $P(-3\,|-7{,}2)$, $Q(2\,|-3{,}2)$

d) $P(-1\,|\,1{,}3)$, $Q\left(\frac{2}{3}\,\middle|\,-\frac{208}{1\,215}\right)$

74 Bestimme den Funktionsterm einer möglichst einfachen Potenzfunktion f (mit natürlichem Exponenten $n > 1$), die die angegebenen Eigenschaften besitzt:

a) Der Punkt $P(3\,|\,2{,}5)$ liegt auf dem zur y-Achse symmetrischen Funktionsgraphen.

b) Der Funktionsgraph ist zum Ursprung punktsymmetrisch und enthält den Punkt $P(5\,|\,7)$.

c) Der auf dem ganzen Definitionsbereich monoton fallende Funktionsgraph enthält den Punkt $P(3\,|-4)$.

d) Der im Intervall $I = \,]0;\,+\infty\,[$ streng monoton steigende Funktionsgraph enthält den Punkt $P(-1{,}2\,|\,3{,}1)$.

2 Ganzrationale Funktionen und Symmetriebetrachtungen

Multipliziert man Potenzfunktionen untereinander, erhält man wieder Potenzfunktionen:
$(a_1 \cdot x^{n_1}) \cdot (a_2 \cdot x^{n_2}) = (a_1 \cdot a_2) \cdot x^{n_1 + n_2}$
Deutlich komplizierter wird es, wenn man verschiedene Potenzfunktionen mit natürlichen Exponenten addiert (bzw. subtrahiert).

> Addiert man die Terme von Potenzfunktionen verschiedenen Grades, erhält man Funktionen der Form
> $f(x) = a_n x^n + a_{n-1} x^{n-1} + a_{n-2} x^{n-2} + \ldots + a_2 x^2 + a_1 x + a_0$,
> wobei $n \in \mathbb{N}$ und $a_n, a_{n-1}, \ldots, a_2, a_1, a_0 \in \mathbb{R}$ gilt.
> Für $a_n \neq 0$ nennt man solche Funktionen **ganzrationale Funktionen n-ten Grades**.

Es ist üblich, die Summanden **absteigend** nach den Exponenten der Variable zu sortieren. Die letzten beiden Summanden in dieser Form $(a_1 x + a_0)$ entstehen aus $a_1 x^1 + a_0 x^0$, wobei $x^1 = x$ und $x^0 = 1$ gilt.

Die aus der 9. Jahrgangsstufe bekannten quadratischen Funktionen gehören auch zu den ganzrationalen Funktionen. Es handelt sich dabei um **ganzrationale Funktionen 2. Grades**.

Wie bei den quadratischen Funktionen gibt bei allen ganzrationalen Funktionen der Summand a_0 den **y-Achsenabschnitt** bzw. den **Schnittpunkt mit der y-Achse** des Graphen an: $S_y(0 \mid a_0)$

Symmetrie
Achsensymmetrie zur y-Achse:
Es gilt:
$f(-0,2) = f(0,2)$
$f(-0,6) = f(0,6)$

Allgemein:
$f(-x) = f(x)$

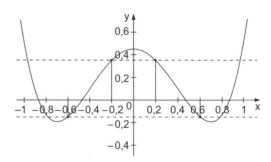

Punktsymmetrie zum Ursprung:
Es gilt:
f(−0,4)) = −f(0,4)
f(−0,8) = −f(0,8)
Allgemein:
f(−x) = −f(x)

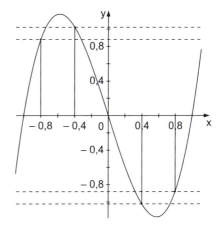

Für ganzrationale Funktionen n-ten Grades (f: $x \mapsto a_n x^n + \ldots + a_1 x + a_0$) gilt:
f(−x) = f(x) genau dann, wenn nur **gerade Exponenten** auftauchen.
f(−x) = −f(x) genau dann, wenn nur **ungerade Exponenten** auftauchen und $a_0 = 0$ gilt.

> - Graphen ganzrationaler Funktionen n-ten Grades sind genau dann **achsensymmetrisch** zur y-Achse, wenn im Funktionsterm nur **gerade Exponenten** auftauchen.
> - Graphen ganzrationaler Funktionen n-ten Grades sind genau dann **punktsymmetrisch** zum Ursprung, wenn im Funktionsterm nur **ungerade Exponenten** auftauchen und $a_0 = 0$ gilt.

Beispiele

1. Zeichne die Graphen der Funktionen mit den folgenden Funktionstermen:
   $f(x) = x^3 + 2x^2 + 1$ und $g(x) = 2x^4 − 3x − 1$

   Lösung:

   Wertetabelle:

x	−2	−1,5	−1	−0,5	0	0,5	1	1,5	2
f(x)	1	2,1	2	1,4	1	1,6	4	8,9	17
g(x)	37	13,6	4	0,6	−1	−2,4	−2	4,6	25

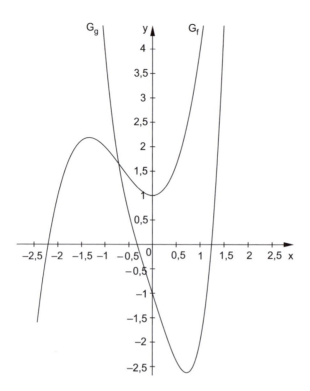

2. Bestimme eine ganzrationale Funktion f dritten Grades, deren Graph durch die Punkte P(1|1) und Q(−2|−1) verläuft. G_f soll dabei punktsymmetrisch zum Ursprung verlaufen.

Lösung:
Ganzrationale Funktion dritten Grades: $f: x \mapsto a_3x^3 + a_2x^2 + a_1x + a_0$
Wegen der Punktsymmetrie zum Ursprung kommen nur **ungeradzahlige** Exponenten vor:
$f: x \mapsto a_3x^3 + a_1x$

$P(1|1) \in G_f \Rightarrow$ (I) $\quad 1 = a_3 \cdot 1^3 + a_1 \cdot 1 \quad\quad \Rightarrow a_1 = 1 - a_3$
$Q(-2|-1) \in G_f \Rightarrow$ (II) $\quad -1 = a_3 \cdot (-2)^3 + a_1 \cdot (-2)$
$\quad\quad\quad\quad\quad\quad\quad\quad\quad -1 = -8 \cdot a_3 - 2 \cdot a_1$

(I) in (II) einsetzen: $\quad -1 = -8 \cdot a_3 - 2 \cdot (1 - a_3)$
$\quad\quad\quad\quad\quad\quad\quad -1 = -6 \cdot a_3 - 2 \quad\quad |+2$
$\quad\quad\quad\quad\quad\quad\quad1 = -6 \cdot a_3 \quad\quad\quad\quad |:(-6)$
$\quad\quad\quad\quad\quad\quad -\tfrac{1}{6} = a_3$

In (I) einsetzen: $a_1 = 1 - \left(-\tfrac{1}{6}\right) = \tfrac{7}{6}$
$f: x \mapsto -\tfrac{1}{6}x^3 + \tfrac{7}{6}x$ ist die gesuchte Funktion.

Ganzrationale Funktionen / 65

75 Erstelle eine Wertetabelle und zeichne die Graphen der Funktionen in ein Koordinatensystem.

a) $f_1: x \mapsto x^2$, $f_2: x \mapsto x^2 + x + 1$, $f_3: x \mapsto x^3 + x$

b) $f_1: x \mapsto x^3$, $f_2: x \mapsto x^3 + x - 1$, $f_3: x \mapsto x^3 - x^2 + 0,5$

c) $f_1: x \mapsto \frac{1}{100}x^6 - x + 1,5$, $f_2: x \mapsto 0,02x^4 + 2x^2 - 0,5$, $f_3: x \mapsto 0,1x^4$

d) $f_1: x \mapsto \frac{1}{10\,000}x^9 + x$, $f_2: x \mapsto \frac{1}{500}x^7 - \frac{7}{507}x^5 - 1$, $f_3: x \mapsto 0,2x^3 - x^2 + 3$

76 Bestimme den Schnittpunkt des Graphen G_f mit der y-Achse, ohne diesen zu zeichnen.

a) $f: x \mapsto 3x^3 - 2x^2 + 3$

b) $f: x \mapsto 3x^4 - 2x + 4,2 - x^3$

c) $f: a \mapsto 3(a^2 + 2a - 2)$

d) $f: m \mapsto (3 + m)(m - 2)$

77 Untersuche G_f auf eventuell vorhandene Achsensymmetrie zur y-Achse und Punktsymmetrie zum Ursprung.

a) $f: x \mapsto x^6 - 3x^4 + 2x^2$

b) $g: x \mapsto x^5 - 2x^3 + 0,2x$

c) $h: x \mapsto 4 + 4^4 x^2 - 2^{2^2} x^2 - x^{128}$

d) $i: x \mapsto 2x^7 - 3x^5 + x + 1$

e) $j: x \mapsto 2^3 x^{10} + 43 - 5^7 x^4 - 0 \cdot x^3$

f) $k: x \mapsto (x + 0,5)(x^2 - 2) - x^3 + 4x \cdot x$

78 Bestimme den Funktionsterm der ganzrationalen Funktion f mit den angegebenen Eigenschaften. Erstelle eine Wertetabelle und zeichne den Graphen.

a) ganzrationale Funktion dritten Grades; G_f verläuft punktsymmetrisch zum Ursprung; $P(2|7)$ und $Q(-1|1)$ liegen auf dem Funktionsgraphen.

b) ganzrationale Funktion vierten Grades; G_f verläuft achsensymmetrisch zur y-Achse; G_f schneidet die y-Achse bei $y = 2$; $P(1|2)$ und $Q(2|-6)$ liegen auf dem Funktionsgraphen.

66 ✐ Ganzrationale Funktionen

3 Weitere Eigenschaften ganzrationaler Funktionen

3.1 Nullstellen

Neben dem Schnittpunkt des Funktionsgraphen mit der y-Achse sind auch die Schnittpunkte mit der x-Achse charakteristisch für eine Funktion. Bei diesen Punkten ist der y-Wert immer gleich null.

> Für eine ganzrationale Funktion f nennt man die Lösungen der Gleichung $f(x) = 0$ die **Nullstellen der Funktion**.

Vorgehensweise zur Bestimmung der Nullstellen:
- Stelle die Gleichung $f(x) = 0$ auf.
- Zerlege den Funktionsterm $f(x)$ in Linearfaktoren, falls dies möglich ist:
  $f(x) = (x - b_1)(x - b_2) \cdot \ldots \cdot (x - b_n)$
- Lies die Nullstellen ab.

Bei quadratischen Funktionstermen kann man die Zerlegung in Linearfaktoren mittels der **Lösungsformel** bestimmen. Bei höhergradigen Funktionstermen bedient man sich oft der **Polynomdivision**.

Kommt in der faktorisierten Darstellung eines Funktionsterms ein Linearfaktor und damit eine Nullstelle öfter vor, spricht man von einer **doppelten, dreifachen, ..., k-fachen Nullstelle**, je nachdem, wie oft dieser Faktor vorkommt.

Beispiele

1. Bestimme die Nullstellen von $f: x \mapsto 2x^3 - 6x^2 + 4x$.

   Lösung:
   Die Nullstellen der Funktion $f: x \mapsto 2x^3 - 6x^2 + 4x$ ergeben sich aus:
   $$f(x) = 0$$
   $$2x^3 - 6x^2 + 4x = 0$$
   $$2 \cdot (x^3 - 3x^2 + 2x) = 0$$
   $$2 \cdot x \cdot (x^2 - 3x + 2) = 0$$

   Der zweite Faktor lässt sich mit der Lösungsformel für quadratische Funktionen weiter in Linearfaktoren (Faktoren der Form $(x - b)$) zerlegen:
   $$x^2 - 3x + 2 = 0$$
   $$x_{1/2} = \frac{3 \pm \sqrt{3^2 - 4 \cdot 1 \cdot 2}}{2 \cdot 1}$$
   $$x_{1/2} = \frac{3 \pm 1}{2}$$
   $$x_1 = 2 \quad \text{und} \quad x_2 = 1$$
   $$\Rightarrow \quad (x - 1)(x - 2) = 0$$

Ganzrationale Funktionen 67

Damit ergibt sich für die Nullstellenberechnung von f:

$2 \cdot x \cdot (x^2 - 3x + 2) = 0$

$\mathbf{2 \cdot (x - 0)\,(x - 1)\,(x - 2) = 0}$

Auf der linken Seite der Gleichung steht ein Produkt. Produkte sind genau dann null, wenn mindestens einer der Faktoren null ist. Für die Nullstellen von f gilt damit:

$x_1 = 0, \ x_2 = 1 \ \text{und} \ x_3 = 2$

Damit ergeben sich als Schnittpunkte des Graphen mit der x-Achse:

$N_1(0\,|\,0), \ N_2(1\,|\,0) \ \text{und} \ N_3(2\,|\,0)$

2. Bestimme die Nullstellen von f: $x \mapsto x^3 - 2x^2 - 5x + 6$.

Lösung:

Will man von f: $x \mapsto x^3 - 2x^2 - 5x + 6$ die Nullstellen berechnen, muss man den Funktionsterm in Linearfaktoren zerlegen.

Die erste Nullstelle kann für höhergradige Terme nur durch **Raten** bestimmt werden: $x_1 = 1$

Test: $1^3 - 2 \cdot 1^2 - 5 \cdot 1 + 6 = 0$ ✓

Nun versucht man, den Funktionsterm f(x) in der Form $(x - 1) \cdot$ Restterm darzustellen. Den Restterm erhält man mittels **Polynomdivision**:

$(x^3 - 2x^2 - 5x + 6) : (x - 1) =$

Im ersten Schritt dividiert man den ersten Summanden des Dividenden durch den ersten Summanden des Divisors:

$(\mathbf{x^3} - 2x^2 - 5x + 6) : (\mathbf{x} - 1) = \mathbf{x^2} \ldots$ (da $x^3 : x = x^2$ gilt)

Nun multipliziert man den Divisor mit dem gerade erhaltenen Teilergebnis und schreibt den so erhaltenen Term unter den Dividenden:

$x^2 \cdot (x - 1) = x^3 - x^2$

Damit folgt:

$(x^3 - 2x^2 - 5x + 6) : (x - 1) = x^2 \ldots$

$\underline{\mathbf{-(x^3 - \ x^2)}}$

Subtrahieren ergibt:

$x^3 - 2x^2 - 5x + 6) : (x - 1) = x^2 \ldots$

$\underline{-(x^3 - \ x^2)}$

$\qquad \mathbf{-x^2 - 5x + 6}$

(da $x^3 - x^3 = 0$ und $-2x^2 - (-x^2) = -x^2$ gilt)

68 ✦ **Ganzrationale Funktionen**

Wiederhole dieses Verfahren nun so oft, bis nach der letzten Subtraktion als Ergebnis die Null steht:

$$(x^3 - 2x^2 - 5x + 6) : (x - 1) = \mathbf{x^2 - x - 6}$$
$$\underline{-(x^3 - x^2)}$$
$$-x^2 - 5x + 6$$
$$\underline{-(-x^2 + x)}$$
$$-6x + 6$$
$$\underline{-(-6x + 6)}$$
$$0$$

Damit ergibt sich für den Funktionsterm:

$$f(x) = x^3 - 2x^2 - 5x + 6 = (x - 1)(x^2 - x - 6)$$

Den Restterm zerlegt man nun analog mittels Raten und Polynomdivision oder Lösungsformel für quadratische Gleichungen, bis der Funktionsterm nicht mehr weiter zerlegt werden kann.

$$x^2 - x - 6 = 0$$
$$x_{2/3} = \frac{1 \pm \sqrt{1 - 4 \cdot 1 \cdot (-6)}}{2 \cdot 1}$$
$$x_{2/3} = \frac{1 \pm 5}{2}$$
$$x_2 = 3 \text{ und } x_3 = -2$$

Für die Berechnung der Nullstellen von f gilt damit:

$$\mathbf{(x - 1)(x + 2)(x - 3) = 0}$$

Nullstellen:

$$x_1 = 1, \ x_2 = -2 \text{ und } x_3 = 3$$

Schnittpunkte des Graphen mit der x-Achse:

$$N_1(1\,|\,0), N_2(-2\,|\,0) \text{ und } N_3(3\,|\,0)$$

Hinweise und Tipps:
Man kann das Ergebnis der Zerlegung in Linearfaktoren einfach überprüfen, indem man die Linearfaktoren ausmultipliziert. Kommt wieder die ursprüngliche Form des Funktionsterms als Ergebnis heraus, hat man bei der Polynomdivision richtig gerechnet.

3. Bestimme die Vielfachheit der Nullstellen von
   $$f(x) = (x - 1)(x + 2)(x + 2)(x + 2)(x - 7)(x - 7).$$

   Lösung:
   $$f(x) = (x - 1)(x + 2)(x + 2)(x + 2)(x - 7)(x - 7)$$
   $$= (x - 1)(x + 2)^3(x - 7)^2$$

   Hier ist $x_1 = 1$ eine einfache Nullstelle, $x_2 = -2$ eine dreifache Nullstelle und $x_3 = 7$ eine doppelte Nullstelle.

Ganzrationale Funktionen 69

79 Faktorisiere den Funktionsterm und bestimme die Nullstellen von f.

a) $f: x \mapsto 2x^2 + 4x - 6$

b) $f: x \mapsto 2x^3 + 4x^2 - 6x$

c) $f: x \mapsto x^4 + 3{,}5x^3 - 2x^2$

d) $f: x \mapsto x^5 - 3{,}1x^4 + 0{,}3x^3$

80 Bestimme aus den Nullstellen einen möglichst einfachen Funktionsterm in ausmultiplizierter Form, erstelle eine Wertetabelle und zeichne den Graphen.

a) $x_1 = 2, \ x_2 = -3$

b) $x_1 = 1, \ x_2 = -2, \ x_3 = 3$

c) $x_1 = 0{,}5, \ x_2 = 1{,}1, \ x_3 = -1, \ x_4 = -3$

d) $x_1 = 0, \ x_2 = -1, \ x_3 = 1, \ x_4 = 2, \ x_5 = -2$

81 Berechne:

a) $(x^3 - 7x^2 - x + 7) : (x - 1)$

b) $(x^4 + x^3 - 19x^2 + 11x + 30) : (x - 3)$

c) $(2x^5 - 8x^4 - 4x^3 + 4x^2 - 142x - 140) : (x - 5)$

d) $(x^5 - 4x^4 - 2x^3 + 2x^2 - 71x - 70) : (x^2 - 2x + 7)$

82 Faktorisiere den Funktionsterm und bestimme alle Nullstellen sowie deren Vielfachheit. Erstelle anschließend eine Wertetabelle und zeichne den Graphen.

a) $f: x \mapsto x^3 + 5x^2 + 6x$

b) $f: x \mapsto x^3 + x^2 - 5x + 3$

c) $f: x \mapsto x^3 - 3x - 2$

✳ d) $f: x \mapsto x^5 + 4x^4 + 4x^3 - 2x^2 - 5x - 2$

83 Stelle aus den Ergebnissen von Aufgabe 82 eine Vermutung bezüglich eines Zusammenhangs zwischen der Vielfachheit einer Nullstelle und dem Verlauf des Graphen um diese Nullstelle auf.

84 Stelle eine Vermutung bezüglich eines Zusammenhangs zwischen der Anzahl der Nullstellen und dem Grad der Funktion auf.

70 / Ganzrationale Funktionen

85 Bestimme aus den gegebenen Informationen einen möglichst einfachen Funktionsterm in ausmultiplizierter Form:

a) f ist eine ganzrationale Funktion 3. Grades und hat an der Stelle $x_1 = 1$ eine doppelte und bei $x_2 = -1$ eine einfache Nullstelle.

b) f ist eine ganzrationale Funktion 3. Grades und hat die Nullstelle $x_1 = 1$. Der Funktionsgraph verläuft punktsymmetrisch zum Ursprung.

c) f ist eine ganzrationale Funktion 4. Grades und hat die Nullstellen $x_1 = -2$ und $x_2 = 3$. Der Graph verläuft achsensymmetrisch zur y-Achse.

d) f ist eine ganzrationale Funktion 5. Grades und hat an der Stelle $x_1 = 1$ eine doppelte Nullstelle. Der Graph G_f verläuft punktsymmetrisch zum Ursprung.

86 Berechne die Schnittpunkte der Geraden $g \colon x \mapsto -x + 1$ mit dem Graphen der Funktion $f \colon x \mapsto 2x^3 + 6x^2 - 2x - 6$.

3.2 Verhalten der Funktionswerte an den Rändern der Definitionsmenge

Die Definitionsmenge einer ganzrationalen Funktion n-ten Grades ist:
$\mathbb{D} = \mathbb{R}$
Die Ränder der Definitionsmenge sind also nur $-\infty$ und $+\infty$.

Klammert man in der Darstellung $f \colon x \mapsto a_n x^n + a_{n-1} x^{n-1} + \ldots + a_1 x + a_0$ die Variable x in der höchsten Potenz aus, so erhält man:

$$f \colon x \mapsto x^n \left(a_n + \frac{a_{n-1}}{x} + \frac{a_{n-2}}{x^2} + \ldots + \frac{a_1}{x^{n-1}} + \frac{a_0}{x^n} \right)$$

Werden die Funktionswerte x immer größer, so wird jeder Bruch, bei dem im Zähler eine Konstante a und im Nenner eine beliebige Potenz von x steht, immer kleiner – im Grenzfall sind sie null. Es interessiert also nur noch der Term $a_n x^n$.

Da die x-Werte immer größer werden, wird

- $a_n x^n$ immer größer, wenn $a_n > 0$ ist.

- $a_n x^n$ immer kleiner, wenn $a_n < 0$ ist.

Werden die Funktionswerte x immer kleiner, so interessiert auch nur der Term $a_n x^n$ (Begründung analog zu oben). Folgende Fälle können auftreten:

- $a_n > 0$ und n gerade $\Rightarrow a_n x^n$ wird immer größer

- $a_n < 0$ und n gerade $\Rightarrow a_n x^n$ wird immer kleiner

- $a_n > 0$ und n ungerade $\Rightarrow a_n x^n$ wird immer kleiner

- $a_n < 0$ und n ungerade $\Rightarrow a_n x^n$ wird immer größer

Ganzrationale Funktionen 71

Für das Verhalten im Unendlichen ist in der Form
$$f: x \mapsto a_n x^n + a_{n-1} x^{n-1} + \ldots + a_1 x + a_0$$
lediglich der **Term mit der höchsten Potenz von x** ausschlaggebend.

Beispiel

Bestimme das Verhalten der Funktionswerte an den Rändern der Definitionsmenge für $f: x \mapsto -0,7x^5 + 3x^3 - 0,2x^2 + \frac{1}{2}$.

Lösung:

$f: x \mapsto \mathbf{-0,7x^5} + 3x^3 - 0,2x^2 + \frac{1}{2}$

f(x) strebt für x gegen $+\infty$ gegen $-\infty$, da $-0,7x^5$ gegen $-\infty$ strebt.
f(x) strebt für x gegen $-\infty$ gegen $+\infty$, da $-0,7x^5$ gegen $+\infty$ strebt.

Schreibweise: Für **„strebt gegen"** schreibt man auch „$\rightarrow$".
Das Ergebnis des Beispiels wäre damit:
$f(x) \rightarrow -\infty$ für $x \rightarrow +\infty$
$f(x) \rightarrow +\infty$ für $x \rightarrow -\infty$

87 Wie verhält sich der Graph an den Rändern des Definitionsbereichs?

a) $f: x \mapsto 2x^3 - 4x^2 + 3x - 5$

b) $f: x \mapsto -17x^4 - 3x^2 - 3$

c) $f: x \mapsto (x-2)(x+2)(5x^3 - 2x^2 + 1)$

d) $f: x \mapsto -4x(x^4 - 3x^3 - 2x)(x^2 + 2x)$

3.3 Vorzeichen der Funktionswerte

Will man wissen, in welchen Intervallen das Vorzeichen der Funktionswerte positiv bzw. in welchen es negativ ist, betrachtet man den Funktionsterm in der faktorisierten Darstellung:
$$f(x) = (x - b_1)(x - b_2) \cdot \ldots \cdot (x - b_n)$$

Das Vorzeichen kann nur an den Nullstellen wechseln. Eine **Vorzeichentabelle** liefert das Vorzeichen aller Funktionswerte.

Beispiel

Bestimme das Vorzeichen der Funktionswerte von
$f: x \mapsto x^3 - 2x^2 - 5x + 6$.

Lösung:
Die Nullstellen dieser Funktion wurden bereits in Beispiel 2 von Kapitel 3.1 (S. 67) berechnet.

Faktorisierte Form der Funktion:
f: x ↦ (x−1)(x+2)(x−3)
mit Nullstellen bei x=−2, x=1 und x=3

Vorzeichentabelle:

Funktion/Term	x<−2	−2<x<1	1<x<3	x<3
(x−1)	−	−	+	+
(x+2)	−	+	+	+
(x−3)	−	−	−	+
(x−1)(x+2)(x−3)	−	+	−	+

In]−∞; −2[sind die Funktionswerte negativ.
In]−2; 1[sind die Funktionswerte positiv.
In]1; 3[sind die Funktionswerte negativ.
In]3; +∞[sind die Funktionswerte positiv.

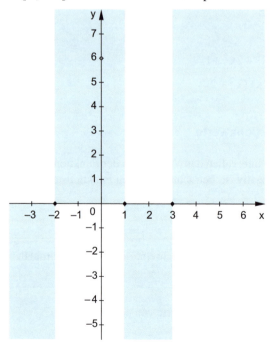

Hier wurden die Bereiche, in denen der Graph verläuft, farbig hinterlegt.

Ganzrationale Funktionen / 73

88 Untersuche die Vorzeichen der Funktionswerte und schraffiere in einem Koordinatensystem die Bereiche, in denen der Funktionsgraph verläuft.

a) $f: x \mapsto (x+1)^2 (x-2)^3$ b) $f: x \mapsto x^3 + 2x^2 - x - 2$

c) $f: x \mapsto x^3 - x^2 - 5x - 3$ d) $f: x \mapsto x^4 + 3x^3 - 4x$

3.4 Verlauf des Funktionsgraphen

Oft interessiert nur der qualitative Verlauf des Funktionsgraphen. Man will also nur die wichtigsten Eigenschaften wissen.

> Der qualitative Verlauf des Funktionsgraphen wird durch die **Schnittpunkte mit den Koordinatenachsen**, das **Verhalten an den Rändern des Definitionsbereichs** und das **Vorzeichen der Funktionswerte** charakterisiert.

Beispiel

Bestimme den Verlauf des Graphen der folgenden Funktion:
$f: x \mapsto x^3 - 2x^2 - 5x + 6$
Skizziere damit den Graphen.

Lösung:
Wie in Beispiel 2 in Kapitel 3.1 (S. 67) berechnet, gilt:
$f: x \mapsto (x-1)(x+2)(x-3)$

Der Schnittpunkt mit der y-Achse lässt sich direkt ablesen („Summand ohne x"): $S_y(0|6)$
Die Schnittpunkte mit der x-Achse entsprechen den Nullstellen:
$N_1(1|0)$, $N_2(-2|0)$ und $N_3(3|0)$

Für $x \to \infty$ gilt: $f(x) \to +\infty$ (da $x^3 \to +\infty$ für $x \to \infty$)
Für $x \to -\infty$ gilt: $f(x) \to -\infty$ (da $x^3 \to -\infty$ für $x \to -\infty$)

Funktion/Term	$x < -2$	$-2 < x < 1$	$1 < x < 3$	$x < 3$
$(x-1)$	$-$	$-$	$+$	$+$
$(x+2)$	$-$	$+$	$+$	$+$
$(x-3)$	$-$	$-$	$-$	$+$
$(x-1)(x+2)(x-3)$	$-$	$+$	$-$	$+$

In $]-\infty; -2[$ verläuft der Funktionsgraph unterhalb der x-Achse.
In $]-2; 1[$ verläuft der Funktionsgraph oberhalb der x-Achse.
In $]1; 3[$ verläuft der Funktionsgraph unterhalb der x-Achse.
In $]3; +\infty[$ verläuft der Funktionsgraph oberhalb der x-Achse.

Trägt man all diese Erkenntnisse in ein Koordinatensystem ein, ergibt sich folgender möglicher Verlauf für den Funktionsgraphen:

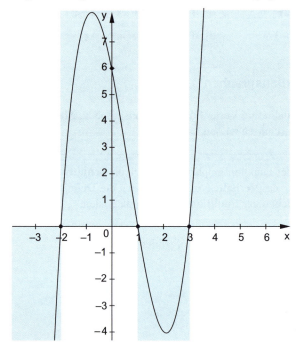

Hinweise und Tipps:
Die Orte des Maximums und des Minimums lassen sich so (noch) nicht bestimmen.

89 Bestimme die Schnittpunkte mit den Koordinatenachsen, das Verhalten an den Rändern des Definitionsbereichs und die Vorzeichen der Funktionswerte. Skizziere hiermit den ungefähren Verlauf des Funktionsgraphen, ohne eine Wertetabelle anzulegen.

a) $f: x \mapsto (x+0{,}5)(x-1)(x+2)$ b) $f: x \mapsto x^3 + 3x^2 + 3x + 1$

c) $f: x \mapsto (x^2 + 2x + 4)(x+1)$ d) $f: x \mapsto 5x^4 - 10x^3 + 5x^2$

Ganzrationale Funktionen 75

90 Welcher Graph gehört zur angegebenen Funktion? Begründe deine Antwort, indem du die anderen Graphen ausschließt.

a) $f: x \mapsto (-x+3)(x-1)^2$

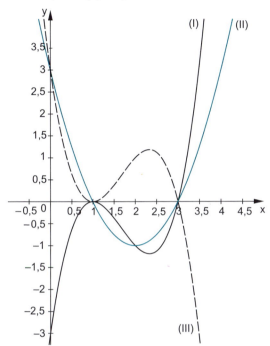

b) $f: x \mapsto x^3 + 0,5x^2 - 1,5x$

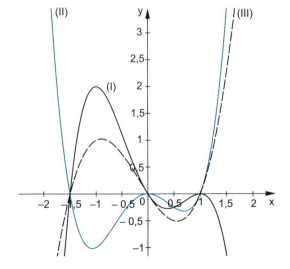

76 / **Ganzrationale Funktionen**

91 Bestimme den Parameter a so, dass der Funktionsgraph G_f die angegebenen Eigenschaften besitzt.

a) $f: x \mapsto 3x^3 - 2x^2 + x - a$
G_f schneidet die y-Achse an der Stelle $y = -7$.

b) $f: x \mapsto (x + a)^2 (x - 2)$
G_f hat an der Stelle $x = 5$ eine doppelte Nullstelle.

c) $f: x \mapsto 5x^3 + ax^2 - 2x$
G_f verläuft punktsymmetrisch zum Ursprung.

d) $f: x \mapsto (x + a)(x - 3)^2$
G_f schneidet die y-Achse an der Stelle $y = 4,5$.

e) $f: x \mapsto a(x - 1)^3 (2x^2 - 2x + 3)$
f hat an der Stelle $x = 1$ eine dreifache Nullstelle.

✴ f) $f: x \mapsto x^2 + ax - 6,4$
G_f schneidet die x-Achse an der Stelle $x = 3,2$.

Trigonometrische Funktionen

1 Sinus- und Kosinusfunktion

Bis jetzt sind viele Funktionsklassen bekannt, mit denen die verschiedensten Zusammenhänge beschrieben werden können. Für periodisch wiederkehrende Ereignisse fehlt allerdings noch eine Möglichkeit der mathematischen Beschreibung. Diese Lücke wird mit den trigonometrischen Funktionen (Sinusfunktion und Kosinusfunktion) geschlossen.

Allgemeine Sinusfunktion:
$f: x \mapsto a \cdot \sin(bx + c) + d$ mit $a \in \mathbb{R} \setminus \{0\}$ und $b, c, d \in \mathbb{R}$

Allgemeine Kosinusfunktion:
$f: x \mapsto a \cdot \cos(bx + c) + d$ mit $a \in \mathbb{R} \setminus \{0\}$ und $b, c, d \in \mathbb{R}$

Bedeutung der Parameter:

a: beschreibt die **Amplitude** A $\quad\left(a = \frac{y_{max} - y_{min}}{2}\right)$

b: beschreibt die **Periode** p $\quad\left(p = \frac{1}{b} \cdot 2\pi\right)$

c: beschreibt die **Verschiebung** Δx in x-Richtung $\quad (c = -\Delta x)$

d: beschreibt die **Verschiebung** Δy in y-Richtung $\quad (d = \Delta y)$

Beispiele

1. $f: x \mapsto 2\sin x + 1$

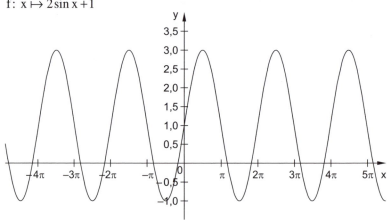

2. f: $x \mapsto \cos(2x-1)$

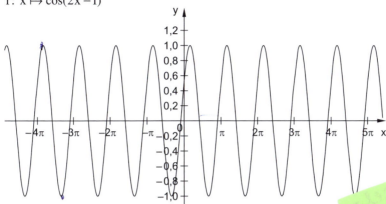

92 Gib für alle Funktionen die Periode p an, erstelle je eine Wertetabelle und zeichne die Graphen in ein Koordinatensystem $\left(-\frac{3}{2}\pi \leq x \leq \frac{3}{2}\pi\right)$:

a) $f_1: x \mapsto \sin x$ $\quad$ $f_2: x \mapsto 2\sin x$ $\quad$ $f_3: x \mapsto -3\sin x$

b) $f_1: x \mapsto \sin x$ $\quad$ $f_2: x \mapsto \sin\left(x+\frac{\pi}{2}\right)$ $\quad$ $f_3: x \mapsto \sin\left(x-\frac{\pi}{3}\right)$

c) $f_1: x \mapsto \sin x$ $\quad$ $f_2: x \mapsto \sin(2x)$ $\quad$ $f_3: x \mapsto \sin\left(\frac{1}{2}x\right)$

d) $f_1: x \mapsto \cos x$ $\quad$ $f_2: x \mapsto \cos x - \frac{3}{2}$ $\quad$ $f_3: x \mapsto \cos\left(\frac{1}{3}x+\pi\right)-1$

93 a) Erstelle je eine Wertetabelle und zeichne alle Graphen in ein gemeinsames Koordinatensystem:
$f_1: x \mapsto \sin x$ $\quad$ $f_2: x \mapsto \sin(x+2\pi)$ $\quad$ $f_3: x \mapsto \sin(x-4\pi)$
$f_4: x \mapsto \cos\left(x+\frac{3\pi}{2}\right)$ $\quad$ $f_5: x \mapsto \cos\left(x-\frac{\pi}{2}\right)$ $\quad$ $f_6: x \mapsto \cos\left(x+\frac{11}{2}\pi\right)$

b) Formuliere die in Teilaufgabe a gefundenen Zusammenhänge.

80 / Trigonometrische Funktionen

2 Eigenschaften trigonometrischer Funktionen

Neben der typischen Eigenschaft der Periodizität lassen sich für die trigonometrischen Funktionen $x \mapsto a \cdot \sin(bx + c) + d$ und $x \mapsto a \cdot \cos(bx + c) + d$ noch weitere Eigenschaften finden.

2.1 Symmetrie

$f(x) = \sin x$
Der Graph verläuft punktsymmetrisch zum Ursprung.

$f(x) = \mathbf{a} \cdot \sin(\mathbf{b}x)$
Der Graph verläuft punktsymmetrisch zum Ursprung, da sich mit einer Veränderung von a lediglich die Amplitude und von b nur die Periode ändert.

$f(x) = \sin x + \mathbf{d}$
Der Graph ist nur für $d = 0$ punktsymmetrisch zum Ursprung.

$f(x) = \sin(bx + \mathbf{c})$
- Für Punktsymmetrie zum Ursprung muss $f(0) = 0$ gelten. Daher ist der Graph punktsymmetrisch zum Ursprung, falls $c = \pi \cdot n$, $n \in \mathbb{Z}$ gilt.

- Für Achsensymmetrie zur y-Achse muss $f(0) = \pm 1$ gelten. Daher ist der Graph achsensymmetrisch zur y-Achse, falls $c = \left(n + \frac{1}{2}\right)\pi$, $n \in \mathbb{Z}$.

Für die Kosinusfunktion kann man ähnliche Überlegungen anstellen.

$f: x \mapsto a \cdot \sin(bx + c) + d$:
- **Punktsymmetrie** zum Ursprung für $c = \pi \cdot n$, $n \in \mathbb{Z}$ und $d = 0$
- **Achsensymmetrie** zur y-Achse für $c = \left(n + \frac{1}{2}\right)\pi$, $n \in \mathbb{Z}$

$f: x \mapsto a \cdot \cos(bx + c) + d$:
- **Punktsymmetrie** zum Ursprung für $c = \left(n + \frac{1}{2}\right)\pi$, $n \in \mathbb{Z}$ und $d = 0$
- **Achsensymmetrie** zur y-Achse für $c = \pi \cdot n$, $n \in \mathbb{Z}$

Beispiel

Untersuche den Graphen von $f: x \mapsto 2\sin\left(\frac{1}{2}x - \frac{3}{2}\pi\right) - 1$ auf Symmetrie.

Lösung:
Der Graph von $f: x \mapsto 2\sin\left(\frac{1}{2}x - \frac{3}{2}\pi\right) - 1$ verläuft achsensymmetrisch zur y-Achse, da $-\frac{3}{2}\pi = \left(-2 + \frac{1}{2}\right)\pi$ gilt.

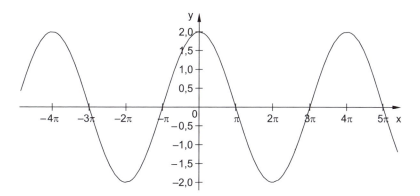

2.2 Nullstellen

Wegen der Periodizität haben die Sinus- und die Kosinusfunktion entweder keine oder unendlich viele Nullstellen. Dies hängt von der Verschiebung des Graphen in die y-Richtung ab.

$f: x \mapsto a \cdot \sin(bx + c) + d$ bzw. $f: x \mapsto a \cdot \cos(bx + c) + d$
- **unendlich viele** Nullstellen, falls $|d| \leq |a|$
- **keine** Nullstellen, falls $|d| > |a|$

Beispiele

1. Untersuche $f: x \mapsto 2\sin x - 0{,}5$ auf Nullstellen.

   Lösung:
   $f: x \mapsto 2\sin x \mathbf{-0{,}5}$
   $|\mathbf{-0{,}5}| \leq |\mathbf{2}| \;\Rightarrow\;$ Es existieren unendlich viele Nullstellen.

   Bestimmung der Nullstellen:
   $$f(x) = 0$$
   $2\sin x - 0{,}5 = 0 \qquad |+0{,}5$
   $\quad 2\sin x = 0{,}5 \qquad |:2$
   $\quad\quad \sin x = 0{,}25$
   $\quad\quad\quad x_1 \approx 0{,}25$
   $\quad\quad\quad x_2 = \pi - x_1$
   $\quad\quad\quad\quad \approx \pi - 0{,}25$
   $\quad\quad\quad\quad \approx 2{,}89$

   Hinweise und Tipps:
   Taschenrechner: RAD einstellen; „$\sin^{-1} 0{,}25 =$" eintippen

Trigonometrische Funktionen

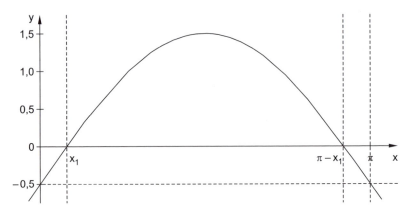

Alle Nullstellen:
$x_{n_1} = x_1 + p \cdot n \approx 0{,}25 + 2\pi n, \; n \in \mathbb{Z}$
$x_{n_2} = x_2 + p \cdot n \approx 2{,}89 + 2\pi n, \; n \in \mathbb{Z}$

Hinweise und Tipps:
Die Funktion hat die Periode 2π.

2. Untersuche $f: x \mapsto \cos(3x+1) - 2$ auf Nullstellen.

   Lösung:
   $f: x \mapsto \mathbf{1} \cdot \cos(3x+1) - \mathbf{2}$
   $|\mathbf{-2}| > |\mathbf{1}| \;\Rightarrow\;$ Es existieren keine Nullstellen.

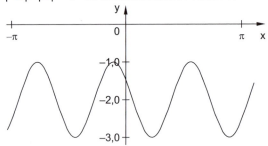

94 Überprüfe die gegebenen Funktionen auf Achsensymmetrie zur y-Achse bzw. Punktsymmetrie zum Ursprung und zeichne die Funktionsgraphen.

a) $f: x \mapsto 3{,}5 \cdot \sin\left(\frac{1}{3}x + \pi\right)$
b) $f: x \mapsto \cos(2x + 2\pi) - 1$
c) $f: x \mapsto 2\sin(x - 3\pi) + 1$
d) $f: x \mapsto 7\cos\left(2x - \frac{3\pi}{2}\right)$

95 Gib alle Nullstellen an.

a) $f: x \mapsto \sin(2x)$
b) $f: x \mapsto 2\cos(0{,}5x + 1)$
c) $f: x \mapsto \cos(2x - 2\pi) + 0{,}9$
d) $f: x \mapsto -2\sin(x + \pi) + 3$

Funktionenlehre

1 Bekannte Funktionen – Überblick

Die folgende Abbildung zeigt einen Überblick über die bisher bekannten Funktionstypen.

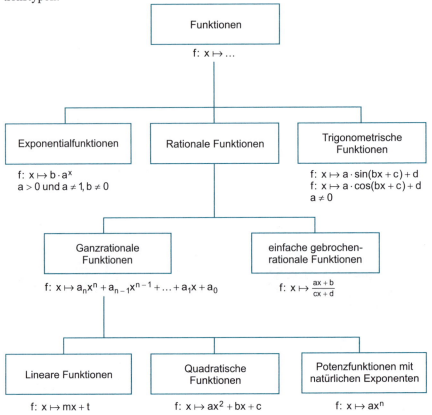

Exponentialfunktion
Form: $f: x \mapsto b \cdot a^x$ mit $a > 0$ und $a \neq 1$, $b \neq 0$
$\mathbb{D}_{max} = \mathbb{R}$ $\mathbb{W} =]0; +\infty[$
Achsensymmetrie zur y-Achse: keine
Punktsymmetrie zum Ursprung: keine
Nullstellen: keine
Extrema: keine
Steigungsverhalten: steigend für $a > 1$ und $b > 0$ oder $0 < a < 1$ und $b < 0$
   fallend für $0 < a < 1$ und $b > 0$ oder $a > 1$ und $b < 0$

Funktionenlehre 85

Beispiele   f: $x \mapsto 3{,}5^x$ f: $x \mapsto 2 \cdot (0{,}5)^x$

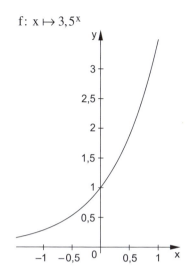
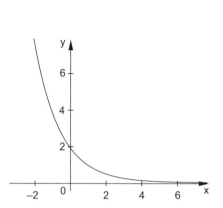

Ganzrationale Funktion n-ten Grades
Form: $f: x \mapsto a_n x^n + a_{n-1} x^{n-1} + \ldots + a_1 x + a_0$ mit $a_n \neq 0$ und $n \in \mathbb{N}$
$\mathbb{D}_{max} = \mathbb{R}$ W: verschieden
Achsensymmetrie zur y-Achse: falls nur gerade n vorhanden sind
Punktsymmetrie zum Ursprung: falls nur ungerade n vorhanden sind und $a_0 = 0$
Nullstellen: Anzahl der Nullstellen $\leq n$
Extrema: verschieden
Steigungsverhalten: verschieden

Beispiele   f: $x \mapsto 2x^3 + 0{,}5x^2 - 3x + 1$ f: $x \mapsto -3x^4 + 2x^2 + 1$

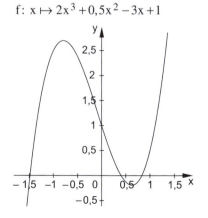
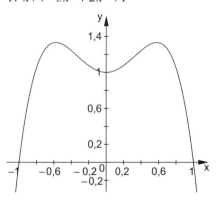

Einfache gebrochen-rationale Funktion

Form: $f: x \mapsto \dfrac{ax+b}{cx+d}$

$\mathbb{D}_{max} = \mathbb{R} \setminus \{\text{Nullstellen des Nenners}\}$
Achsensymmetrie zur y-Achse: Zähler und Nenner achsen- oder punktsymmetrisch
Punktsymmetrie zum Ursprung: Zähler achsen- und Nenner punktsymmetrisch
oder Nenner achsen- und Zähler punktsymmetrisch
Nullstellen: Nullstellen des Zählers (falls in $\mathbb{D}$)
Extrema: keine
Steigungsverhalten: verschieden

Beispiele

$f: x \mapsto \dfrac{3x+2}{x+1}$

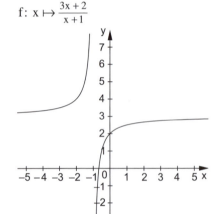

$f: x \mapsto \dfrac{3}{x-2}$

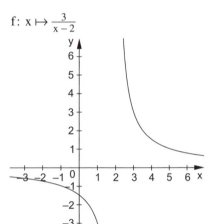

Lineare Funktion (Ganzrationale Funktion 1. Grades)

Form: $f: x \mapsto mx + t$ mit $m \neq 0$

$\mathbb{D}_{max} = \mathbb{R}$ $\mathbb{W} = \mathbb{R}$
Achsensymmetrie zur y-Achse: nur für $m = 0$
Punktsymmetrie zum Ursprung: nur für $t = 0$
Nullstellen: genau eine (für $m \neq 0$)
Extrema: keine
Steigungsverhalten: steigend für $m > 0$
　　　　　　　　　 fallend für $m < 0$

Beispiele   f: x ↦ 2x − 1   f: x ↦ −x

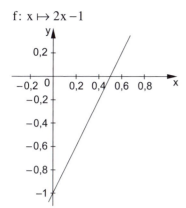
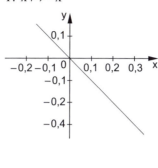

Quadratische Funktion (Ganzrationale Funktion 2. Grades)
Form: **f: x ↦ $ax^2 + bx + c$** mit a ≠ 0
$\mathbb{D}_{max} = \mathbb{R}$ $\mathbb{W} = \,]-\infty; x_S]$ für a < 0 x_S: x-Koordinate des Scheitelpunkts
            $\mathbb{W} = [\,x_S; +\infty[$ für a > 0
Achsensymmetrie zur y-Achse: nur für b = 0
Punktsymmetrie zum Ursprung: keine
Nullstellen: $D = b^2 - 4ac$ (Diskriminante)
            keine Nullstelle für D < 0
            eine Nullstelle für D = 0
            zwei Nullstellen für D > 0
Extrema: Scheitelpunkt $S(x_S | y_S)$
        Maximum für a < 0
        Minimum für a > 0
Steigungsverhalten: steigend für a > 0, x > x_S und a < 0, x < x_S
                fallend für a > 0, x < x_S und a < 0, x > x_S

Beispiele   f: x ↦ $2x^2 + x - 1$ f: x ↦ $-3x^2 + 2x + 1$

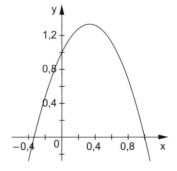

Potenzfunktion mit natürlichem Exponenten
Form: $f: x \mapsto ax^n$ mit $a \neq 0$ und $n \in \mathbb{N}$
$\mathbb{D}_{max} = \mathbb{R}$ $\mathbb{W} = \mathbb{R}$ für ungerade n
            $\mathbb{W} = [0; +\infty[$ für n gerade
Achsensymmetrie zur y-Achse: für gerade n
Punktsymmetrie zum Ursprung: für ungerade n
Nullstellen: $x = 0$
Extrema: Minimum $(0|0)$ für gerade n und $a > 0$
         Maximum $(0|0)$ für gerade n und $a < 0$
         kein Extremum für ungerade n
Steigungsverhalten: steigend für n ungerade und $a > 0$
                     fallend für n ungerade und $a < 0$
                     steigend für n gerade, $a > 0$ und $x > 0$
                     fallend für n gerade, $a > 0$ und $x < 0$
                     steigend für n gerade, $a < 0$ und $x < 0$
                     fallend für n gerade, $a < 0$ und $x > 0$

Beispiele

$f: x \mapsto 2x^3$

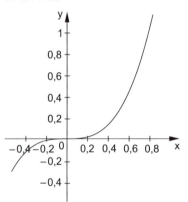

$f: x \mapsto -3x^4$

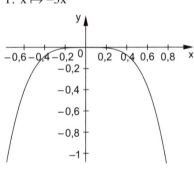

Trigonometrische Funktion
Form: $f: x \mapsto a \cdot \sin(bx+c)+d$, $a \neq 0$
$\ f: x \mapsto a \cdot \cos(bx+c)+d$, $a \neq 0$

$\mathbb{D}_{max} = \mathbb{R}$ $\quad \mathbb{W} = [-a; a]$ falls $a > 0$
$\phantom{\mathbb{D}_{max} = \mathbb{R} \quad}\mathbb{W} = [a; -a]$ falls $a < 0$

Achsensymmetrie zur y-Achse: Sinus für $c = \left(n + \frac{1}{2}\right)\pi$ mit $n \in \mathbb{Z}$

$\ $Kosinus für $c = n \cdot \pi$ mit $n \in \mathbb{Z}$

Punktsymmetrie zum Ursprung: Sinus für $c = n \cdot \pi$ mit $n \in \mathbb{Z}$ und $d = 0$

$\ $Kosinus für $c = \left(n + \frac{1}{2}\right)\pi$ mit $n \in \mathbb{Z}$ und $d = 0$

Nullstellen: unendlich viele, falls $|d| \leq |a|$; sonst keine
Extrema: unendlich viele Maxima und Minima
Steigungsverhalten: verschieden

Beispiele

$f: x \mapsto 2\cos(3x + 2\pi)$

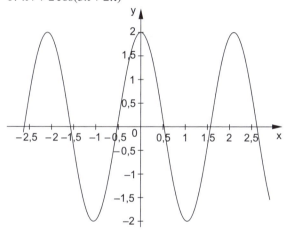

$f: x \mapsto \sin(2x - 0{,}6) + 1$

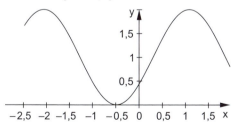

96 Beschreibe den Verlauf des Graphen (Steigung, Schnittpunkte mit den Achsen, Verlauf oberhalb bzw. unterhalb der x-Achse) und gib an, welcher Klasse die zugehörige Funktion angehört:

a)

b)
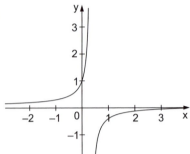

c)

d)
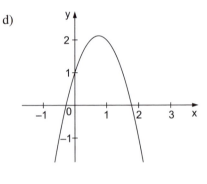

e)

f)
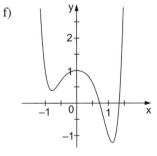

97 Ordne den Graphen den richtigen Funktionsterm zu, indem du die anderen begründet ausschließt.

a) $f_1: x \mapsto -(x+2)(x-1)$
   $f_2: x \mapsto 4 \cdot 2^x$
   $f_3: x \mapsto -2x^2 - 2x + 4$
   $f_4: x \mapsto -x^3 - 3x^2 + 4$

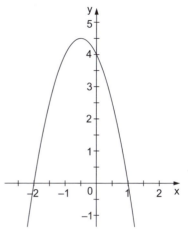

b) $f_1: x \mapsto -2\cos(x+1)$
   $f_2: x \mapsto \frac{1}{200}(x^9 - 30x^7 - 273x^5 - 820x^3 + 576x)$
   $f_3: x \mapsto 2\sin(2x)$
   $f_4: x \mapsto 0,5\sin(2x)$

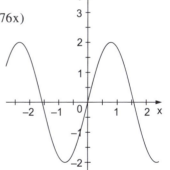

c) $f_1: x \mapsto 2x + 0,5$
   $f_2: x \mapsto 0,5 \cdot 4^x$
   $f_3: x \mapsto 2 \cdot 4^x$
   $f_4: x \mapsto 0,5 \cdot 0,25^x$

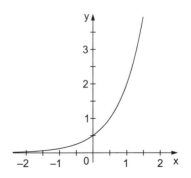

d) $f_1: x \mapsto (x+0,5)(x-1)$
$f_2: x \mapsto 2(x+0,5)^2(x-1)$
$f_3: x \mapsto 2x^3 - 1,5x - 0,5$
$f_4: x \mapsto 2(x+0,5)^4(x-1)$

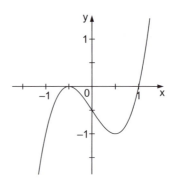

98 Bestimme die Schnittpunkte des Graphen mit den Achsen des Koordinatensystems.

a) $f: x \mapsto 4 \cdot 0,7^x$
b) $f: x \mapsto 2x^2 + 0,2x - 0,84$
c) $f: x \mapsto 5\cos(2x-1)$
d) $f: x \mapsto x^3 - 0,75x - 0,25$

99 Beschreibe den Verlauf des Graphen G_f (Steigung, Schnittpunkte mit den Achsen, Verlauf oberhalb bzw. unterhalb der x-Achse), ohne diesen zu zeichnen.

a) $f: x \mapsto -3x + 4$
b) $f: x \mapsto -0,2 \cdot 2^x$
c) $f: x \mapsto (x-1)(x+1)(x+2)$
d) $f: x \mapsto 3\sin(2x)$

100 Untersuche auf Achsensymmetrie zur y-Achse bzw. Punktsymmetrie zum Ursprung.

a) $f: x \mapsto 0,7 \cdot \sin(5x)$
b) $f: x \mapsto 3x^6 + 3x^4 - 3$
c) $f: x \mapsto 3x - 1$
d) $f: x \mapsto -5 \cdot 0,2^x$
e) $f: x \mapsto \sin(3x) + x^3 - 27x$
f) $f: x \mapsto x^2 + 3 - |5x|$

101 Berechne die Schnittpunkte der Graphen der gegebenen Funktionen.

a) $f: x \mapsto 3x + 1;$ $g: x \mapsto -x - 3$
b) $f: x \mapsto 2 \cdot 3,5^x;$ $g: x \mapsto 0,5 \cdot 0,5^x$
c) $f: x \mapsto 3x^2 - 2x - 1,6;$ $g: x \mapsto -2x^2 + 5x + 2$
d) $f: x \mapsto 3x^3 + x - 1;$ $g: x \mapsto 2x - 3$

e) Berechne den Funktionsterm einer möglichst einfachen quadratischen Funktion h, die f und g aus Teilaufgabe d in deren Schnittpunkt schneidet.

Funktionenlehre 93

102 Gib eine möglichst einfache Funktion an, die die angegebenen Eigenschaften besitzt.

a) Der Graph besitzt unendlich viele Schnittpunkte mit der x-Achse; er schneidet die y-Achse in $y = 3$; $W = [-3; 3]$.

b) Genau zwei Nullstellen, davon mindestens eine doppelt; der Graph verläuft achsensymmetrisch zur y-Achse; er hat einen Schnittpunkt mit der y-Achse bei $y = 4$.

c) Auf dem ganzen Definitionsbereich streng monoton steigender Graph, der keine Schnittpunkte mit der x-Achse hat und die y-Achse in $y = 7,3$ schneidet.

d) Der Graph verläuft punktsymmetrisch zum Ursprung; f besitzt genau fünf verschiedene Nullstellen.

103 Begründe oder widerlege folgende Aussagen:

a) Die Graphen von ganzrationalen Funktionen sind entweder achsensymmetrisch zur y-Achse oder punktsymmetrisch zum Ursprung.

b) Die Periode einer trigonometrischen Funktion $f: x \mapsto \cos(b \cdot x)$ mit $b \in \mathbb{R}$ kann jede positive reelle Zahl annehmen.

c) Es gibt keine Funktion, die mehr als eine Schnittstelle mit der y-Achse besitzt.

d) Es gibt keine Funktion, die keine Schnittstelle mit der y-Achse besitzt.

104 Bestimme die Schnittpunkte des Graphen mit den Achsen sowie die Definitionslücken der Funktion. Untersuche den Graphen auf Symmetrie und bestimme die Vorzeichen der Funktionswerte. Markiere damit die Bereiche im Koordinatensystem, in denen der Graph verlaufen kann. Skizziere aus diesen Informationen den Verlauf des Graphen.

a) $f: x \mapsto \frac{3x}{x^2 - 1}$

b) $f: x \mapsto 2\sin(2x - \pi)$

c) $f: x \mapsto 3^{x-1} - 1$

✳ d) $f: x \mapsto 0,5x^4 + 0,3x^3 - 1,225x^2 + 0,375x + 0,05$

94 ⬧ Funktionenlehre

105 Überprüfe, ob die gegebenen Punkte auf einer Geraden liegen, und gib gegebenenfalls die Geradengleichung an. Falls die drei Punkte nicht auf einer Geraden liegen, bestimme eine quadratische Funktion, auf deren Graph die Punkte liegen, und berechne den Scheitelpunkt dieser Parabel.

a) $P_1(-2\,|\,1,4)$, $P_2(1,5\,|\,4,2)$, $P_3(-3\,|\,0,6)$

b) $P_1(1\,|\,-2,5)$, $P_2(-2\,|\,2)$, $P_3(3\,|\,4,5)$

c) $P_1(-2\,|\,-21)$, $P_2(2\,|\,-1)$, $P_3(3\,|\,-6)$

d) $P_1\left(0\,\middle|\,\frac{1}{\pi}\right)$, $P_2\left(2\,\middle|\,\frac{3}{\pi}\right)$, $P_3(-1\,|\,0)$

✳ **106** Gesucht wird eine ganzrationale Funktion f mit möglichst kleinem Grad, die die gegebene Tabelle mit k Wertepaaren als Wertetabelle besitzt. Man kann diese immer durch das oft langwierige Aufstellen und Lösen eines entsprechenden Gleichungssystems bestimmen. Eine häufig einfachere Möglichkeit ergibt sich wie folgt:
Erstelle zunächst zu jedem Wertepaar eine ganzrationale Funktion f_i mit dem Grad $k-1$, die an dieser Stelle den dazugehörigen Funktionswert annimmt, an den anderen gegebenen Stellen aber den Funktionswert null hat.
f erhältst du dann, indem du alle diese f_i addierst.

a) Überlege anhand folgender Wertetabelle gemäß den obigen Anweisungen ein Verfahren, die benötigten Funktionen f_1, f_2 und f_3 zu finden, und erstelle damit die gesuchte Funktion f.

	Wertepaar 1	Wertepaar 2	Wertepaar 3
x	−2	−1	1
f(x)	3	1	2

b) Begründe, wieso $f = f_1 + f_2 + f_3$ aus Teilaufgabe a die geforderten Eigenschaften erfüllt.

c) Verfahre wie in Teilaufgabe a.

	Wertepaar 1	Wertepaar 2	Wertepaar 3
x	−5	1	3
f(x)	−2	4	−1

d) Verfahre wie in Teilaufgabe a und erstelle den Graphen G_f, um die Richtigkeit zu überprüfen.

	Wertepaar 1	Wertepaar 2	Wertepaar 3	Wertepaar 4
x	−3	1	2	4
f(x)	7	2	−1	2

2 Grenzwerte

Es gibt Funktionen, bei denen sich ab einem bestimmten x-Wert alle Punkte des Funktionsgraphen zwischen zwei Parallelen zu y = a befinden. Der Abstand der Parallelen zu y = a kann dabei beliebig klein gewählt werden, wenn x nur groß genug wird.

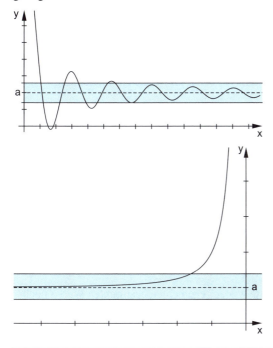

> Liegen die Funktionswerte einer Funktion f für hinreichend große (kleine) x-Werte beliebig nahe bei einem bestimmten Wert a, so nennt man a den **Grenzwert** der Funktion für x gegen +∞ (−∞).

Man sagt auch:
- a ist der **Grenzwert/Limes** von f für x gegen +∞ bzw. −∞.
- f konvergiert gegen a für x gegen +∞ bzw. −∞.
- Die Funktionswerte streben gegen a für x gegen +∞ bzw. −∞.
- f ist eine **konvergente** Funktion.
- G_f hat y = a als waagrechte Asymptote.

Man schreibt:
$$\lim_{x \to +\infty} f(x) = a \qquad \lim_{x \to -\infty} f(x) = a$$

Streben die Funktionswerte gegen +∞ oder −∞ für x gegen +∞ bzw. −∞, so spricht man von **bestimmter Divergenz** (f ist bestimmt divergent).

Man schreibt in diesem Fall analog:
$$\lim_{x \to +\infty} f(x) = +\infty \qquad \lim_{x \to -\infty} f(x) = +\infty$$
$$\lim_{x \to +\infty} f(x) = -\infty \qquad \lim_{x \to -\infty} f(x) = -\infty$$

Eine Funktion f heißt **divergent**, wenn sie weder konvergent noch bestimmt divergent ist.

Beispiel

Untersuche, ob die Funktion f: $x \mapsto \sin x$ für $x \to +\infty$ oder $x \to -\infty$ einen Grenzwert besitzt.

Lösung:

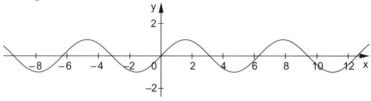

Hier streben die Funktionswerte weder gegen einen bestimmten Wert a noch gegen +∞ oder −∞.

Wichtige bereits bekannte Grenzwerte
- $\lim_{x \to +\infty} x^n = +\infty$ für $n \in \mathbb{N}$ $\qquad \lim_{x \to -\infty} x^n = +\infty \quad$ für $n \in \mathbb{N}$, n gerade

  $\qquad \qquad \qquad \qquad \qquad \qquad \qquad \lim_{x \to -\infty} x^n = -\infty \quad$ für $n \in \mathbb{N}$, n ungerade

- $\lim_{x \to +\infty} \frac{1}{x^n} = 0 \quad$ für $n \in \mathbb{N}$ $\qquad \lim_{x \to -\infty} \frac{1}{x^n} = 0 \quad$ für $n \in \mathbb{N}$

- $\lim_{x \to +\infty} a^x = +\infty \quad$ für $a > 1$ $\qquad \lim_{x \to -\infty} a^x = 0 \quad$ für $a > 1$

- $\lim_{x \to +\infty} a^{-x} = 0 \quad$ für $a > 1$ $\qquad \lim_{x \to -\infty} a^{-x} = +\infty \quad$ für $a > 1$

Für $\lim\limits_{x \to \pm\infty} f(x) = a$ und $\lim\limits_{x \to \pm\infty} g(x) = b$ gilt:

- $\lim\limits_{x \to \pm\infty} \left(f(x) \pm g(x) \right) = \lim\limits_{x \to \pm\infty} f(x) \pm \lim\limits_{x \to \pm\infty} g(x) = a \pm b$

- $\lim\limits_{x \to \pm\infty} \left(f(x) \cdot g(x) \right) = \lim\limits_{x \to \pm\infty} f(x) \cdot \lim\limits_{x \to \pm\infty} g(x) = a \cdot b$

- $\lim\limits_{x \to \pm\infty} \dfrac{f(x)}{g(x)} = \dfrac{\lim\limits_{x \to \pm\infty} f(x)}{\lim\limits_{x \to \pm\infty} g(x)} = \dfrac{a}{b}$ wobei $g(x) \neq 0$ und $b \neq 0$ gelten muss.

- Bei ganzrationalen Funktionen wird die höchste Potenz der Variablen ausgeklammert (vgl. auch Kapitel 3.3.2).

- Bei gebrochen-rationalen Funktionen wird im Zähler und im Nenner die höchste Potenz der Variablen ausgeklammert und anschließend gekürzt.

Beispiele

1. Untersuche das Verhalten der Funktion $f: x \mapsto \frac{5}{x} + 3$ für $x \to \pm\infty$.

Lösung:

$f(x) = \frac{5}{x} + 3 = 5 \cdot \frac{1}{x} + 3$

$\lim\limits_{x \to +\infty} f(x) = \lim\limits_{x \to +\infty} 5 \cdot \lim\limits_{x \to +\infty} \frac{1}{x} + \lim\limits_{x \to +\infty} 3 = 5 \cdot 0 + 3 = 3$

$\lim\limits_{x \to -\infty} f(x) = \lim\limits_{x \to -\infty} 5 \cdot \lim\limits_{x \to -\infty} \frac{1}{x} + \lim\limits_{x \to -\infty} 3 = 5 \cdot 0 + 3 = 3$

2. Untersuche das Verhalten der folgenden Funktionen für $x \to +\infty$.

a) $f: x \mapsto 5x^4 - 3x^3 + 6x^2 + x + 1$

b) $f: x \mapsto \dfrac{2x^3 + x - 2}{x^3 + 1}$

Lösung:

a) $\lim\limits_{x \to +\infty} f(x) = \lim\limits_{x \to +\infty} (5x^4 - 3x^3 + 6x^2 + x + 1)$

$= \lim\limits_{x \to +\infty} x^4 \left(5 - \frac{3}{x} + \frac{6}{x^2} + \frac{1}{x^3} + \frac{1}{x^4} \right)$

$= \lim\limits_{x \to +\infty} x^4 \cdot \lim\limits_{x \to +\infty} \left(5 - \frac{3}{x} + \frac{6}{x^2} + \frac{1}{x^3} + \frac{1}{x^4} \right)$

$= 5 \cdot \lim\limits_{x \to +\infty} x^4$

$= +\infty$

Hinweise und Tipps:
Mit dem ∞-Zeichen darfst du nicht wie mit Zahlen rechnen. Daher darf es nie innerhalb einer Rechnung vorkommen. Zugelassen wird es nur als Ergebnis eines Grenzwertes.

b) $\lim\limits_{x \to +\infty} f(x) = \lim\limits_{x \to +\infty} \frac{2x^3 + x - 2}{x^3 + 1} = \lim\limits_{x \to +\infty} \frac{x^3 \cdot \left(2 + \frac{1}{x^2} - \frac{2}{x^3}\right)}{x^3 \cdot \left(1 + \frac{1}{x^3}\right)}$

$= \lim\limits_{x \to +\infty} \frac{2 + \frac{1}{x^2} - \frac{2}{x^3}}{1 + \frac{1}{x^3}} = \frac{\lim\limits_{x \to +\infty}\left(2 + \frac{1}{x^2} - \frac{2}{x^3}\right)}{\lim\limits_{x \to +\infty}\left(1 + \frac{1}{x^3}\right)} = \frac{2}{1} = 2$

107 Stelle eine Vermutung bezüglich des Verhaltens des Graphen auf, falls x gegen $+\infty$ strebt. Muss diese Vermutung wirklich stimmen?

a)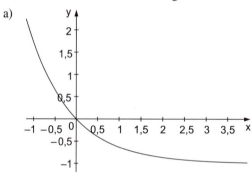

b)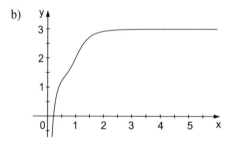

108 Bestimme $\lim\limits_{x \to +\infty}$ und $\lim\limits_{x \to -\infty}$ (falls dies möglich ist).

a) $f: x \mapsto 2 \cdot 0{,}1^x$
b) $f: x \mapsto 3 \cdot 3^x$

c) $f: x \mapsto 0{,}1 \cdot 2^x + 3$
d) $f: x \mapsto 2^x + 3 \cdot 3^x$

e) $f: x \mapsto 2x^2 - x + 3$
f) $f: x \mapsto 0{,}1x^3 + 99x^2$

g) $f: x \mapsto \frac{13}{2}x^3 - \frac{7x}{4} + \frac{2}{3}$
h) $f: x \mapsto -\frac{17}{4}x^3 + 4{,}25x^2 \cdot x + 5$

i) $f: x \mapsto \frac{2x^3 + 7x - 2}{x^2 - 2x + 1}$
j) $f: x \mapsto \frac{2x + 3}{-2x^2 + 3x - 2}$

k) $f: x \mapsto \frac{-2x^3 + 2x^2 - 3x - 3}{x^3 - 2x^2 - 4}$
l) $f: x \mapsto \frac{2x^2 - 5x + 6}{-\frac{3}{2}x^2 + 2x + 1}$

Funktionenlehre 99

109 Wie hängt der Grenzwert von gebrochen-rationalen Funktionen von den Graden der ganzrationalen Funktionen im Zähler und im Nenner ab? Erkläre deine Aussagen durch je ein Beispiel.

110 Bestimme $\lim\limits_{x \to +\infty}$ und $\lim\limits_{x \to -\infty}$ (falls dies möglich ist).

a) $a: x \mapsto 2 \cdot \cos x$

b) $b: x \mapsto \sin x + 3$

c) $c: x \mapsto x \cdot \cos x$

d) $d: x \mapsto \frac{\sin x}{x}$

e) $e: x \mapsto \frac{\sin x}{x^3} \cdot 5x^2 + 2$

f) $f: x \mapsto \frac{5^x \cdot \cos x}{2^x} - 1$

g) $g: x \mapsto \frac{2^x}{5^x} \cdot \cos x + 3$

h) $h: x \mapsto \frac{e(x) + g(x)}{e(x)}$

111 Ermittle den Grenzwert und gib jeweils den x-Wert x_0 an, ab dem die Funktionswerte der Funktion höchstens um 0,1 von diesem Grenzwert abweichen.

a) $f: x \mapsto \frac{1}{x}$ für $x \to +\infty$

b) $f: x \mapsto 5^x$ für $x \to -\infty$

c) $f: x \mapsto 2^{-x} + 1$ für $x \to +\infty$

d) $f: x \mapsto \frac{1}{x^2} - 3$ für $x \to -\infty$

112 Gib eine möglichst einfache Funktion f an, die folgende Eigenschaften besitzt, und zeichne sie in ein Koordinatensystem.

a) $y = 0$ ist waagrechte Asymptote; $\lim\limits_{x \to +\infty} f(x) = +\infty$

b) $y = 2$ ist waagrechte Asymptote; $x = 0$ ist senkrechte Asymptote

c) $y = -3$ ist waagrechte Asymptote; $x = 4$ ist senkrechte Asymptote

d) Keine waagrechte Asymptote; $x = 1$ ist senkrechte Asymptote

113 Eine Anzahl der Individuen einer bestimmten Fliegenpopulation kann mit folgender Funktion bestimmt werden:
$f: t \mapsto -4\,999\,990 \cdot 0,99^t + 5\,000\,000$ t in Tagen

a) Wie viele Fliegen sind nach 10 Tagen vorhanden?

b) Nach wie vielen Tagen sind eine Million Fliegen vorhanden? Nach welcher Zeit sind es 2 Millionen Fliegen?

c) Welche Bedeutung hat der Grenzwert $\lim\limits_{x \to +\infty} f(x)$? Berechne diesen.

114 Du misst, dass bei einer dampfenden Tasse Tee (Starttemperatur: 80 °C) die Temperatur 2 Minuten nach dem Einschenken 70 °C beträgt. (Raumtemperatur: 20 °C)

a) Skizziere die Form des Zeit-Temperatur-Diagramms (t-T-Diagramm) in ein Koordinatensystem und gib anhand der Form des Graphen an, welche Art von Funktion diesen Abkühlungsprozess beschreibt.

b) Bestimme für diesen Graphen den zugehörigen Funktionsterm.

c) Wie heiß ist der Tee nach 5 min, 10 min, 1 h?

d) Welche Bedeutung hat $\lim\limits_{x \to +\infty} f(x)$?

3 Parametervariation

Verändert man den Funktionsterm einer Funktion g geringfügig, so hat dies Auswirkungen auf den Funktionsgraphen.

Verschiebungen
- Verschiebung von G_g um d in **y-Richtung**: $f(x) = g(x) + d$
  d > 0: nach oben
  d < 0: nach unten
- Verschiebung von G_g um −c in **x-Richtung**: $f(x) = g(x + c)$
  c > 0: nach links
  c < 0: nach rechts

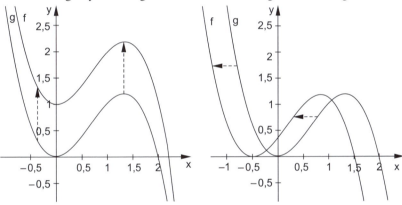

Werden beide Arten der Verschiebung kombiniert, ist es unerheblich, welche zuerst ausgeführt wird.

Beispiel

Es sei $g(x) = 2x^4 - 4x^2$.
Gib den Term der Funktion f an, wenn G_f aus G_g durch eine Verschiebung um 2 in negative y-Richtung (also um −2) und um 1,5 in negative x-Richtung (also um −1,5) entsteht.
Zeichne G_f und G_g in ein Koordinatensystem.

Lösung:
Verschiebung um 2 in negative y-Richtung: $f(x) = g(x) - 2$
Verschiebung um 1,5 in negative x-Richtung: $f(x) = g(x + 1{,}5)$
Zusammen gilt:
$f(x) = 2(x + 1{,}5)^4 - 4(x + 1{,}5)^2 - 2$

102 ♦ Funktionenlehre

Graphen:

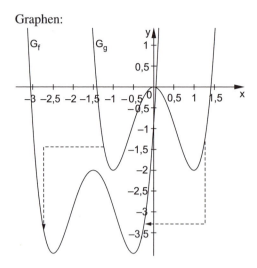

Streckungen/Stauchungen
- Streckung von G_g mit dem Faktor a in **y-Richtung**: $f(x) = a \cdot g(x)$
  $|a| > 1$: Streckung
  $|a| < 1$: Stauchung
  a negativ: Spiegelung an der x-Achse
- Streckung von G_g mit dem Faktor $\frac{1}{b}$ in **x-Richtung**: $f(x) = g(b \cdot x)$
  $|b| > 1$: Stauchung
  $|b| < 1$: Streckung
  b negativ: Spiegelung an der y-Achse

Streckung/Stauchung in y-Richtung: Streckung/Stauchung in x-Richtung:

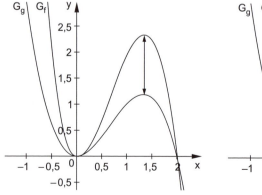 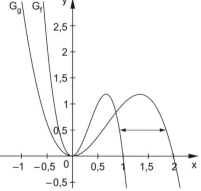

Werden beide Arten der Streckung/Stauchung kombiniert, ist es unerheblich, welche zuerst ausgeführt wird.

Funktionenlehre 103

> **Spiegelungen**
> $f(x) = -g(x)$ Spiegelung des Graphen an der x-Achse
> $f(x) = g(-x)$ Spiegelung des Graphen an der y-Achse

Spiegelung an der x-Achse   Spiegelung an der y-Achse

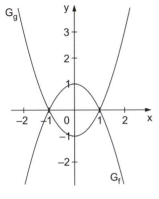
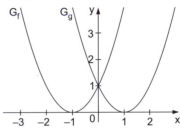

Beispiel

Es sei $g(x) = 2x^4 - 4x^2$.
Gib den Term der Funktion f an, wenn G_f aus G_g durch eine Streckung um den Faktor 2 in x-Richtung und eine Streckung um den Faktor 0,5 (Stauchung) in y-Richtung entsteht.
Zeichne G_f und G_g in ein Koordinatensystem.

Lösung:
Streckung um den Faktor 2 in x-Richtung: $f(x) = g\left(\frac{1}{2}x\right)$
Streckung um den Faktor 0,5 in y-Richtung: $f(x) = \mathbf{0{,}5} \cdot g(x)$
Zusammen gilt:
$f(x) = \mathbf{0{,}5} \cdot \left(2\left(\frac{1}{2}x\right)^4 - 4\left(\frac{1}{2}x\right)^2 \right) = \frac{1}{16}x^4 - \frac{1}{2}x^2$

Graphen:

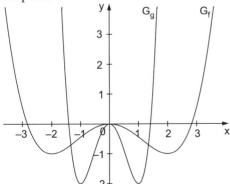

> **Gleichzeitiges Verschieben und Strecken**
> Will man einen Graphen gleichzeitig verschieben und strecken, hängt das Ergebnis stark von der Reihenfolge der Veränderungen ab.

Eventuell entstehen unterschiedliche Graphen je nachdem, in welcher Reihenfolge die Verschiebungen und Streckungen erfolgen.

Beispiel Es sei $g(x) = x^2 + 1$.
Gib den Term der Funktion f an, wenn G_f aus G_g durch eine Verschiebung um -2 in y-Richtung und eine Streckung um den Faktor 3 in y-Richtung entsteht. Berücksichtige dabei die beiden verschiedenen Fälle.
Zeichne jeweils G_f und G_g in ein Koordinatensystem.

Lösung:
Fall 1:
1. Verschieben: $f(x) = g(x) - 2$
2. Strecken: $f(x) = 3(g(x) - 2)$

Insgesamt: $f(x) = 3(x^2 + 1 - 2)$
$= 3(x^2 - 1)$
$= 3x^2 - 3$

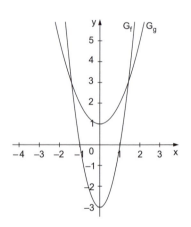

Fall 2:
1. Strecken: $f(x) = 3 \cdot g(x)$
2. Verschieben: $f(x) = 3g(x) - 2$

Insgesamt: $f(x) = 3(x^2 + 1) - 2$
$= 3x^2 + 3 - 2$
$= 3x^2 + 1$

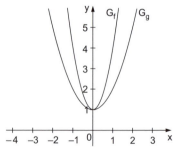

Indem man in einem Funktionsterm einer Funktion f einen Zahlenwert durch einen Parameter a ersetzt, erhält man eine ganze Schar von Funktionen f_a. Je nachdem, welchen Wert dieser Parameter annimmt, bekommt der Graph eine (geringfügig) andere Form.

Für die Funktion f: $x \mapsto x^2$ kann man z. B. folgende einfache Funktionenscharen erstellen:

$f_a(x) = x^2 + a$, $a \in \mathbb{R}$
Jede Funktion, die zu dieser Funktionenschar gehört, hat die gleiche Form (Normalparabel) und ist um a in **y-Richtung verschoben**.

$f_a(x) = ax^2$, $a \in \mathbb{R}$
Jede Funktion, die zu dieser Funktionenschar gehört, ist eine Parabel und um den Faktor a in **y-Richtung gestreckt**.

$f_a(x) = (x - a)^2$, $a \in \mathbb{R}$
Jede Funktion, die zu dieser Funktionenschar gehört, hat die gleiche Form (Normalparabel) und ist um a in **x-Richtung verschoben**.

$f_a(x) = \left(\frac{1}{a} \cdot x\right)^2$
Jede Funktion, die zu dieser Funktionenschar gehört, ist eine Parabel und um den Faktor a in **x-Richtung gestreckt**.

Beispiele

1. Für welchen Parameter a liegt der Punkt P(1|2) auf dem Graphen der Funktion $f_a: x \mapsto ax^2 - 1$?

   Lösung:
   Wenn P auf G_{f_a} liegt, dann müssen die Koordinaten des Punkts die Funktionsgleichung erfüllen.
   $2 = a \cdot 1^2 - 1 \quad |+1$
   $3 = a$
   Das heißt, P liegt auf dem Graphen G_{f_3} der Funktion $f_3: x \mapsto 3x^2 - 1$.

2. Wie ändert sich bei der Funktion $f_a: x \mapsto ax^2 - 1$ der y-Wert an der Stelle x = 1, wenn man a vergrößert/verkleinert? Zeichne zur Verdeutlichung drei verschiedene Graphen.

   Lösung:
   Vergrößert man a, so wird G_{f_3} in y-Richtung **gestreckt**. Die y-Werte werden also größer.
   Verkleinert man a, so wird G_{f_3} in y-Richtung **gestaucht**. Die y-Werte werden demnach kleiner.

   $f_1(x) = x^2 - 1$
   $f_3(x) = 3x^2 - 1$
   $f_5(x) = 5x^2 - 1$

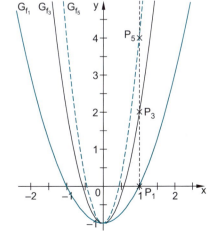

115 Zeichne den Graphen G$_f$, der aus G$_g$ durch folgende Manipulationen/Variationen hervorgeht:

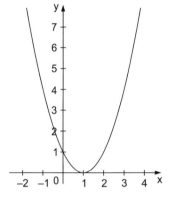

a) Verschiebung um −3 in y-Richtung.

b) Verschiebung um −3 in x-Richtung.

c) Streckung um den Faktor 1,5 in y-Richtung.

d) Streckung um den Faktor 0,5 in x-Richtung.

e) 1. Verschiebung um −2 in y-Richtung,
2. Streckung um den Faktor 0,5 (Stauchung) in y-Richtung

f) 1. Streckung um den Faktor 2 in x-Richtung, 2. Streckung um den Faktor 0,5 (Stauchung) in y-Richtung, 3. Verschiebung um −2 in y-Richtung, 4. Spiegelung an der x-Achse.

116 Gib jeweils die Funktionsterme des an der x-Achse sowie des an der y-Achse gespiegelten Graphen an (f$_x$(x) und f$_y$(x)).

a) $g(x) = 2x^3 + 0{,}5x^2 - x + 7$

b) $g(x) = 3 \cdot 5^x - 7$

c) $g(x) = \dfrac{x^2 - 1}{3x^2 - x + 3}$

d) $g(x) = 3 \cdot \sin(2x)$

117 Bestimme den Parameter a so, dass der gegebene Punkt auf dem Funktionsgraphen liegt:

a) $f_a: x \mapsto 2x^2 - x + a$ $\quad$ P(3 | −4)

b) $f_a: x \mapsto -x^2 + ax + 3$ $\quad$ P(2 | 4)

c) $f_a: x \mapsto \dfrac{ax - 1}{x^2 + x - 1}$ $\quad$ P(3 | −3)

d) $f_a: x \mapsto a \cdot \sin(2x - \pi)$ $\quad$ $P\left(\pi \left| \dfrac{3}{2}\pi\right.\right)$

e) $f_a: x \mapsto a \cdot 3^x$ $\quad$ P(2 | 7)

f) $f_a: x \mapsto 0{,}5 \cdot a^x$ $\quad$ P(−3 | −9)

118 Erkläre die Bedeutung des Merksatzes:
„Verändert man das Argument, läuft es anders als man denkt!"
Veranschauliche deine Idee anhand eines sinnvoll gewählten Beispiels.

Funktionenlehre 107

119 Wie erhält man aus dem Funktionsterm g(x) eines Graphen den Term f(x) des am Ursprung gespiegelten Graphen? Gib einen einfachen Zusammenhang zwischen g und f an und belege deine Aussage mit einem passend gewählten Beispiel.

120 Überprüfe, ob bei den Graphen folgender Funktionen eine Achsensymmetrie zur y-Achse, zur x-Achse oder eine Punktsymmetrie zum Ursprung vorliegt.

a) $f: x \mapsto 2 \cdot 2^x + 3^x$

b) $f: x \mapsto \dfrac{2x^2}{-x^4 + 1}$

c) $f: x \mapsto \dfrac{2 \cdot \sin x}{x^2}$

d) $f: x \mapsto 3x^3 - 2x + 1$

121 Bestimme den Funktionsterm der Funktion f, deren Graph aus der Funktion g durch die gegebenen Manipulationen/Variationen hervorgeht. Vereinfache dabei den Funktionsterm f(x) soweit wie möglich bzw. bringe gebrochen-rationale Terme auf einen Bruchstrich.

a) $g: x \mapsto x^3 - 1;$ $\qquad\qquad f(x) = 3 \cdot g(x) + 1$

b) $g: x \mapsto \dfrac{x^2 + 1}{x^3 - x + 1};$ $\qquad\quad f(x) = -2g(x + 1)$

c) $g: x \mapsto 3 \cdot 5^x - 1;$ $\qquad\quad f(x) = 2g\left(\dfrac{1}{3}x\right) - 2$

d) $g: x \mapsto 2\sin(-x);$ $\qquad\quad f(x) = g(-x) - 2g(x)$

122 Drücke den Funktionsterm f(x) durch die Funktion g aus:

a) $f(x) = 2x^2 - 1$ $\qquad\qquad g: x \mapsto x^2$

b) $f(x) = \cos(5x)$ $\qquad\qquad g: x \mapsto \cos(3x)$

c) $f(x) = -3 \cdot 2^x$ $\qquad\qquad g: x \mapsto 7 \cdot 8^x$

d) $f(x) = \dfrac{1}{x - 1} + 7$ $\qquad\quad g: x \mapsto \dfrac{1}{x + 1}$

123 Triff Aussagen über die Veränderung eventuell vorhandener senkrechter und waagrechter Asymptoten, wenn der Graph G_g einer Funktion g verschoben bzw. gestreckt/gestaucht wird. Mache deine Aussagen anhand eines passend gewählten Beispiels deutlich.

108 / Funktionenlehre

124 Bestimme den Parameter a so, dass die entstehende Funktion die angegebenen Eigenschaften besitzt:

a) $f_a: x \mapsto \dfrac{2x^2 + 3x - 0,25}{x^2 - a}$ G_f soll eine senkrechte Asymptote bei $x = -1,75$ besitzen.

b) $f_a: x \mapsto 2,5\cos(0,1x) + a$ $W_f = [-4; 1]$

c) $f_a: x \mapsto a \cdot 2^{-x}$ G_f soll streng monoton steigen.

d) $f_a: x \mapsto x^2 - 2ax + a^2$ f soll eine doppelte Nullstelle besitzen.

125 a) Bestimme den Funktionsterm f(x) der Funktion, deren Graph aus $g: x \mapsto x^2 + 1$ durch eine Verschiebung um –3, –1, 2 bzw. 5 in x-Richtung hervorgeht, und zeichne alle Graphen in ein Koordinatensystem.

b) Bestimme den Funktionsterm f(x) der Funktion, deren Graph aus $g: x \mapsto x^3$ durch eine erste Verschiebung um –3 bzw. 5 in x-Richtung und eine zweite Verschiebung um –2 bzw. +3 in y-Richtung hervorgeht, und zeichne alle Graphen in ein Koordinatensystem.

c) Entwickle eine Methode zur Überprüfung, ob der Graph einer Funktion f zu einer gegebenen senkrechten Geraden achsensymmetrisch bzw. zu einem gegebenen Punkt punktsymmetrisch verläuft.

126 Überprüfe mittels der Methode aus Aufgabe 125 c, ob die Graphen der Funktionen die angegebenen Symmetrien erfüllen.

a) $f: x \mapsto 2x^3 + 18x^2 + 53x + 51$ punktsymmetrisch zu P(–3|0)?

b) $f: x \mapsto -x^4 + 8x^3 - 22x^2 + 24x - 11$ achsensymmetrisch zu $x = 2$?

c) $f: x \mapsto 2 \cdot 3^{x-1} - 3$ punktsymmetrisch zu P(1|–3)?

d) $f: x \mapsto 2\cos(x + 2) + \dfrac{x^2}{3} + \dfrac{4x}{3} + \dfrac{213}{71}$ achsensymmetrisch zu $x = -2$?

127 Gib den Funktionsterm einer möglichst einfachen Funktion an, die folgende Eigenschaften besitzt:

a) ganzrationale Funktion; punktsymmetrisch zu P(–3|7)

b) achsensymmetrisch zu $x = -3$; $W =]-\infty; 7]$

c) punktsymmetrisch zu P(–1|–1); trigonometrische Funktion

d) gleichzeitig punktsymmetrisch und achsensymmetrisch

Grundwissen der 5. bis 10. Klasse

Absolute Häufigkeit eines Ereignisses
Tatsächliche Anzahl des Auftretens eines bestimmten Ereignisses bei einem Zufallsexperiment.

Addition/Subtraktion von Brüchen
Bringe die Brüche durch Erweitern auf einen gleichen Nenner (Hauptnenner bzw. kgV der ursprünglichen Nenner). Addiere/Subtrahiere die Zähler und behalte den gemeinsamen Nenner bei.

Addition/Subtraktion von Dezimalbrüchen
Addiere/Subtrahiere die Dezimalen mit den gleichen Stellenwerten. Erweitere bei Bedarf eine Dezimalzahl durch Anhängen von Nullen.

Arithmetisches Mittel
Das arithmetische Mittel gibt den Durchschnitt von Werten an. Zur Berechnung werden alle Werte addiert und danach durch die Anzahl der Werte dividiert.

Asymptoten
Eine Asymptote ist eine Gerade, der sich der Graph einer Funktion annähert, d. h., der Abstand zwischen Graph und Asymptote wird beliebig klein.
Eine **waagrechte Asymptote** ist eine Asymptote parallel zur x-Achse und wird durch die Funktionsgleichung $y = a$ ($a \in \mathbb{Q}$) beschrieben.
Senkrechte Asymptoten sind keine Funktionen. Der Graph nähert sich einer Parallelen zur y-Achse. Den zugehörigen x-Wert nennt man **Polstelle**.

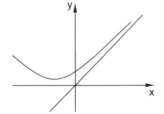

Baumdiagramm
Das Baumdiagramm ist eine Möglichkeit, ein (ein- oder mehrstufiges) Zufallsexperiment grafisch darzustellen. Dabei entspricht jeder Ast des Baums einem möglichen Ergebnis. Die jeweilige Wahrscheinlichkeit wird an den Ast geschrieben. Nebenstehend ist ein Baumdiagramm zum Münzwurf abgebildet.

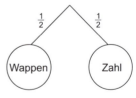

Grundwissen der 5. bis 10. Klasse | 111

Bedingte Wahrscheinlichkeit
Hierbei handelt es sich um die Wahrscheinlichkeit für das Eintreten eines bestimmten Ereignisses A unter der Voraussetzung, dass ein anderes Ereignis B bereits eingetreten ist ($P_B(A)$).
Es gilt:
$$P_B(A) = \frac{P(A \cap B)}{P(B)}$$

Betragsgleichungen
Der Betrag einer Zahl ist ihr Abstand zum Ursprung, z. B. $|-5| = |5| = 5$
Die Anzahl der Lösungen für Betragsgleichungen der Form $|x| = a$ hängt von der Zahl $a \in \mathbb{Q}$ ab:
$\mathbb{L} = \{-a; a\}$ falls $a > 0$
$\mathbb{L} = \{0\}$ falls $a = 0$
$\mathbb{L} = \{\ \}$ falls $a < 0$

Binomische Formeln
$(a+b)^2 = a^2 + 2ab + b^2$ (1. binomische Formel)
$(a-b)^2 = a^2 - 2ab + b^2$ (2. binomische Formel)
$(a-b) \cdot (a+b) = a^2 - b^2$ (3. binomische Formel)

Brüche
Nenner: Anzahl der gleichen Teile, die ein Ganzes ergeben
Zähler: Anzahl dieser gleichen Teile
$\text{Bruch} = \frac{\text{Zähler}}{\text{Nenner}}$

Dezimalbrüche
Dezimalbrüche sind Zahlen in Kommaschreibweise.

Direkte Proportionalität
Falls eine der vier folgenden Eigenschaften erfüllt ist, sind automatisch alle vier Eigenschaften erfüllt:
1. Direkte Proportionalität
2. Quotientengleichheit
3. Der Graph der Zuordnung ist eine Ursprungsgerade.
4. Zuordnungsvorschrift: $x \mapsto y = k \cdot x$, mit k als Proportionalitätsfaktor

Division von Brüchen
Durch einen Bruch wird dividiert, indem man mit dem Kehrbruch multipliziert.
$$\frac{a}{b} : \frac{c}{d} = \frac{a}{b} \cdot \frac{d}{c}$$

Division von Dezimalbrüchen
Man verschiebt das Komma bei Divisor und Dividend um die gleiche Stellenzahl, bis der Divisor eine ganze Zahl ist.
Beim Überschreiten des Dividenden-Kommas wird beim Ergebnis ein Komma gesetzt.

Division von ganzen Zahlen
Dividiere die Beträge der Zahlen und bestimme danach das Vorzeichen des Ergebnisses:

$(-) : (-) = (+)$ $\qquad$ $(+) : (-) = (-)$
$(-) : (+) = (-)$ $\qquad$ $(+) : (+) = (+)$

Elementarereignis
Die Ereignismenge enthält nur ein Element.

Empirisches Gesetz der großen Zahlen
Bei einer zunehmenden Anzahl von Versuchen in einem Zufallsexperiment stabilisieren sich die relativen Häufigkeiten. Den stabilen Wert der relativen Häufigkeit eines Ereignisses A bei einem Zufallsexperiment nennt man **Wahrscheinlichkeit** des Ereignisses A, kurz **P(A)**.

Ereignis
Teilmenge der Ergebnismenge

Ergebnis (Wahrscheinlichkeitsrechnung)
Abkürzung: ω
Ausgang eines Zufallsexperiments

Ergebnismenge
Abkürzung: Ω
Menge aller möglichen Ergebnisse

Erweitern
Der Wert eines Bruchs bleibt erhalten, falls Zähler und Nenner mit der gleichen Zahl multipliziert werden.

$\dfrac{a}{b} = \dfrac{a \cdot n}{b \cdot n}$ $\qquad$ $a, b, n \in \mathbb{Z}$
$\qquad\qquad\quad$ $b \neq 0; n \neq 0$

Exponentialfunktion mit Basis a
Funktion der Form: $f\colon x \mapsto b \cdot a^x$ $\quad$ mit $\quad a > 0$ und $a \neq 1, b \neq 0$

Grundwissen der 5. bis 10. Klasse ◢ 113

Exponentialgleichung
Gleichung, bei der die Variable nur in den Exponenten erscheint.
Beispiel: $5^x + 2 = 3^{2x+1}$

Exponentielles Wachstum
Prozesse, die durch die Gleichung $y = b \cdot a^x$ beschrieben werden können, heißen
exponentielle Zunahme für $a > 1$ und exponentielle Abnahme für $0 < a < 1$.
b: Startwert (für $x = 0$)
a: konstanter Wachstumsfaktor
x: Anzahl der Änderungen

Faktorisieren einer Summe
Kommt in jedem Summanden ein gleicher Faktor vor, so kann man diesen Faktor
ausklammern und die Summe als Produkt schreiben.

Fakultät
$n! = n \cdot (n-1) \cdot (n-2) \cdot \ldots \cdot 2 \cdot 1$
„!" steht für Fakultät.

Funktion
Eine Funktion ist eine Zuordnung, bei der jedem x-Wert aus einer Menge genau
ein y-Wert aus einer zweiten Menge zugeordnet wird.
Zuordnungsvorschrift: $f: x \mapsto y = x + 1$
Funktionsgleichung: $f(x) = x + 1$
Funktionsterm: $x + 1$

Ganzrationale Funktion (n-ten Grades)
Funktion der Form:
$f: x \mapsto a_n x^n + a_{n-1} x^{n-1} + \ldots + a_1 x + a_0$ mit $a_n \neq 0$ und $n \in \mathbb{N}$
Der größte Exponent n heißt Grad der ganzrationalen Funktion.
Der Graph einer ganzrationalen Funktion n-ten Grades heißt auch Parabel n-ter
Ordnung.

Gebrochen-rationale Funktionen
Funktionen, deren Nenner eine Variable enthält, nennt man gebrochen-rationale
Funktionen.

Gegenereignis zu E
Abkürzung: $\overline{E}$
$\overline{E}$ enthält alle Elemente aus Ω, die nicht zu E gehören.

Gleichungen
Isoliere zum Lösen von Gleichungen die Variable auf einer Seite des Gleichheitszeichens mithilfe folgender Äquivalenzumformungen:
- Addition/Subtraktion auf beiden Seiten der Gleichung mit denselben Zahlen
- Multiplikation/Division derselben Zahlen ungleich null auf beiden Seiten der Gleichung

Gleitkommadarstellung
$7{,}1 \cdot 10^4 = 71\,000$ bedeutet die Verschiebung der Kommastelle um **4** Stellen nach rechts.

$6{,}3 \cdot 10^{-3} = 0{,}0063$ bedeutet die Verschiebung der Kommastelle um **3** Stellen nach links.

Grenzwert
Liegen die Funktionswerte einer Funktion f für hinreichend große (kleine) x-Werte beliebig nahe bei einem bestimmten Wert a, so nennt man a den Grenzwert der Funktion für x gegen $+\infty$ ($-\infty$).
Man schreibt:
$$\lim_{x \to +\infty} f(x) = a \quad \text{bzw.} \quad \lim_{x \to -\infty} f(x) = a$$
Gilt $a = +\infty$ oder $a = -\infty$ spricht man von bestimmter Divergenz.

Indirekte Proportionalität
Falls eine der vier folgenden Eigenschaften erfüllt ist, sind automatisch alle vier Eigenschaften erfüllt:
1. Indirekte Proportionalität
2. Produktgleichheit
3. Der Graph der Zuordnung ist eine Hyperbel.
4. Zuordnungsvorschrift: $x \mapsto y = a \cdot \frac{1}{x}$

Intervalle
Eine zusammenhängende Punktmenge auf einem Zahlenstrahl heißt Intervall.
geschlossenes Intervall:
$\{x \mid a \leq x \leq b\}$; $a, b \in [a; b]$

halboffenes Intervall:
$\{x \mid a < x \leq b\}$; $a \notin \,]a; b]$; $b \in \,]a; b]$

halboffenes Intervall:
$\{x \mid a \leq x < b\}$; $a \in [a; b[$; $b \notin [a; b[$

offenes Intervall:
$\{x \mid a < x < b\}$; $a, b \notin \,]a; b[$

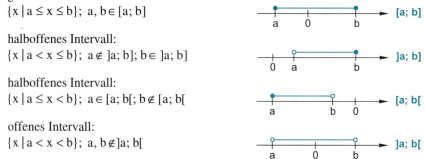

kgV (kleinstes gemeinsames Vielfaches)
Das kleinste gemeinsame Element aus den Vielfachenmengen von Zahlen wird kgV genannt.

Koordinatensystem
Zwei sich senkrecht bei den Nullpunkten kreuzende Zahlengeraden ergeben ein Koordinatensystem (KOSY).
Der Nullpunkt wird als Ursprung des Koordinatensystems bezeichnet.
Das Koordinatensystem unterteilt die Zeichenebene in vier Quadranten.

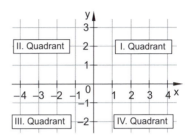

Kürzen
Der Wert eines Bruchs ändert sich nicht, falls Zähler und Nenner durch die gleiche Zahl dividiert werden.

$$\frac{a}{b} = \frac{a:n}{b:n} \qquad a, b, n \in \mathbb{Z} \\ b \neq 0; n \neq 0$$

Laplace-Experiment
Ein Zufallsexperiment, bei dem jedes mögliche Ergebnis gleich wahrscheinlich ist, heißt Laplace-Experiment.
Berechnung der Wahrscheinlichkeit eines Ereignisses E:

$$P(E) = \frac{\text{Anzahl der Ergebnisse, bei denen E eintritt}}{\text{Anzahl der Elemente von } \Omega} = \frac{|E|}{|\Omega|}$$

Lineare Funktionen
Lineare Funktionen haben die allgemeine Form $x \mapsto y = mx + t$.
Der Graph ist eine Gerade.

$m = \frac{\Delta y}{\Delta x}$ Steigung der Geraden

t   y-Achsenabschnitt; Schnittpunkt der Geraden mit der y-Achse $(0|t)$

Lineare Gleichungssysteme
Einsetzungsverfahren:
- Löse eine Gleichung nach einer Variablen auf.
- Setze diese Variable in die andere Gleichung ein.
- Löse diese Gleichung nach der nun einzigen Variablen auf.
- Setze den ermittelten Zahlenwert in eine beliebige Gleichung ein und berechne die zweite Variable.

Additionsverfahren:
- Multipliziere die Gleichungen so, dass vor x (oder y) die gleiche Zahl mit unterschiedlichen Vorzeichen steht.
- Addiere die entsprechenden Seiten beider Gleichungen und berechne aus der entstandenen Gleichung eine Unbekannte.
- Setze das Ergebnis in eine der beiden Gleichungen ein und ermittle die zweite Variable.

Lineare Ungleichungen
Bei der Multiplikation oder Division mit einer negativen Zahl muss zusätzlich das Ungleichheitszeichen umgedreht werden. Alle anderen Äquivalenzumformungen für Gleichungen können auch bei Ungleichungen verwendet werden.

Lineares Wachstum
Prozesse, die durch die Gleichung $y = b + a \cdot x$ beschrieben werden können, heißen lineare Zunahme für $a > 0$ und lineare Abnahme für $a < 0$.
b: Startwert (für $x = 0$)
a: konstante Änderung
x: Anzahl der Änderungen

Logarithmus
Die Lösung der Gleichung $b = a^x$ für $a, b \in \mathbb{R}^+$ und $a \neq 1$ heißt Logarithmus von b zur Basis a.
$$b = a^x \quad \Leftrightarrow \quad x = \log_a b$$

Lösungsformel für quadratische Gleichungen („Mitternachtsformel")
Die allgemeine quadratische Gleichung $ax^2 + bx + c = 0$ hat die Lösungen
$$x_{1/2} = \frac{-b \pm \sqrt{b^2 - 4ac}}{2a}.$$
Anzahl der Lösungen ermittelbar durch die Diskriminante $D = b^2 - 4ac$:
$D > 0$ zwei Lösungen
$D = 0$ eine Lösung
$D < 0$ keine Lösung

Mächtigkeit der Ergebnismenge
Abkürzung: $|\Omega|$
Anzahl der Ergebnisse in der Ergebnismenge

Grundwissen der 5. bis 10. Klasse 117

Maßstab
Maßstab $1:50$ bedeutet, dass 1 cm in der Zeichnung 50 cm in Wirklichkeit entspricht.

Beispiele:
- 4 cm in der Zeichnung: $4 \text{ cm} \cdot 50 = 200 \text{ cm} = 2 \text{ m}$ in Wirklichkeit
- 8 m in Wirklichkeit: $8 \text{ m} : 50 = 800 \text{ cm} : 50 = 16 \text{ cm}$ in der Zeichnung

Menge der reellen Zahlen
Die Menge $\mathbb{R}$ der reellen Zahlen ist die Menge aller Dezimalbrüche.
Irrationale Zahlen sind unendliche, nicht periodische Dezimalbrüche.
Rationale Zahlen sind endliche oder unendliche periodische Dezimalbrüche.

Multiplikation von Brüchen
Multipliziere Zähler mit Zähler und Nenner mit Nenner.
$$\frac{a}{b} \cdot \frac{c}{d} = \frac{a \cdot c}{b \cdot d}$$

Multiplikation von Dezimalbrüchen
Multipliziere die Dezimalbrüche ohne Rücksicht auf das Komma.
Das Ergebnis hat gleich viele Dezimalstellen wie beide Faktoren zusammen.

Multiplikation von ganzen Zahlen
Multipliziere die Beträge der Zahlen und bestimme danach das Vorzeichen des Ergebnisses:

$(-) \cdot (-) = (+)$ $(+) \cdot (-) = (-)$
$(-) \cdot (+) = (-)$ $(+) \cdot (+) = (+)$

Multiplikation von Summen
Summen als Faktoren werden durch die Anwendung des Distributivgesetzes berechnet:
$$(a + b) \cdot (c + d) = a \cdot c + a \cdot d + b \cdot c + b \cdot d$$

n-te Wurzel
Die n-te Wurzel aus einer nicht negativen reellen Zahl $a \geq 0$ ist die nicht negative Lösung der Gleichung $x^n = a$.
Schreibweise: $a^{\frac{1}{n}} = \sqrt[n]{a}$; $a^{\frac{m}{n}} = \sqrt[n]{a^m}$

Nullstelle eines Funktionsgraphen
Der Schnittpunkt eines Graphen mit der x-Achse wird Nullstelle genannt: $N(\ldots \mid 0)$
Zur Bestimmung wird die Funktionsgleichung null gesetzt und nach x aufgelöst.

Öffnung einer Parabel

Der Vorfaktor a in der Funktionsgleichung $y = ax^2 + bx + c$ ist für die Art und Richtung der Parabelöffnung entscheidend.

1. Richtung der Öffnung

   $a > 0$: Parabel ist nach oben geöffnet

   $a < 0$: Parabel ist nach unten geöffnet

2. Form der Öffnung

   $|a| > 1$: Parabel ist enger als die Normalparabel

   $|a| < 1$: Parabel ist weiter als die Normalparabel

1. Pfadregel oder Produktregel

In einem mehrstufigen Zufallsexperiment ist die Wahrscheinlichkeit für ein Ergebnis gleich dem Produkt der Wahrscheinlichkeiten längs seines Pfades.

2. Pfadregel oder Summenregel

In einem mehrstufigen Zufallsexperiment ist die Wahrscheinlichkeit für ein Ereignis gleich der Summe der Wahrscheinlichkeiten der Pfade, die zu dem Ereignis gehören.

Potenz

Kurzschreibweise für Produkte mit gleichen Faktoren

$$\text{Exponent} \searrow \atop \underset{\text{Basis} \nearrow}{} a^n = \underbrace{a \cdot a \cdot \ldots \cdot a}_{\text{n Faktoren}}$$

Potenzfunktion (n-ten Grades) mit natürlichem Exponenten

Funktion der Form: $f: x \mapsto a \cdot x^n$ mit $a \neq 0$ und $n \in \mathbb{N}$

Potenzregeln

	Multiplikation	Division	Potenzieren
gleicher Exponent	$a^m \cdot b^m = (ab)^m$	$\frac{a^m}{b^m} = \left(\frac{a}{b}\right)^m$	
gleiche Basis	$a^m \cdot a^n = a^{m+n}$	$\frac{a^m}{a^n} = a^{m-n}$	$(a^m)^n = a^{m \cdot n}$

$a^0 = 1$ für alle $a \in \mathbb{Q} \setminus \{0\}$

$a^{-n} = \frac{1}{a^n}$ für alle $n \in \mathbb{N}$ und $a \in \mathbb{Q} \setminus \{0\}$

Primzahlen

Primzahlen sind natürliche Zahlen, die genau zwei verschiedene Teiler haben.

Prozent

„Prozent" bedeutet „je hundert" und wird bei der Berechnung von Anteilen verwendet.

Verschiebt man das Komma einer rationalen Zahl um zwei Stellen nach rechts, so erhält man ihren Wert in Prozent.

$1\% = \frac{1}{100}$ $p\% = \frac{p}{100}$ (p Prozent)

$1\%o = \frac{1}{1\,000}$ $p\%o = \frac{p}{1\,000}$ (p Promille)

Prozentrechnung

Prozentwert: $P = G \cdot \frac{p}{100}$

Prozentsatz: $p = \frac{P}{G} \cdot 100$

Grundwert: $G = \frac{P}{p} \cdot 100$

Quadratische Funktion

Zuordnungsvorschrift $f: x \mapsto y = ax^2 + bx + c$ ($a \neq 0$)
Der Graph ist eine Parabel.

Quadratwurzel

$\sqrt{a}$ ist diejenige nicht negative Zahl, deren Quadrat a ergibt ($a \geq 0$):
$\sqrt{a}^2 = a$
Ebenso gilt: $\sqrt{b^2} = |b|$ für alle $b \in \mathbb{R}$

Rechengesetze

Zuerst werden die Klammern berechnet, dann „Hoch" vor „Punkt" vor „Strich".

Kommutativgesetz (K-Gesetz; Vertauschungsgesetz)
$a + b = b + a$ Addition
$a \cdot b = b \cdot a$ Multiplikation

Assoziativgesetz (A-Gesetz; Verbindungsgesetz)
$(a \cdot b) \cdot c = a \cdot (b \cdot c)$ Multiplikation
$(a + b) + c = a + (b + c)$ Addition

Distributivgesetz (D-Gesetz; Verteilungsgesetz)
$a \cdot (b \pm c) = a \cdot b \pm a \cdot c$ Multiplikation
$(a \pm b) : c = a : c \pm b : c$ Division

Rechnen mit Quadratwurzeln

Multiplikationsregel: $\sqrt{a} \cdot \sqrt{b} = \sqrt{ab}$

Divisionsregel: $\dfrac{\sqrt{a}}{\sqrt{b}} = \sqrt{\dfrac{a}{b}}$

Relative Häufigkeit eines Ereignisses

Tritt ein Ereignis k-mal bei n Versuchen auf, so ist $h_n(k) = \dfrac{k}{n}$ (relative Häufigkeit) der Anteil der Treffer (k) an der Gesamtzahl (n) der Versuche.

Scheitelpunkt einer Parabel

Parabelpunkt, der auf der Symmetrieachse der Parabel liegt.

Scheitelform: $f(x) = a \cdot (x + c)^2 + d$

Der Scheitelpunkt ist $S(-c \mid d)$.

Schnittpunkt zweier Funktionsgraphen

Setze zuerst beide Funktionsterme gleich. Löse die entstandene Gleichung nach x auf und ermittle durch Einsetzen der errechneten Schnittstelle x_s in eine der beiden Funktionsgleichungen den zugehörigen y-Wert y_s.

$S(x_s \mid y_s)$

Sicheres Ereignis

Das Ereignis tritt bei einem Zufallsexperiment sicher ein (Wahrscheinlichkeit 1).

Streckung/Stauchung eines Graphen in x-Richtung

$g(x) = f(b \cdot x)$

Der Graph von g entsteht aus dem Graphen von f durch Streckung/Stauchung mit dem Faktor $\dfrac{1}{b}$ in x-Richtung.

$|b| > 1$: Stauchung in x-Richtung

$|b| < 1$: Streckung in x-Richtung

Streckung/Stauchung eines Graphen in y-Richtung

$g(x) = a \cdot f(x)$

Der Graph von g entsteht aus dem Graphen von f durch Streckung/Stauchung mit dem Faktor a in y-Richtung.

$|a| > 1$: Streckung in y-Richtung

$|a| < 1$: Stauchung in y-Richtung

Symmetrie von Funktionsgraphen

Ein Graph G_f einer Funktion f verläuft

- achsensymmetrisch bezüglich der y-Achse, falls $f(-x) = f(x)$ für alle $x \in \mathbb{D}$ gilt.
- punktsymmetrisch zum Ursprung, falls $f(-x) = -f(x)$ für alle $x \in \mathbb{D}$ gilt.

Grundwissen der 5. bis 10. Klasse ✏ 121

Trigonometrische Funktion
Funktion der Form: $f: x \mapsto a \cdot \sin(bx + c) + d$ $a, b, c, d \in \mathbb{R}, a \neq 0$ oder
$f: x \mapsto a \cdot \cos(bx + c) + d$ $a, b, c, d \in \mathbb{R}, a \neq 0$
Die Graphen dieser Funktionen haben einen periodischen Verlauf.

Unmögliches Ereignis
Keines der erwünschten Ergebnisse kann eintreten (Wahrscheinlichkeit 0).

Verschiebung eines Graphen in x-Richtung
$g(x) = f(x + c)$
Der Graph von g entsteht aus dem Graphen von f durch Verschiebung um c in
x-Richtung.
$c < 0$: Verschiebung in positive x-Richtung
$c > 0$: Verschiebung in negative x-Richtung

Verschiebung eines Graphen in y-Richtung
$g(x) = f(x) + c$
Der Graph von g entsteht aus dem Graphen von f durch Verschiebung um c in
y-Richtung.
$c > 0$: Verschiebung in positive y-Richtung
$c < 0$: Verschiebung in negative y-Richtung

Vierfeldertafel
Die Vierfeldertafel bietet eine Möglichkeit, zusammengesetzte Zufallsexperimente darzustellen. Dabei müssen sich
die Wahrscheinlichkeiten (relativen
Häufigkeiten) in den Zeilen und den
Spalten jeweils zu 1 (bzw. 100 %) er-
gänzen. A und B sind Ereignisse, $\overline{A}$
und $\overline{B}$ deren Gegenereignisse. Vierfeldertafeln können auch mit absoluten
Häufigkeiten erstellt werden.

	A	$\overline{A}$	
B	$P(A \cap B)$	$P(\overline{A} \cap B)$	$P(B)$
$\overline{B}$	$P(A \cap \overline{B})$	$P(\overline{A} \cap \overline{B})$	$P(\overline{B})$
	$P(A)$	$P(\overline{A})$	100 %

y-Achsenabschnitt
Hierbei handelt es sich um den Wert des Schnittpunkts eines Funktionsgraphen
mit der y-Achse.
Man erhält sie, indem man $x = 0$ setzt und den y-Wert berechnet.

122 ✒ Grundwissen der 5. bis 10. Klasse

Zahlenmengen

$\mathbb{N}$: Menge der natürlichen Zahlen $\qquad$ $\mathbb{N} = \{1; 2; 3; \dots\}$

$\mathbb{N}_0$: Menge der natürlichen Zahlen mit 0 $\qquad$ $\mathbb{N}_0 = \{0; 1; 2; 3; \dots\}$

$\mathbb{Z}$: Menge der ganzen Zahlen $\qquad$ $\mathbb{Z} = \{\dots; -3; -2; -1; 0; 1; 2; \dots\}$

$\mathbb{Q}$: Menge der rationalen Zahlen (Bruchzahlen) $\quad \frac{1}{2} \in \mathbb{Q};\quad -5\frac{1}{3} \in \mathbb{Q}$

Zählprinzip

Multipliziert man die Möglichkeiten in den einzelnen Baumdiagramm-Ebenen, so ergibt das Produkt die Gesamtzahl der Pfade (Gesamtzahl aller Möglichkeiten) im geeigneten Baumdiagramm.

Zufallsexperiment

Ein Zufallsexperiment beschreibt einen Versuchsaufbau mit ungewissem Ausgang.

Zusammengesetztes Zufallsexperiment

Ein zusammengesetztes Zufallsexperiment ist ein in mehreren Stufen durchgeführtes Zufallsexperiment. Dabei kann das gleiche Zufallsexperiment mehrmals ausgeführt werden oder es können mehrere verschiedene Zufallsexperimente hintereinander betrachtet werden.

Lösungen

124 Lösungen

1 Lineare Zunahme $\Rightarrow$ $y = b + a \cdot x$ mit $a > 0$
y: Höhe der Abraumhalde in Metern ($y = 5{,}16$)
b: Höhe der Abraumhalde zu Beginn
a: konstante Änderung der Höhe pro Stunde in Metern ($a = 0{,}78$)
x: Anzahl der Stunden ($x = 3{,}5$)

$5{,}16 = b + 0{,}78 \cdot 3{,}5$
$5{,}16 = b + 2{,}73 \qquad | - 2{,}73$
$2{,}43 = b$

Die Abraumhalde hatte zu Beginn der Grabung eine Höhe von **2,43 m**.

2 Lineare Abnahme $\Rightarrow$ $y = b + ax$ mit $a < 0$
y: Volumen des Wassers im Keller in Litern ($y = 0$)
b: Volumen des Wassers im Keller zu Beginn in Litern
($b = 50 \cdot 0{,}5 \cdot 1\,000 = 25\,000$)
a: konstante Änderung des Volumens pro Stunde in Litern ($a = -2\,600$)
x: Zeit in Stunden

Hinweise und Tipps:
$1\ \text{m}^3 = 1\,000\ \text{dm}^3 = 1\,000\ \ell$

$0 = 25\,000 + (-2\,600) \cdot x$
$0 = 25\,000 - 2\,600 \cdot x \qquad | - 25\,000$
$-25\,000 = -2\,600 \cdot x \qquad | : (-2\,600)$
$\dfrac{-25\,000}{-2\,600} = x$
$x \approx 9{,}62$

Die Pumpen arbeiten insgesamt etwa **9,6 Stunden**.

3 a) Lineare Zunahme $\Rightarrow$ $y = b + a \cdot x$
y: Temperatur in °C
b: Starttemperatur in °C ($b = 21$)
a: konstante Änderung der Temperatur pro Minute in °C ($a = 11{,}4$)
x: Zeit in Minuten

$y = 21 + 11{,}4 \cdot x$

nach 5 Minuten: $y = 21 + 11{,}4 \cdot 5 = 78$ $\Rightarrow$ **78 °C**
nach 9 Minuten: $y = 21 + 11{,}4 \cdot 9 = 123{,}6$ $\Rightarrow$ **123,6 °C**
nach 17 Minuten: $y = 21 + 11{,}4 \cdot 17 = 214{,}8$ $\Rightarrow$ **214,8 °C**

b) Temperatur (in °C)

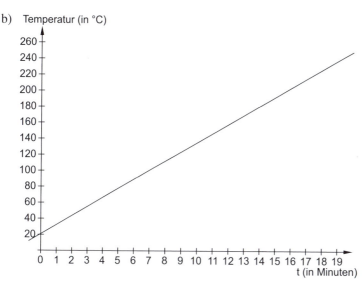

c) Es gilt:
$$y = b + a \cdot x$$
$$180 = 21 + 11{,}4 \cdot x \quad |-21$$
$$159 = 11{,}4 \cdot x \quad |:11{,}4$$
$$x \approx 13{,}9$$

Für Omas Kuchen muss der Ofen ca. **13,9 Minuten** vorgeheizt werden.

4 a) Exponentielle Zunahme $\Rightarrow y = b \cdot a^x$ mit $a > 1$
   y: Anzahl der Bakterien
   b: Anzahl der Bakterien zu Beginn (b = 1)
   a: konstanter Wachstumsfaktor pro 20 Minuten (a = 2)
   x: Anzahl der 20-Minuten-Perioden $\left(x = \frac{24 \cdot 60}{20} = 72\right)$
   $y = 1 \cdot 2^{72}$
   $y \approx 4{,}72 \cdot 10^{21}$
   Bei optimalen Bedingungen sind nach 24 Stunden etwa **4,72 · 10²¹ Bakterien** vorhanden.

b) Nach 23 Stunden und 40 Minuten waren etwa **2,36 · 10²¹ Bakterien** vorhanden. Das ist genau die Hälfte der Anzahl nach 24 Stunden.

5 a) Verdopplung bedeutet Zuwachs um 100 % $\Rightarrow p = 1$
   $a = 1 + p = 1 + 1 = \mathbf{2}$

b) Pro Jahr vermindert sich der Wert um 1,9 % $\Rightarrow p = 0{,}019$
   $a = 1 - p = 1 - 0{,}019 = \mathbf{0{,}981}$

c) Es gilt:
$$5 \cdot a = 14 \quad |:5$$
$$a = \mathbf{2{,}8}$$

Hinweise und Tipps:
Man kann den Wachstumsfaktor mit beliebigen aufeinanderfolgenden Werten bestimmen.

d) Hier sind keine aufeinanderfolgenden x-Werte gegeben.
Für den Schritt von $x=-2$ auf $x=-1$ gilt: $16{,}807 \cdot a$
Für den nächsten Schritt (von $x=-1$ auf $x=0$) gilt:
$$(16{,}807 \cdot a) \cdot a = 0{,}343$$
$$16{,}807 \cdot a^2 = 0{,}343 \quad |:16{,}807$$
$$a^2 = \frac{343}{16\,807}$$
$$a^2 = \frac{1}{49} \quad |\sqrt{}$$
$$a = \frac{1}{7}$$

6 a) Exponentielle Zunahme $\Rightarrow y = b \cdot a^x$ mit $a > 1$
   y: Vermögen in Euro
   b: Vermögen zu Beginn in Euro (b = 5 000)
   a: konstanter Wachstumsfaktor pro Jahr (a = 1,017 oder a = 1,019 oder a = 1,021)
   x: Zeit in Jahren

   Bank 1: $y = 5\,000 \cdot 1{,}017^5 \approx 5\,439{,}70$
   Bank 2: $y = 5\,000 \cdot 1{,}019^5 \approx 5\,493{,}40$
   Bank 3: $y = 5\,000 \cdot 1{,}021^5 \approx 5\,547{,}52$

   Kevins Vermögen beliefe sich bei Bank 1 auf etwa **5 439,70 €**, bei Bank 2 auf etwa **5 493,40 €** und bei Bank 3 auf etwa **5 547,52 €**.

b)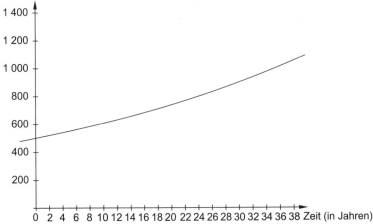

7 a) Exponentielle Abnahme $\Rightarrow$ $p = p_0 \cdot a^h$ mit $p_0 = 1$
 $a = 1 - 12\% = 1 - 0{,}12 = 0{,}88$
 $p = 0{,}88^h$ (p in bar)

b) $p_1 = 0{,}88^1 = 0{,}88 \Rightarrow$ **0,88 bar**
 $p_3 = 0{,}88^3 \approx 0{,}68 \Rightarrow$ **0,68 bar**
 $p_5 = 0{,}88^5 \approx 0{,}53 \Rightarrow$ **0,53 bar**
 $p_{10} = 0{,}88^{10} \approx 0{,}28 \Rightarrow$ **0,28 bar**
 $p_{0,5} = 0{,}88^{0,5} \approx 0{,}94 \Rightarrow$ **0,94 bar**
 $p_{0,3} = 0{,}88^{0,3} \approx 0{,}96 \Rightarrow$ **0,96 bar**
 $p_{0,1} = 0{,}88^{0,1} \approx 0{,}99 \Rightarrow$ **0,99 bar**

c) h-p-Diagramm:

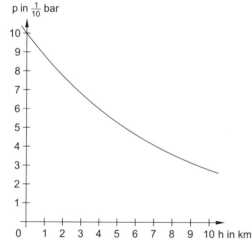

d) Man kann im Diagramm ablesen, dass sich das Flugzeug bei einem Außendruck von 0,35 bar in etwa **8 200 m Höhe** befindet. (Berechnet kann der Wert noch nicht werden.)

8 a) Exponentielle Abnahme $\Rightarrow$ $N = N_0 \cdot a^t$, t in Monaten mit $N_0 = 160$ mg
 $a = 1 - 11\% = 1 - 0{,}11 = 0{,}89$
 $N = 160 \text{ mg} \cdot 0{,}89^{0,25} \approx$ **155 mg**

b) $N_0 = 12$ mg
 $t = -5$
 $N = N_0 \cdot 0{,}89^t = 12 \text{ mg} \cdot 0{,}89^{-5} \approx$ **21,5 mg**

Hinweise und Tipps:
Der Wert ist negativ, da ein früherer Wert gesucht ist.

128 Lösungen

Die Berechnung der Masse des Apfels erfolgt durch den direkt proportionalen Zusammenhang zwischen der Masse des Apfels und der Masse des darin enthaltenen Vitamins C ($\Rightarrow$ Quotientengleichheit):

$$\frac{12\,\text{mg}}{100\,\text{g}} = \frac{21,5\,\text{mg}}{m_{\text{Apfel}}} \qquad \text{(„12 mg Vitamin C pro 100 g Apfel.“)}$$

$$\frac{100\,\text{g}}{12\,\text{mg}} = \frac{m_{\text{Apfel}}}{21,5\,\text{mg}} \quad \big| \cdot 21,5\,\text{mg}$$

$$\frac{21,5\,\text{mg}}{12\,\text{mg}} \cdot 100\,\text{g} = m_{\text{Apfel}}$$

$$m_{\text{Apfel}} \approx 179\,\text{g}$$

Der Apfel hat also eine Masse von **179 g**.

9 a) 75 % von $\frac{2}{3}$ von 57 Millionen:

$$0,75 \cdot \left(\frac{2}{3} \cdot 57\right) \text{Millionen} = 0,75 \cdot 38 \text{ Millionen} = 28,5 \text{ Millionen}$$

Vor 10 Jahren gingen **28,5 Millionen** Bürger zur Wahl.

b) Exponentielle Abnahme $\Rightarrow$ $N = N_0 \cdot a^t$ mit $N_0 = 28\,500\,000$
$a = 1 - 2,5\,\% = 1 - 0,025 = 0,975$

Nach 10 Jahren gilt:
$N = 28\,500\,000 \cdot 0,975^{10} \approx 22\,125\,394$
Dieses Jahr gingen etwa **22,1 Millionen** Bürger zur Wahl.

c) Exponentielle Zunahme $\Rightarrow$ $N = N_0 \cdot a^t$ mit
$N_0 = 0,5 \cdot 28,5$ Millionen $= 14,25$ Millionen (Hälfte der Wähler)
$a = 1 + 1\,\% = 1 + 0,01 = 1,01$

Nach 10 Jahren gilt:
$N = 14\,250\,000 \cdot 1,01^{10} \approx 15\,740\,865$
Es sind dieses Jahr also etwa **15,7 Millionen** „jüngere Wähler" zur Wahl gegangen.

$\Rightarrow$ $22\,125\,394 - 15\,740\,865 = 6\,384\,529$
Es sind ca. **6,4 Millionen** Bürger, die älter als 30 sind, zur Wahl gegangen.

d) Hier ist nicht nach der jährlichen Entwicklung gefragt, sondern nach der prozentualen Abnahme in den letzten 10 Jahren.

Mit $N = 6\,384\,529$ und $N_0 = 14\,250\,000$ gilt für die Veränderung:
$$\frac{14\,250\,000 - 6\,384\,529}{14\,250\,000} \approx 0,552$$

Die Zahl der Wähler, die über 30 Jahre alt sind, hat um ca. **55,2 %** abgenommen.

Lösungen 129

10 a) Exponentielle Abnahme $\Rightarrow$ $h = h_0 \cdot a^x$ mit $h_0 = 7$ cm
Nach einer Halbwertszeit ist der Schaum auf 7 cm $: 2 = 3{,}5$ cm abgesunken.
Damit gilt:
$3{,}5$ cm $= 7$ cm $\cdot a$
$\quad a = \frac{1}{2}$
$\Rightarrow h = 7$ cm $\cdot \left(\frac{1}{2}\right)^x$ mit x Anzahl der Halbwertszeiten

Berechnung der Schaumhöhen:
$h_{0{,}75} = 7$ cm $\cdot \left(\frac{1}{2}\right)^{0{,}75} \approx \mathbf{4{,}16\ cm}$ $\qquad$ 45 s = 0,75 min

$h_3 = 7$ cm $\cdot \left(\frac{1}{2}\right)^3 \approx \mathbf{0{,}88\ cm}$

$h_7 = 7$ cm $\cdot \left(\frac{1}{2}\right)^7 \approx \mathbf{0{,}05\ cm}$

b) Diagramm:

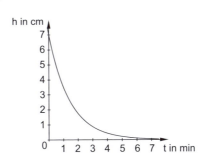

c) h_0 größer $\Rightarrow$ Der Graph verläuft oberhalb des ursprünglichen und ist in h-Richtung gestreckt.

h_0 kleiner $\Rightarrow$ Der Graph verläuft unterhalb des ursprünglichen und ist in h-Richtung gestaucht.

d) Der Graph würde enger an den Achsen verlaufen. Das bedeutet, dass in weniger Zeit mehr Schaum zerfällt. Der Wachstumsfaktor a wäre daher kleiner.
Im Diagramm ist ein Beispiel hierfür eingezeichnet:

$h = 9$ cm $\cdot \left(\frac{1}{3}\right)^x$

(für x wie in Teilaufgabe a)

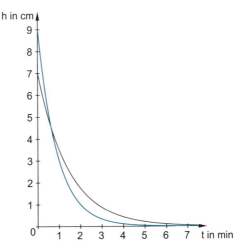

130 / Lösungen

11 a) Exponentielle Abnahme $\Rightarrow$ $N = N_0 \cdot a^x$ mit $N_0 = 5\,000\,000$
Nach 5 Tagen sind noch $5\,000\,000 : 2 = 2\,500\,000$ Bi 210 Atome vorhanden.
Damit gilt:
$$2\,500\,000 = 5\,000\,000 \cdot a$$
$$a = \frac{1}{2}$$
$\Rightarrow$ $N = 5\,000\,000 \cdot \left(\frac{1}{2}\right)^x$ mit x Anzahl der Halbwertszeiten
Alternativ kann man direkt $a = \frac{1}{2}$ ablesen, da die Halbwertszeit angegeben ist.
100 Tage entsprechen $\frac{100}{5} = 20$ Halbwertszeiten.
$$N = 5\,000\,000 \cdot \left(\frac{1}{2}\right)^{20} \approx 4{,}8$$
Nach 100 Tagen sind also noch etwa **5** Bi 210 Atome vorhanden.

b) Exponentielle Abnahme $\Rightarrow$ $N = N_0 \cdot a^x$
Mit $N_0 = 6\,800$ und $a = \frac{1}{2}$ gilt:
$$N = 6\,800 \cdot \left(\frac{1}{2}\right)^x \text{ mit x Anzahl der Halbwertszeiten}$$
$t = 4$ a 80 d $= 1\,540$ d   (ohne Schaltjahr)
1 540 Tage entsprechen $\frac{1\,540}{140} = 11$ Halbwertszeiten.
Da ein früherer Wert gesucht wird, ist a negativ. $\Rightarrow$ $a = -11$
$$N = 6\,800 \cdot \left(\frac{1}{2}\right)^{-11} = 13\,926\,400$$

Alternativ:
$$N = N_0 \cdot a^x$$
$$6\,800 = N_0 \cdot \left(\frac{1}{2}\right)^{11}$$
$$N_0 = 13\,926\,400$$
Es waren ursprünglich **ca. 14 Millionen** Polonium 210 Atome vorhanden.

12 a) Exponentielles Wachstum $\Rightarrow$ $N = N_0 \cdot a^x$ mit $N_0 = 1$
Da sich die Anzahl pro Teilungszyklus verdoppelt, gilt $a = 2$; x gibt die Anzahl der Teilungszyklen (20 Minuten) an.
$N = 1 \cdot 2^x$
Berechnung der Anzahl der Teilungszyklen bei 24 Stunden:
$$x = \frac{24 \cdot 60}{20} = 72$$
Nach 72 Teilungszyklen gilt:
$N = 1 \cdot 2^{72} \approx 4{,}7 \cdot 10^{21}$
Volumen eines Bakteriums: $V = 1 \ \mu m^3 = 10^{-18} \ m^3$
Volumen der Kolonie nach 24 Stunden: $V_{ges} = 4{,}7 \cdot 10^{21} \cdot 10^{-18} \ m^3 = $ **4 700 m³**
Das entspricht einem Würfel mit der Kantenlänge 16,8 m oder dem Volumen eines Einfamilienhauses.

b) Die Masse eines Bakteriums beträgt:
$m_B = 10^{-12}$ g $= 10^{-18}$ t
Anzahl der Milchsäure-Bakterien für 8 000 t:
$\frac{8\,000\,t}{10^{-18}\,t} = 8 \cdot 10^{21}$
$N = N_0 \cdot 2^x \Rightarrow 8 \cdot 10^{21} = 1 \cdot 2^x$
Wertetabelle:

x	60	70	71	72	73
N	$1{,}2 \cdot 10^{18}$	$1{,}2 \cdot 10^{21}$	$2{,}4 \cdot 10^{21}$	$4{,}7 \cdot 10^{21}$	$9{,}4 \cdot 10^{21}$

Das heißt, nach 73 Teilungszyklen ist die Masse der Kolonie erstmals über 8 000 t. Ein Teilungszyklus dauert 20 Minuten. Damit folgt für die benötigte Zeit:
$73 \cdot 20$ min $= 1\,460$ min $= 24$ h 20 min
Nach **24 Stunden und 20 Minuten** übersteigt die Masse der Bakterienkolonie die Masse des Eiffelturms.

c) Für ein optimales Wachstum müssen optimale Bedingungen herrschen und ausreichend Nährstoffe für die Bakterien vorhanden sein. Beides herrscht in einem Joghurtbecher im Kühlschrank nicht. Daher wird sich nach einer Phase exponentiellen Wachstums die Zahl der Milchsäurebakterien um einen bestimmten Wert stabilisieren.

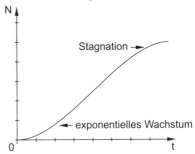

Qualitatives Diagramm:

13 a) Es kann nicht vorhergesagt werden, wann ein bestimmtes instabiles Atom zerfällt. Man kann lediglich über eine Vielzahl von Atomen Aussagen treffen. Die besten Ergebnisse erhält man deshalb, wenn schon viele (nicht zu viele) der Atome zerfallen sind.
Beispiel:
In einer Probe waren eine Million C14-Atome. Nach 5 730 Jahren sind also nur noch etwa 500 000 C14-Atome in dieser Probe.
$\Rightarrow N = 1\,000\,000 \cdot \left(\frac{1}{2}\right)^x$ mit x Anzahl der Halbwertszeiten
Für 500 Jahre ergeben sich also $\frac{500}{5\,700} = \frac{5}{57}$ Halbwertszeiten.
$\Rightarrow N = 1\,000\,000 \cdot \left(\frac{1}{2}\right)^{\frac{5}{57}} \approx 941\,009$
Es sind also erst ca. $1 - \frac{940\,000}{1\,000\,000} = 0{,}06 = 6\,\%$ der C14-Atome zerfallen.

132 / **Lösungen**

Somit ist die Wahrscheinlichkeit, ein unbrauchbares oder zumindest ungenaues Ergebnis zu erhalten, erhöht. Aus diesem Grund eignet sich die C14-Methode auch nicht, um das Alter von zeitlich nahe liegenden Objekten zu bestimmen. Allerdings kann man diese Methode auf andere radioaktive Stoffe mit kürzerer Halbwertszeit anwenden, sodass auch hier eine Altersbestimmung möglich ist.

b) Exponentielle Abnahme $\Rightarrow$ $N = N_0 \cdot a^x$

$$N_{C14} = N_{0,\,C14} \cdot \left(\frac{1}{2}\right)^x \text{ mit x Anzahl der Halbwertszeiten}$$

Berechnung von N_{C12} und $N_{0,\,C12}$ aus den gegebenen Verhältnissen:

$$\frac{N_{C14}}{N_{C12}} = \frac{1}{1,6 \cdot 10^{13}} \Rightarrow (1,6 \cdot 10^{13}) \cdot N_{C14} = N_{C12}$$

$$\frac{N_{0,\,C14}}{N_{0,\,C12}} = \frac{1}{10^{12}} \Rightarrow 10^{12} \cdot N_{0,\,C14} = N_{0,\,C12}$$

Da sich die Anzahl der C12-Atome nicht ändert, gilt:

$$N_{C12} = N_{0,\,C12}$$

$$(1,6 \cdot 10^{13}) \cdot N_{C14} = 10^{12} \cdot N_{0,\,C14} \qquad |:(1,6 \cdot 10^{13})$$

$$N_{C14} = \frac{10^{12}}{1,6 \cdot 10^{13}} \cdot N_{0,\,C14}$$

Eingesetzt in die Funktionsgleichung erhält man:

$$N_{C14} = N_{0,\,C14} \cdot \left(\frac{1}{2}\right)^x$$

$$\frac{10^{12}}{1,6 \cdot 10^{13}} \cdot N_{0,\,C14} = N_{0,\,C14} \cdot \left(\frac{1}{2}\right)^x \qquad |:N_{0,\,C14}$$

$$\frac{10^{12}}{1,6 \cdot 10^{13}} = \left(\frac{1}{2}\right)^x$$

$$0,0625 = \left(\frac{1}{2}\right)^x$$

Wertetabelle:

x	1	2	3	4
$\left(\frac{1}{2}\right)^x$	0,5	0,25	0,125	0,0625

Man erkennt, dass für $x = 4$ die Gleichung erfüllt ist. Das Alter des Fundstücks kann also auf 4 Halbwertszeiten, also **22 920 Jahre**, bestimmt werden.

14 a) Lineare Zunahme (konstanter Schritt: 1 Monat; konstanter Wert: 1 kg)

b) Exponentielle Zunahme (konstanter Schritt: 7 Jahre; konstanter Faktor: 2, da Verdoppelung)

c) Exponentielle Abnahme (konstanter Schritt: 1 Jahr; konstanter Faktor: $1 - 5\% = 1 - 0,05 = 0,95$)

d) Abnahme, allerdings weder linear noch exponentiell, da die Höhe beim freien Fall durch $h(t) = h_0 - \frac{1}{2} \cdot g \cdot t^2$ (mit h_0: Anfangshöhe und g: Erdbeschleunigung) beschrieben wird. Es herrscht hier also ein quadratischer Zusammenhang zwischen h und t.

e) Lineare Abnahme (konstanter Schritt: 1 Monat; konstanter Wert: $2 \cdot 20\ € = 40\ €$)

15 a) Zunahme, da mit wachsenden x-Werten auch die y-Werte wachsen.
Vermutung: lineare Zunahme
Da hier alle x-Werte in Schritten mit konstantem Abstand vorliegen, kann man die Vermutung direkt überprüfen.
Überprüfung:
$\left.\begin{array}{l} 35 - 28 = 7 \\ 28 - 21 = 7 \\ 21 - 14 = 7 \\ 14 - 7 = 7 \end{array}\right\}$ Bei jedem Schritt erhöht sich y um den konstanten Wert 7.

⇒ **lineare Zunahme**

Diagramm:
Den Startwert kann man aus der Wertetabelle ablesen:
b = 7

Das stimmt mit dem Schnittpunkt mit der y-Achse überein (für x = 0).

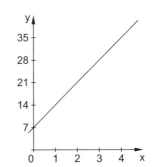

b) Abnahme, da mit wachsenden x-Werten die y-Werte sinken.
Vermutung: lineare Abnahme
Änderung des y-Werts pro Schritt: $3{,}1 - 2{,}8 = 0{,}3$
Überprüfung durch Wertetabelle:

x	5	6	7	8	9	10	11
y	3,1	2,8	2,5	2,2	1,9	1,6	1,3

x	12	13	14	15	16	17	18
y	1,0	0,7	0,4	0,1	–0,2	–0,5	–0,8

⇒ **lineare Abnahme**

Für x = 0 ergibt sich folgender
y-Wert:
3,1 + 5 · 0,3 = **4,6**

Diagramm:
Schnittpunkt mit y-Achse: (0 | 4,6)
Startwert: **4,6**

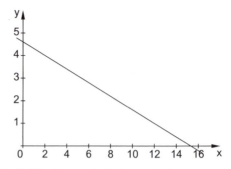

c) Mit wachsenden t-Werten nehmen die N-Werte zuerst ab, dann wieder zu. Diese Wertetabelle beschreibt daher **weder eine Zu- noch eine Abnahme**.

Diagramm:
Es handelt sich hier um eine Parabel.
⇒ quadratischer Zusammenhang zwischen t und N
⇒ **weder linear noch exponentiell**

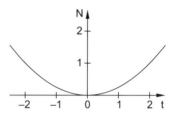

d) Abnahme, da mit wachsenden t-Werten die N-Werte sinken.
Vermutung: exponentielle Abnahme

Überprüfung:
Von t = 5 auf t = 6 verändert sich N um den Faktor $\frac{1}{3}$, denn es gilt:
$\frac{1}{27} \cdot \frac{1}{3} = \frac{1}{81}$ (bzw. $\frac{1}{81} : \frac{1}{27} = \frac{1}{3}$)

Überprüfung durch Wertetabelle:

t	**−6**	−5	−4	**−3**	−2	**−1**	0
N	**6 561**	2 187	729	**243**	81	**27**	9

t	1	2	3	4	5	6
N	3	1	$\frac{1}{3}$	$\frac{1}{9}$	$\frac{1}{27}$	$\frac{1}{81}$

⇒ **exponentielle Abnahme**
Für t = 0 ergibt sich für N der Wert **9**, wie man aus der Tabelle ablesen kann.

Diagramm:
Der Schnittpunkt mit der
y-Achse kann hier nicht
abgelesen werden.

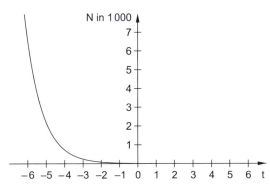

e) Zunahme, da mit wachsenden ♥-Werten auch die ♣-Werte wachsen.
Vermutung: exponentielle Zunahme

In dieser Wertetabelle tauchen keine nebeneinanderliegenden ♥-Werte auf.
Der Wachstumsfaktor a lässt sich also nicht direkt bestimmen.
Es gilt aber:
$\underbrace{\underbrace{(0{,}1 \cdot a)}_{0 \to 1} \cdot a}_{1 \to 2} = 0{,}121$ (zwei Schritte)

Also:
$0{,}1 \cdot a^2 = 0{,}121 \quad |:0{,}1$
$\phantom{0{,}1 \cdot} a^2 = 1{,}21 \quad |\sqrt{}$
$\phantom{0{,}1 \cdot} a = 1{,}1$

Überprüfung durch Wertetabelle:

♥	**0**	1	**2**	3	**4**	5	**6**
♣	**0,1**	0,11	**0,121**	0,1331	**0,14641**	0,161051	**0,1771561**

⇒ **exponentielles Wachstum**

Für ♥ = 0 kann man aus
der Wertetabelle ♣ = **0,1**
ablesen.

Diagramm:
Schnittpunkt mit y-Achse:
(0 | 0,1)
Startwert: **0,1**

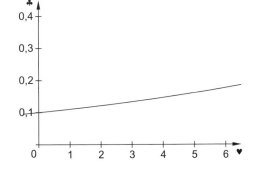

136 / Lösungen

16 a) $d = 30 \text{ cm} \Rightarrow r = 15 \text{ cm}$
$h = 12 \text{ m} = 1\,200 \text{ cm}$

Für die Kegeloberfläche gilt:
$A = \text{Bodenfläche} + \text{Mantelfläche}$
$\quad = r^2 \pi + r \pi m$

Hier ist m die Mantellinie:
$m = \sqrt{h^2 + r^2}$

$A = r^2 \pi + r \pi \sqrt{h^2 + r^2}$
$\quad = (15 \text{ cm})^2 \cdot \pi + 15 \text{ cm} \cdot \pi \cdot \sqrt{(1\,200 \text{ cm})^2 + (15 \text{ cm})^2}$
$\quad \approx 57\,260 \text{ cm}^2$

Die Oberfläche des Baums beträgt **$57\,260 \text{ cm}^2$**.

b) Pilz A:
Exponentielles Wachstum $\Rightarrow A = A_0 \cdot a^x$ mit $A_0 = 3 \text{ cm}^2$,
x: Anzahl der Tage
$a = 1 + 1\,\% = 1 + 0{,}01 = 1{,}01$
$A = 3 \text{ cm}^2 \cdot 1{,}01^x$

Wenn er den Baum komplett bedeckt hat, muss gelten:
$57\,260 \text{ cm}^2 = 3 \text{ cm}^2 \cdot 1{,}01^x$

Wertetabelle:

x	900	960	980	990	991
A	23 247	42 232	51 531	56 922	57 491

Nach **991 Tagen** ist der Baum vollständig mit Pilz A bedeckt.

Pilz B:
Lineares Wachstum $\Rightarrow A = A_0 + a \cdot x$ mit $A_0 = 50 \text{ cm}^2$, $a = 58 \text{ cm}^2$,
x: Anzahl der Tage

$\begin{aligned} A &= A_0 + a \cdot x & | -A_0 \\ A - A_0 &= ax & | : a \\ \frac{A - A_0}{a} &= x \\ x &= \frac{57\,260 \text{ cm}^2 - 50 \text{ cm}^2}{58 \text{ cm}^2} \\ x &\approx 986{,}4 \end{aligned}$

Nach **987 Tagen** ist der Baum vollständig mit Pilz B bedeckt.

c) Da beide Pilze wachsen, muss man die Terme für die Fläche beider Pilze addieren:
$A_{\text{gesamt}} = (3 \text{ cm}^2 \cdot 1{,}01^x) + (50 \text{ cm}^2 + 58 \text{ cm}^2 \cdot x)$

Wertetabelle:

in x Tagen	0	100	200	300	400	500
A in cm²	53	5 858	11 672	17 509	23 411	29 484
in x Tagen	600	700	800	900	1 000	
A in cm²	36 025	43 827	55 044	75 497	120 927	

Diagramm:

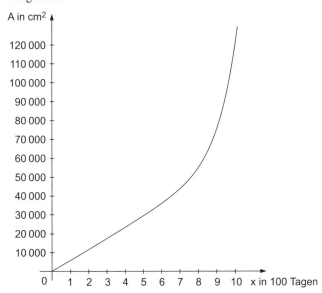

Aus dem Diagramm kann man ablesen, dass nach **ca. 820 Tagen** der Baum komplett mit den Pilzen bedeckt ist.

17 Zuerst werden die drei Angebote analysiert und auf eine vergleichbare Form gebracht ⇒ Wertetabelle (t: Anzahl der Monate; y: zu zahlende Zinsen in €)

a) monatlicher Zins: 3 % von 5 000 € ⇒ 0,03 · 5 000 € = 150 €
⇒ lineares Wachstum $y_a = b + a \cdot t$
Mit b = 0 € und a = 150 € gilt:
$y_a = 150\ € \cdot t$

t	0	1	2	3	4	5
y_a	0	150	300	450	600	750

b) monatlicher Zins: 150 €
Dieses Angebot ist identisch mit Angebot a.

c) Exponentielles Wachstum $\Rightarrow y_c = b \cdot a^t$
Eigentlich müsste man hier mit $b = 0$ € beginnen, das ergibt aber keinen Sinn ($y_c = 0 \cdot 2^t = 0$ für alle t). Daher beginnt man „einen Monat später" und zieht die 25 €, die zu viel berechnet wurden, ab. Mit $b = 25$ € und $a = 2$ gilt:
$y_c = 25$ € $\cdot 2^t - 25$ €

x	0	1	2	3	4	5
y_c	0	25	75	175	375	775

Für Herrn Meier ist das **Angebot a (bzw. b)** günstiger, da er hier insgesamt 750 € Zinsen bezahlt, während er bei Angebot c 775 € zahlen würde.

Grafische Lösung:

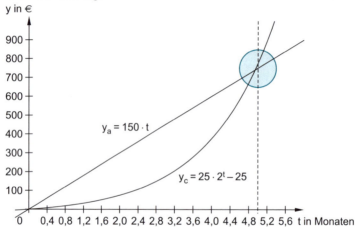

18 a) $x \mapsto 0,5^x$
Form: $x \mapsto a^x$ bzw. $y = a^x$
mit $0 < a < 1 \Rightarrow$ Graph streng monoton fallend
$\Rightarrow$ entweder (I) oder nicht gezeichnet
$x = 0 \Rightarrow y = 1$
$x = 1 \Rightarrow y = 0,5 \Rightarrow$ **(I)**

$x \mapsto \left(\frac{1}{3}\right)^x$

Form: $x \mapsto a^x$ bzw. $y = a^x$
mit $0 < a < 1 \Rightarrow$ Graph streng monoton fallend
$\Rightarrow$ entweder (I) oder nicht gezeichnet
$x = 0 \Rightarrow y = 1$
$x = 1 \Rightarrow y = \frac{1}{3} \Rightarrow$ **nicht gezeichnet**

Wertetabelle (gerundet):

x	−2	−1	0	1	2	3
y	9	3	1	0,33	0,11	0,04

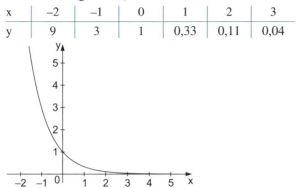

$x \mapsto 2,5^x$

Form: $x \mapsto a^x$ bzw. $y = a^x$
mit $\quad a > 1 \Rightarrow$ Graph streng monoton steigend
$\Rightarrow$ entweder (II), (III) oder nicht gezeichnet
$x = 0 \Rightarrow y = 1$
$x = 1 \Rightarrow y = 2,5 \Rightarrow$ **(II)**

$x \mapsto 2^x$
Form: $x \mapsto a^x$ bzw. $y = a^x$
mit $\quad a > 1 \Rightarrow$ Graph streng monoton steigend
$\Rightarrow$ entweder (II), (III) oder nicht gezeichnet
$x = 0 \Rightarrow y = 1$
$x = 1 \Rightarrow y = 2 \Rightarrow$ **(III)**

b) $x \mapsto 0,5^{x+1}$
$0,5^{x+1} = 0,5^x \cdot 0,5^1 = 0,5 \cdot 0,5^x \Rightarrow x \mapsto 0,5 \cdot 0,5^x$
Form: $x \mapsto b \cdot a^x$ bzw. $y = b \cdot a^x$
mit $\quad 0 < a < 1 \Rightarrow$ Graph streng monoton fallend, da $b > 0$
$b > 0 \quad \Rightarrow$ Verlauf im I. und II. Quadranten
$\Rightarrow$ entweder (I) oder nicht gezeichnet
$x = 0 \Rightarrow y = 0,5$
$x = 1 \Rightarrow y = 0,25 \Rightarrow$ **(I)**

$x \mapsto 2^{x+1}$
$2^{x+1} = 2^x \cdot 2^1 = 2 \cdot 2^x \Rightarrow x \mapsto 2 \cdot 2^x$
Form: $x \mapsto b \cdot a^x$ bzw. $y = b \cdot a^x$
mit $\quad a > 1 \Rightarrow$ Graph streng monoton steigend, da $b > 0$
$b > 0 \Rightarrow$ Verlauf im I. und II. Quadranten
$\Rightarrow$ entweder (II), (III) oder nicht gezeichnet
$x = 0 \Rightarrow y = 2$
$x = 1 \Rightarrow y = 4 \Rightarrow$ **(III)**

$x \mapsto 2^{-x+1}$
$2^{-x+1} = 2^{-x} \cdot 2^1 = (2^{-1})^x \cdot 2 = 2 \cdot \left(\frac{1}{2}\right)^x \quad \Rightarrow \quad x \mapsto 2 \cdot \left(\frac{1}{2}\right)^x$

Form: $x \mapsto b \cdot a^x$ bzw. $y = b \cdot a^x$
mit $\quad 0 < a < 1 \quad \Rightarrow \quad$ Graph streng monoton fallend, da $b > 0$
$\quad\quad b > 0 \quad \Rightarrow \quad$ Verlauf im I. und II. Quadranten
$\quad\quad\quad\quad\quad \Rightarrow \quad$ entweder (I) oder nicht gezeichnet

$x = 0 \Rightarrow y = 2$
$x = 1 \Rightarrow y = 1 \Rightarrow$ **nicht gezeichnet**

Wertetabelle:

x	–2	–1	0	1	2	3
y	8	4	2	1	0,5	0,25

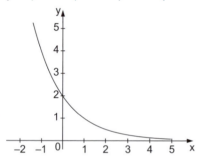

$x \mapsto 2^{x+3}$
$2^{x+3} = 2^x \cdot 2^3 = 8 \cdot 2^x \quad \Rightarrow \quad x \mapsto 8 \cdot 2^x$

Form: $x \mapsto b \cdot a^x$ bzw. $y = b \cdot a^x$
mit $\quad a > 1 \quad \Rightarrow \quad$ Graph streng monoton steigend, da $b > 0$
$\quad\quad b > 0 \quad \Rightarrow \quad$ Verlauf im I. und II. Quadranten
$\quad\quad\quad\quad\quad \Rightarrow \quad$ entweder (II), (III) oder nicht gezeichnet

$x = 0 \quad \Rightarrow \quad y = 8$
$x = -2 \quad \Rightarrow \quad y = 2 \quad \Rightarrow \quad$ **(II)**

c) $x \mapsto -2 \cdot \left(\frac{1}{2}\right)^x$

Form: $x \mapsto b \cdot a^x$ bzw. $y = b \cdot a^x$
mit $\quad 0 < a < 1 \quad \Rightarrow \quad$ Graph streng monoton steigend, da $b < 0$ gilt.
$\quad\quad\quad\quad\quad\quad\quad\quad$ Damit geht der Graph aus einer Spiegelung von
$\quad\quad\quad\quad\quad\quad\quad\quad x \mapsto 2 \cdot \left(\frac{1}{2}\right)^x$ an der x-Achse hervor.
$\quad\quad b < 0 \quad \Rightarrow \quad$ Verlauf im III. und IV. Quadranten
$\quad\quad\quad\quad\quad \Rightarrow \quad$ entweder (III) oder nicht gezeichnet

$x = 0 \Rightarrow y = -2$
$x = 1 \Rightarrow y = -1 \Rightarrow$ **nicht gezeichnet**

Wertetabelle:

x	−1	0	1	2	3	4
y	−4	−2	−1	−0,5	−0,25	−0,125

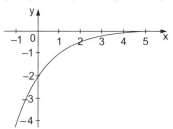

$x \mapsto 2 \cdot \left(\frac{3}{2}\right)^x$

Form: $x \mapsto b \cdot a^x$ bzw. $y = b \cdot a^x$
mit $\quad a > 1 \Rightarrow$ Graph streng monoton steigend, da $b > 0$
$\quad\quad b > 0 \Rightarrow$ Verlauf im I. und II. Quadranten
$\quad\quad\quad\quad \Rightarrow$ entweder (I) oder nicht gezeichnet

$x = 0 \Rightarrow y = 2$
$x = 1 \Rightarrow y = 3 \Rightarrow$ **(I)**

$x \mapsto -2 \cdot \left(\frac{3}{2}\right)^x$

Form: $x \mapsto b \cdot a^x$ bzw. $y = b \cdot a^x$
mit $\quad a > 1 \Rightarrow$ Graph streng monoton fallend, da $b < 0$. Damit geht der Graph aus einer Spiegelung von $x \mapsto 2 \cdot \left(\frac{3}{2}\right)^x$ an der x-Achse hervor.
$\quad\quad b < 0 \Rightarrow$ Verlauf im III. und IV. Quadranten
$\quad\quad\quad\quad \Rightarrow$ entweder (II) oder nicht gezeichnet

$x = 0 \Rightarrow y = -2$
$x = 1 \Rightarrow y = -3 \Rightarrow$ **(II)**

$x \mapsto -\left(\frac{1}{2}\right)^{x-2}$

$-\left(\frac{1}{2}\right)^{x-2} = -\left(\left(\frac{1}{2}\right)^x \cdot \left(\frac{1}{2}\right)^{-2}\right) = -\left(\frac{1}{2}\right)^x \cdot 2^2 \Rightarrow x \mapsto -4 \cdot \left(\frac{1}{2}\right)^x$

Form: $x \mapsto b \cdot a^x$ bzw. $y = b \cdot a^x$
mit $\quad 0 < a < 1 \Rightarrow$ Graph streng monoton steigend, da $b < 0$. Damit geht der Graph aus einer Spiegelung von $x \mapsto 4 \cdot \left(\frac{1}{2}\right)^x$ an der x-Achse hervor.
$\quad\quad b < 0 \quad\Rightarrow$ Verlauf im III. und IV. Quadranten
$\quad\quad\quad\quad\quad \Rightarrow$ entweder (III) oder nicht gezeichnet

$x = 0 \Rightarrow y = -4$
$x = 1 \Rightarrow y = -2 \Rightarrow$ **(III)**

19 a) Form der allgemeinen Exponentialfunktion $y = b \cdot a^x$

Einsetzen des Punktes $(0|1)$ in die Funktionsgleichung liefert:
$b = 1$
Damit gilt:
$y = a^x$
Einsetzen des Punktes $\left(1 \left| \frac{1}{4}\right.\right)$ in die Funktionsgleichung ergibt:
$a = \frac{1}{4}$
Damit erhält man:
$y = \left(\frac{1}{4}\right)^x$

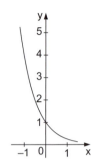

Alle Werte erfüllen diese Funktionsgleichung. Es handelt sich um die Wertetabelle der Exponentialfunktion
$x \mapsto \left(\frac{1}{4}\right)^x$.

b) Aus $(0|1)$ folgt direkt $b = 1$. Damit gilt:
$y = a^x$
Aus $(1|2)$ folgt $a = 2$. Somit erhält man:
$y = 2^x$
Wenn man jetzt allerdings die Wertepaare testet, erkennt man, dass es sich nicht um die Wertetabelle einer Exponentialfunktion handelt.

c) Aus $(0|7)$ folgt direkt $b = 7$. Damit gilt:
$y = 7 \cdot a^x$
Einsetzen des Punktes $(1|1)$ in die Funktionsgleichung liefert:
$1 = 7 \cdot a \;\Rightarrow\; a = \frac{1}{7}$
Man erhält:
$y = 7 \cdot \left(\frac{1}{7}\right)^x$

Alle Werte erfüllen die Funktionsgleichung. Es handelt sich um die Wertetabelle der Exponentialfunktion
$x \mapsto 7 \cdot \left(\frac{1}{7}\right)^x$.

d) Es ist keine Exponentialfunktion aufstellbar. (Es ist die Wertetabelle der trigonometrischen Funktion $x \mapsto \sin x$.)

20 a) 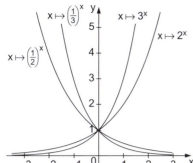 b)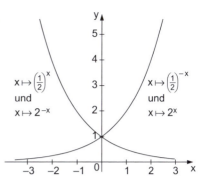

c) 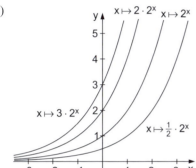 d)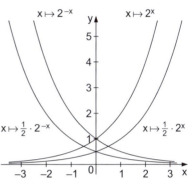

21 a) Diese Aussage ist **falsch**.
Gegenbeispiel: $x \mapsto \frac{1}{2} \cdot 2^x$, denn $\frac{1}{2} \cdot 2^0 = \frac{1}{2} \neq 1$
Allerdings gilt diese Aussage für Exponentialfunktionen der Form $x \mapsto a^x$.

b) Diese Aussage ist **richtig**.
Für $a > 0$ gilt $a^x > 0$ für alle $x \in \mathbb{R}$. Wenn man den Wert nun mit einer positiven Zahl multipliziert, bleibt das Ergebnis positiv, wenn man ihn mit einer negativen Zahl multipliziert, wird er stets negativ.
($b \cdot a^x > 0$, falls $b > 0$ und $b \cdot a^x < 0$, falls $b < 0$)

c) Diese Aussage ist **falsch**.
Nehmen wir an, die Aussage stimmt, dann müsste der Graph von $x \mapsto 3 \cdot 2^x$ die y-Achse bei $(0|4)$ schneiden, denn der Graph von $x \mapsto 2^x$ schneidet die y-Achse bei $(0|1)$.
Setzt man in $y = 3 \cdot 2^x$ für x null ein, so folgt: $y = 3 \cdot 2^0 = 3 \neq 4$. Die Aussage stimmt also nicht.

d) Diese Aussage ist **falsch**.

$$0,2^{-x} = \left(\frac{1}{5}\right)^{-x} = \left(\left(\frac{1}{5}\right)^{-1}\right)^x = 5^x$$

$$0,4^{-x} = \left(\frac{2}{5}\right)^{-x} = \left(\left(\frac{2}{5}\right)^{-1}\right)^x$$

$$= \left(\frac{5}{2}\right)^x = 2,5^x$$

Der Graph einer Exponentialfunktion der Form $x \mapsto a^x$ verläuft flacher, je näher $|a|$ dem Wert 1 kommt.
Es gilt $1 < |2,5| < |5|$.

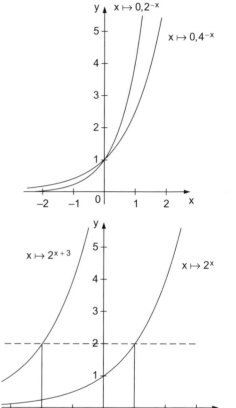

e) Diese Aussage ist **richtig**.
Es gilt: $8 \cdot 2^x = 2^3 \cdot 2^x = 2^{x+3}$
Wenn man nun $x \mapsto 2^{x+3}$ betrachtet, erkennt man, dass für $x = -3$ der Funktionswert der gleiche ist wie bei $x \mapsto 2^x$ für $x = 0$ (beide Male $y = 1$).
Unabhängig vom x-Wert gilt, dass man den gleichen Funktionswert bei $x \mapsto 2^x$ für x erhält wie bei $x \mapsto 2^{x+3}$ für den um 3 verminderten x-Wert. Das heißt, der Graph von $x \mapsto 2^{x+3}$ ist im Vergleich zu dem von $x \mapsto 2^x$ um drei Einheiten nach links verschoben.

22 Der Graph der Funktion $x \mapsto b \cdot a^{x+c}$ geht aus dem Graphen der Funktion $x \mapsto b \cdot a^x$ durch Verschiebung in x-Richtung hervor.
$c > 0 \Rightarrow$ Verschiebung in negative x-Richtung
$c < 0 \Rightarrow$ Verschiebung in positive x-Richtung
$c = 0 \Rightarrow$ keine Verschiebung

23 a) $3^{2x} = (3^2)^x = 9^x = \mathbf{1 \cdot 9^x}$

b) $1{,}7^{-0{,}8x} = \left(\left(\frac{17}{10}\right)^{-0{,}8}\right)^x = \left(\left(\frac{10}{17}\right)^{0{,}8}\right)^x \approx 0{,}65^x = \mathbf{1 \cdot 0{,}65^x}$

c) $2^{x+1} = 2^x \cdot 2^1 = \mathbf{2 \cdot 2^x}$

d) $-0{,}2^{x-0{,}7} = -(0{,}2^x \cdot 0{,}2^{-0{,}7}) = -(0{,}2^x \cdot 5^{0{,}7}) \approx \mathbf{-3{,}09 \cdot 0{,}2^x}$

e) $5^{2x+4} = 5^{2x} \cdot 5^4 = (5^2)^x \cdot 625 = \mathbf{625 \cdot 25^x}$

f) $\left(\frac{1}{7}\right)^{0{,}2x-1} = \left(\frac{1}{7}\right)^{0{,}2x} \cdot \left(\frac{1}{7}\right)^{-1} = \left(\left(\frac{1}{7}\right)^{0{,}2}\right)^x \cdot 7 \approx \mathbf{7 \cdot 0{,}68^x}$

g) $\frac{2}{3} \cdot 7^{-0{,}84x+1{,}2} = \frac{2}{3} \cdot 7^{-0{,}84x} \cdot 7^{1{,}2} = \frac{2}{3} \cdot (7^{-0{,}84})^x \cdot 7^{1{,}2} \approx \mathbf{6{,}89 \cdot 0{,}20^x}$

h) $3^4 \cdot 2{,}5^{x+1} - 17 = 81 \cdot 2{,}5^x \cdot 2{,}5^1 - 17 = \mathbf{202{,}5 \cdot 2{,}5^x - 17}$

Dieser Funktionsterm lässt sich wegen „Punkt vor Strich" nicht in die Form $b \cdot a^x$ bringen.

i) $0{,}7 \cdot \frac{2^x}{3} = 0{,}7 \cdot \frac{1}{3} \cdot 2^x = \frac{7}{30} \cdot \mathbf{2^x}$

j) $\frac{0{,}5 \cdot 1{,}1^{x+1}}{2^3} = \frac{0{,}5 \cdot 1{,}1^x \cdot 1{,}1^1}{8} = \frac{0{,}55 \cdot 1{,}1^x}{8} = \frac{0{,}55}{8} \cdot 1{,}1^x \approx \mathbf{0{,}07 \cdot 1{,}1^x}$

24

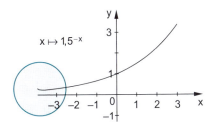

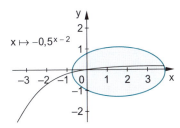

(1) Der Graph ist nicht streng monoton steigend (siehe Kreis).

(2) $1{,}5^{-x} = (1{,}5^{-1})^x = \left(\left(\frac{3}{2}\right)^{-1}\right)^x = \left(\frac{2}{3}\right)^x$

Die Basis liegt zwischen 0 und 1, weswegen der Graph fallend sein müsste. (Spiegelung an der y-Achse)

(1) Der Graph einer Exponentialfunktion darf die x-Achse (waagrechte Asymptote) in keinem Punkt berühren oder schneiden.

(2) $-0{,}5^{x-2} = -(0{,}5^x \cdot 0{,}5^{-2})$
$= -4 \cdot 0{,}5^x$

Der Graph müsste die y-Achse also bei -4 schneiden.

146 / **Lösungen**

25 a) Betrachtet man $y = b \cdot a^x$, so kann man dies als Gleichung mit zwei Unbekannten a und b auffassen, sofern x und y gegeben sind. Man kann mit zwei gegebenen Punkten $P_1(x_1 | y_1)$ und $P_2(x_2 | y_2)$ folgendes Gleichungssystem aufstellen:

$$y_1 = b \cdot a^{x_1}$$
$$y_2 = b \cdot a^{x_2}$$

Ein Gleichungssystem aus zwei nicht äquivalenten Gleichungen mit zwei Unbekannten ist eindeutig lösbar.

b) (1) Setze P in $y = b \cdot a^x$ ein: $1 = b \cdot a^0 \;\Rightarrow\; 1 = b$ (I)
Setze Q in $y = b \cdot a^x$ ein: $16 = b \cdot a^2$ (II)

(I) in (II) einsetzen: $16 = 1 \cdot a^2$
$$16 = a^2 \qquad | \sqrt{}$$
$$a_1 = 4$$
$$a_2 = -4$$

a_2 kommt als Lösung nicht infrage, da laut Definition der Exponentialfunktion a in $\mathbb{R}^+$ enthalten sein muss.

$x \mapsto 1 \cdot 4^x$ bzw. $x \mapsto 4^x$ ist die gesuchte Exponentialfunktion.

(2) Setze S in $y = b \cdot a^x$ ein: $-2 = b \cdot a^{-3}$ (I)
Setze T in $y = b \cdot a^x$ ein: $-32 = b \cdot a^1$ (II)

(II) auflösen nach b: $-32 = b \cdot a \qquad |:a$
$$\frac{-32}{a} = b$$

Einsetzen in (I): $-2 = \frac{-32}{a} \cdot a^{-3}$
$$-2 = \frac{-32}{a^4} \qquad | \cdot a^4$$
$$-2 \cdot a^4 = -32 \qquad |:(-2)$$
$$a^4 = 16 \qquad | \sqrt[4]{}$$
$$a_1 = 2$$
$$a_2 = -2$$

a_2 kommt als Lösung nicht infrage, da laut Definition der Exponentialfunktion a in $\mathbb{R}^+$ enthalten sein muss.

Einsetzen in (II): $b = \frac{-32}{2} = -16$

$x \mapsto -16 \cdot 2^x$ ist die gesuchte Exponentialfunktion.

(3) Setze A in $y = b \cdot a^x$ ein: $0{,}5 = b \cdot a^{-5}$ (I)
Setze B in $y = b \cdot a^x$ ein: $4 = b \cdot a^{-6}$ (II)

(I) auflösen nach b: $0{,}5 = b \cdot a^{-5} \qquad |:a^{-5}$
$$\frac{0{,}5}{a^{-5}} = b$$
$$0{,}5 a^5 = b$$

Einsetzen in (II): $4 = 0,5a^5 \cdot a^{-6}$
$$4 = 0,5a^{5-6}$$
$$4 = 0,5a^{-1} \qquad |\cdot 2$$
$$8 = a^{-1}$$
$$a = \tfrac{1}{8}$$

Einsetzen in (I): $b = 0,5 \cdot \left(\tfrac{1}{8}\right)^5 = \tfrac{1}{65\,536}$

$x \mapsto \tfrac{1}{65\,536} \cdot \left(\tfrac{1}{8}\right)^x$ ist die gesuchte Exponentialfunktion.

c) • Für zwei verschiedene x-Werte müssen die y-Werte verschieden sein. Exponentialfunktionen sind entweder streng monoton steigend oder streng monoton fallend. Die y-Werte werden also mit wachsendem x stets größer oder kleiner. Es kann daher keine zwei x-Werte geben, die denselben y-Wert besitzen.

   • Die y-Werte müssen beide positiv oder beide negativ sein, denn sonst würde der Graph die x-Achse schneiden. Der Graph jeder Exponentialfunktion hat aber die x-Achse als waagrechte Asymptote und keine Polstelle (Definitionslücke).

   • Die x-Werte müssen bei unterschiedlichen y-Werten verschieden sein, da es sonst überhaupt keinen Funktionsgraphen geben kann, der diese beiden Punkte enthält. (Definition einer Funktion: Jedem x-Wert wird genau ein y-Wert zugeordnet.)

d) Da in dieser Gleichung nur eine Variable enthalten ist, reichen die Koordinaten eines Punktes aus, um a zu bestimmen. ($x = 0$ muss ausgeschlossen werden, da $a^0 = 1$ gilt und die Gleichung hierfür nicht eindeutig gelöst werden kann.)

Alternativ:
Jeder Graph einer Exponentialfunktion der Form $x \mapsto a^x$ enthält den Punkt $(0\,|\,1)$, denn für a^x gilt: $a^0 = 1$, unabhängig vom Wert von a. Da es für $x = 0$ keinen weiteren y-Wert geben kann (siehe Teilaufgabe c), genügt für P die Bedingung $P(x\,|\,y)$ mit $x \neq 0$. Somit sind zwei Punkte gegeben, womit sich der Funktionsterm aufstellen lässt.

e) Es sind unendlich viele Exponentialfunktionen der Form $x \mapsto b \cdot a^x$, deren Graphen durch den Punkt $(1\,|\,1)$ verlaufen, denn:

$(1\,|\,1)$ in $y = b \cdot a^x$ eingesetzt ergibt: $1 = b \cdot a^1$
$$1 = b \cdot a \qquad |:a$$
$$b = \tfrac{1}{a}$$

Es verlaufen alle Graphen der Exponentialfunktionen durch den Punkt $(1\,|\,1)$, die diese Bedingung erfüllen.

Beispiele: $x \mapsto \tfrac{1}{2} \cdot 2^x$; $x \mapsto 2 \cdot \left(\tfrac{1}{2}\right)^x$; $x \mapsto \tfrac{1}{5} \cdot 5^x$; $x \mapsto 5 \cdot \left(\tfrac{1}{5}\right)^x$

26 Der Fehler liegt in der Menge der „erlaubten" a. Peter schreibt a ∈ ℝ im Gegensatz zur richtigen Definition (a ∈ ℝ⁺).
Probleme:
a = 0 ⇒ y = b · 0ˣ ⇒ y = 0 für alle x ∈ ℝ\{0} und nicht definiert für x = 0.
Das ist keine Exponentialfunktion.
a < 0 ⇒ y = b · aˣ wäre für viele x ∈ ℝ nicht definiert.
Beispiel: $x = \frac{1}{2}$ und a = –1 ⇒ aˣ = (–1)^{0,5} = $\sqrt{-1}$. Das ist in ℝ nicht definiert.

27 a) Bestimmen des Funktionsterms für (I):
Verlauf durch die Punkte (0|1) und (–1|2).
Da (0|1) auf dem Graphen liegt, muss y = aˣ gelten.
(–1|2) einsetzen: 2 = a⁻¹
$a = \frac{1}{2}$
⇒ (I): $x \mapsto \left(\frac{1}{2}\right)^x$

Bestimmen des Funktionsterms für (II):
Verlauf durch die Punkte (0|1) und $\left(1 \mid \frac{3}{2}\right)$
Da (0|1) auf dem Graphen liegt, muss y = aˣ gelten.
$\left(1 \mid \frac{3}{2}\right)$ einsetzen: $\frac{3}{2} = a^1$
$a = \frac{3}{2}$
⇒ (II): $x \mapsto \left(\frac{3}{2}\right)^x$

A liegt auf (I). Damit gilt:
$y = \left(\frac{1}{2}\right)^3 = \frac{1}{8} = 0{,}125$ ⇒ A(3|0,125)

B liegt auf (II). Damit gilt:
$y = \left(\frac{3}{2}\right)^3 = \frac{27}{8} = 3{,}375$ ⇒ B(3|3,375)

C kann man ablesen: C(0|1)

Die Fläche des Dreiecks wird berechnet durch $A = \frac{1}{2} \cdot g \cdot h$:
g = 3,375 cm – 0,125 cm
 = 3,25 cm
h = 3 cm
$A = \frac{1}{2} \cdot 3{,}25 \text{ cm} \cdot 3 \text{ cm}$
 = 4,875 cm²

Das gesuchte Dreieck ABC hat einen Flächeninhalt von **4,875 cm²**.

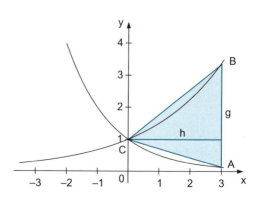

b)

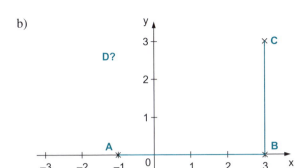

Die Seiten [AB] und [CD] können nicht parallel sein, da sonst C und D den gleichen y-Wert hätten. Da der Graph der Exponentialfunktion durch diese beiden Punkte verlaufen soll, wäre die strenge Monotonie verletzt. Damit gilt:
[AD] ∥ [BC] ⇒ D(−1 | y)

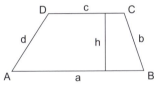

Hinweise und Tipps:
Für den Flächeninhalt eines Trapezes gilt allgemein
$A_T = \frac{1}{2} \cdot (a+c) \cdot h$, wobei a und c parallel sind und h die Länge des Lots auf a und c ist.

Hier gilt:

$A_T = \frac{1}{2} \cdot (\overline{BC} + \overline{AD}) \cdot \overline{AB}$

$7{,}4 \text{ cm}^2 = \frac{1}{2} \cdot (3 \text{ cm} + y) \cdot 4 \text{ cm}$

$7{,}4 \text{ cm}^2 = 2 \text{ cm} \cdot (3 \text{ cm} + y)$

$7{,}4 \text{ cm}^2 = 6 \text{ cm}^2 + y \cdot 2 \text{ cm}$ $\quad | -6 \text{ cm}^2$

$1{,}4 \text{ cm}^2 = y \cdot 2 \text{ cm}$ $\quad | :2 \text{ cm}$

$0{,}7 \text{ cm} = y$

⇒ D(−1 | 0,7)

Bestimmung des Funktionsterms der Exponentialfunktion:
C in $y = b \cdot a^x$ einsetzen: $3 = b \cdot a^3$ (I)
D in $y = b \cdot a^x$ einsetzen: $0{,}7 = b \cdot a^{-1}$ (II)
(II) auflösen nach b: $\quad 0{,}7 = b \cdot a^{-1} \quad | \cdot a$
$\quad\quad\quad\quad\quad\quad\quad\quad 0{,}7a = b$

Einsetzen in (I): $\quad 3 = 0{,}7a \cdot a^3$
$\quad\quad\quad\quad\quad\quad 3 = 0{,}7a^4 \quad\quad | \cdot \frac{10}{7}$
$\quad\quad\quad\quad\quad\quad \frac{30}{7} = a^4$
$\quad\quad\quad\quad\quad\quad a_1 \approx 1{,}44 \quad \text{und} \quad a_2 \approx -1{,}44$

a_2 scheidet aus, da $a \in \mathbb{R}^+$ gelten muss.
Einsetzen in (II): $b \approx 0{,}7 \cdot 1{,}44 \approx 1{,}01$
x ↦ 1,01 · 1,44^x ist die gesuchte Exponentialfunktion.

150 Lösungen

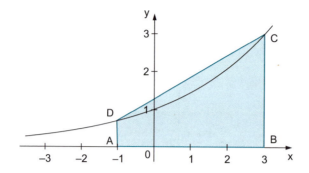

28 a)

x	5	3	4	10	0	7	6
3^x	**243**	27	81	3^{10}	**1**	2 187	**729**

b)

x	2	3	4	$\frac{1}{2}$	1,5	**3,5**	5
4^x	16	**64**	256	2	**8**	128	1 024

c)

x	2	3	7	5	3	$\frac{1}{2}$	$\frac{1}{3}$
$0,5^x$	**0,25**	0,125	$0,5^7$	**0,03125**	$\frac{1}{8}$	$\frac{1}{\sqrt{2}}$	$\sqrt[3]{\frac{1}{2}}$

29 a) $\log_{13} 13 = \mathbf{1}$

b) $\log_{417} 417 = \mathbf{1}$

c) $\log_{13} 1 = \mathbf{0}$

d) $\log_{11} \frac{1}{11} = \mathbf{-1}$

e) $\log_3 3^{17} = \mathbf{17}$

f) $\log_{11,3} 11,3^{\frac{17}{3}} = \frac{\mathbf{17}}{\mathbf{3}}$

30 a) $2^x = 16 \Rightarrow x = \log_2 16 = \mathbf{4}$ $\qquad 16 = 2^4$

b) $81^x = 9 \Rightarrow x = \log_{81} 9 = \mathbf{0,5}$ $\qquad 9 = \sqrt{81} = 81^{0,5}$

c) $2^x = 0,125 \Rightarrow x = \log_2 0,125 = \mathbf{-3}$ $\qquad 0,125 = \frac{1}{8} = 8^{-1} = 2^{-3}$

d) $0,5^x = 256 \Rightarrow x = \log_{0,5} 256 = \mathbf{-8}$ $\qquad 256 = 2^8 = \left(\frac{1}{2}\right)^{-8} = 0,5^{-8}$

e) $17^x = 1 \implies x = \log_{17} 1 = \mathbf{0}$ $1 = 17^0$

f) $11^x = \frac{1}{11} \implies x = \log_{11} \frac{1}{11} = \mathbf{-1}$ $\frac{1}{11} = 11^{-1}$

g) $99^x = 0,\overline{01} \implies x = \log_{99} 0,\overline{01} = \mathbf{-1}$ $0,\overline{01} = \frac{1}{99} = 99^{-1}$

h) $x^3 = 125$
Die Variable steht hier in der Basis. Die Lösung erhält man durch Radizieren.
$x = \sqrt[3]{125} = \mathbf{5}$

31 a) $\log_{10} 100\,000 = \log_{10} 10^5 = \mathbf{5}$

b) $\log_7 \sqrt{7} = \log_7 7^{0,5} = \mathbf{0,5}$

c) $\log_{13}(13^4 \cdot 13^{2,2}) = \log_{13}(13^{4+2,2}) = \log_{13} 13^{6,2} = \mathbf{6,2}$

d) $\log_4 (4^3)^5 = \log_4 4^{15} = \mathbf{15}$

e) $\log_9 (0,\overline{1}) = \log_9 \frac{1}{9} = \log_9 9^{-1} = \mathbf{-1}$

f) $\log_8 0,125 = \log_8 8^{-1} = \mathbf{-1}$

g) $\log_{6,5} \frac{\sqrt{169}}{(\sqrt{2})^2} = \log_{6,5} \frac{13}{2} = \log_{6,5} 6,5 = \mathbf{1}$

h) $\log_8 2^9 = \log_8 (2^3)^3 = \log_8 8^3 = \mathbf{3}$

i) $\log_8 (\sqrt[3]{8} + \log_5 5^6) = \log_8 (\sqrt[3]{8} + 6) = \log_8 (2 + 6) = \log_8 8 = \mathbf{1}$

j) $\log_4 \sqrt{0,5} = \log_4 \left(\frac{1}{2}\right)^{0,5} = \log_4 \frac{1}{2^{0,5}} = \log_4 \frac{1}{(4^{0,5})^{0,5}}$

$\qquad = \log_4 \frac{1}{4^{0,25}} = \log_4 4^{-0,25} = \mathbf{-0,25}$

32 a) $\log_{12} 3 + \log_{12} 4 = \log_{12}(3 \cdot 4) = \log_{12} 12 = \mathbf{1}$

b) $\log_{21} \frac{1}{3} + \log_{21} 63 = \log_{21} \left(\frac{1}{3} \cdot 63\right) = \log_{21} 21 = \mathbf{1}$

c) $\log_5 30 - \log_5 6 = \log_5 \frac{30}{6} = \log_5 5 = \mathbf{1}$

d) $\log_3 13 - \log_3 \frac{13}{81} = \log_3 \left(13 : \frac{13}{81}\right) = \log_3 \left(13 \cdot \frac{81}{13}\right) = \log_3 81 = \mathbf{4}$

152 ⁄ **Lösungen**

e) $2 \cdot \log_2 32 = 2 \cdot \log_2 2^5 = 2 \cdot 5 = \mathbf{10}$

f) $\frac{1}{3} \cdot \log_3 729 = \log_3 729^{\frac{1}{3}} = \log_3 \sqrt[3]{729} = \log_3 9 = \mathbf{2}$

g) $\log_3 (\log_7 343)^2 = \log_3 3^2 = \mathbf{2}$

h) $\frac{1}{4} \cdot \log_4 128 + \frac{1}{4} \cdot \log_4 2 = \frac{1}{4}(\log_4 128 + \log_4 2) = \frac{1}{4} \cdot (\log_4 (128 \cdot 2))$

$$= \frac{1}{4} \cdot \log_4 256 = \log_4 (256^{\frac{1}{4}}) = \log_4 4 = \mathbf{1}$$

i) $\log_3 \left(\frac{\log_4 512}{\log_{36} 6} \right)^4 = \log_3 \left(\frac{\log_4 2^9}{\log_{36} \sqrt{36}} \right)^4 = \log_3 \left(\frac{\log_4 4^{4,5}}{\log_{36} 36^{0,5}} \right)^4 = \log_3 \left(\frac{4,5}{0,5} \right)^4$

$$= \log_3 9^4 = \log_3 (3^2)^4 = \log_3 3^8 = \mathbf{8}$$

j) $\log_5 (\log_3 (\log_2 8^3)^3) + \log_5 \frac{25}{8} = \log_5 (\log_3 (\log_2 (2^3)^3)^3) + \log_5 \frac{25}{8}$

$$= \log_5 (\log_3 (\log_2 2^9)^3) + \log_5 \frac{25}{8}$$

$$= \log_5 ((\log_3 9)^3) + \log_5 \frac{25}{8}$$

$$= \log_5 2^3 + \log_5 \frac{25}{8} = \log_5 \left(2^3 \cdot \frac{25}{8} \right)$$

$$= \log_5 25 = \mathbf{2}$$

33 Diese Aussage ist nur bedingt wahr. Das Logarithmieren ist eine äquivalente Termumformung, d. h., diese Aussage ist nur innerhalb von Gleichungen wahr (vgl. Rechenregeln für den Logarithmus). Außerdem gilt sie nur für Zahlen, für die alle beteiligten Logarithmen definiert sind.

Beispiel: $\log_3 ((-2) \cdot (-4,5)) = \log_3 9 = 2$

aber $\log_3 (-2) + \log_3 (-4,5) =$ ✗

Der Logarithmus aus einer negativen Zahl ist nicht definiert.

34 a) $\log_3 12 = \log_3 (3 \cdot 4) = \mathbf{\log_3 3 + \log_3 4}$

Alternativ:
$\log_3 12 = \log_3 (2 \cdot 6) = \mathbf{\log_3 2 + \log_3 6}$
$\log_3 12 = \log_3 (2,4 \cdot 5) = \mathbf{\log_3 2,4 + \log_3 5}$
⋮

b) $\log_3 3^2 = 2 \cdot \log_3 3 = \mathbf{log_3\, 3 + log_3\, 3}$

   Alternativ:
   $\log_3 3^2 = \log_3 9 = \log_3(2 \cdot 4,5) = \mathbf{log_3\, 2 + log_3\, 4{,}5}$
   $\vdots$

c) $\log_5 \frac{5}{6} = \log_5\left(5 \cdot \frac{1}{6}\right) = \mathbf{log_5\, 5 + log_5\, \tfrac{1}{6}}$

   Alternativ:
   $\log_5 \frac{5}{6} = \mathbf{log_5\, 5 - log_5\, 6}$
   $\vdots$

d) $\log_5 0{,}375 = \log_5(3 \cdot 0{,}125) = \mathbf{log_5\, 3 + log_5\, 0{,}125}$

   Alternativ:
   $\log_5 0{,}375 = \log_5 \frac{375}{1\,000} = \mathbf{log_5\, 375 - log_5\, 1\,000}$
   $\vdots$

e) $\log_2 1 = 0 = \mathbf{1 - 1}$

f) $\log_5\left(26^{\log_3 7}\right) = \log_3 7 \cdot \log_5 26$

$$= \log_3\left(3 \cdot \tfrac{7}{3}\right) \cdot \log_5\left(5 \cdot \tfrac{26}{5}\right)$$

$$= \left(\log_3 3 + \log_3 \tfrac{7}{3}\right) \cdot \left(\log_5 5 + \log_5 \tfrac{26}{5}\right)$$

$$= \left(1 + \log_3 \tfrac{7}{3}\right) \cdot \left(1 + \log_5 \tfrac{26}{5}\right) \qquad \text{(ausmultiplizieren)}$$

$$= \mathbf{1 + log_5\, \tfrac{26}{5} + log_3\, \tfrac{7}{3} + \left(log_3\, \tfrac{7}{3} \cdot log_5\, \tfrac{26}{5}\right)}$$

35 a) $\lg 6 = \log_{10} 6 \approx \mathbf{0{,}778}$

b) $\lg(6 \cdot 7) = \lg 42 = \mathbf{1{,}623}$

c) $\log_2 3 = \frac{\lg 3}{\lg 2} \approx \mathbf{1{,}58}$ Basiswechsel auf die Basis 10

d) $\log_7 21 - \log_{21} 7 = \frac{\lg 21}{\lg 7} - \frac{\lg 7}{\lg 21} \approx \mathbf{0{,}925}$

         Hinweise und Tipps:
         Vermeide Zwischenrundungen.
         Berechne erst das vollständige
         Ergebnis und runde anschlie-
         ßend.

e) $\dfrac{\log_9 11}{\lg 11} = \dfrac{\frac{\lg 11}{\lg 9}}{\lg 11} = \dfrac{\lg 11}{\lg 11 \cdot \lg 9} = \dfrac{1}{\lg 9} \approx \mathbf{1{,}048}$

f) $\log_{17}(\log_3 4) = \log_{17} \dfrac{\lg 4}{\lg 3} = \dfrac{\lg \frac{\lg 4}{\lg 3}}{\lg 17} \approx \mathbf{0{,}082}$

g) $\log_{134} 637\,230\,000\,000 = \log_{134}(6{,}3723 \cdot 10^{11})$

$$= \frac{\lg(6{,}3723 \cdot 10^{11})}{\lg 134}$$

$$\approx \mathbf{5{,}549}$$

Hinweise und Tipps:
Die Argumente des Logarithmus können nicht direkt in den Taschenrechner eingegeben werden, da sie zu lang sind. Benutze daher die Fließkommadarstellung.

h) $\lg 0{,}0000000012345 = \lg(1{,}2345 \cdot 10^{-9}) \approx \mathbf{-8{,}909}$

36 a) $a \in \mathbb{R}^+ \backslash \{1\}$

$$\log_{a^2} a^3 = \frac{\log_a a^3}{\log_a a^2} = \frac{3}{2}$$

b) $a \in \mathbb{R}^+ \backslash \{1\}$

$$\log_{\left(\frac{1}{a}\right)^2} a^3 = \log_{a^{-2}} a^3 = \frac{\log_a a^3}{\log_a a^{-2}} = -\frac{3}{2}$$

c) $a \in \mathbb{R}^+ \backslash \{1\}$

$$\log_{a^5} \sqrt{a} = \log_{a^5} a^{0{,}5} = \frac{\log_a a^{0{,}5}}{\log_a a^5} = \frac{0{,}5}{5} = \frac{1}{10}$$

d) $a \in \mathbb{R}^+ \backslash \{1\}$

$$\log_{\sqrt{a}} \frac{a}{\sqrt{a}} = \log_{\sqrt{a}} \frac{\sqrt{a} \cdot \sqrt{a}}{\sqrt{a}} = \log_{\sqrt{a}} \sqrt{a} = 1$$

e) $a \in \mathbb{R} \backslash \{-1;\, 0;\, 1\}$

$$\log_{\sqrt{\frac{a}{a^3}}} \sqrt[3]{a^4} = \log_{\sqrt{\frac{1}{a^2}}} a^{\frac{4}{3}} = \log_{\frac{1}{a}} a^{\frac{4}{3}} = \log_{a^{-1}} a^{\frac{4}{3}} = \frac{\log_a a^{\frac{4}{3}}}{\log_a a^{-1}} = -\frac{4}{3}$$

f) $a \in \mathbb{R}^+ \backslash \{1\}$

$$\log_{\frac{1}{\sqrt[3]{a^2}}} a^{\frac{4}{3}} = \log_{a^{-\frac{2}{3}}} a^{\frac{4}{3}} = \frac{\log_a a^{\frac{4}{3}}}{\log_a a^{-\frac{2}{3}}} = \frac{\frac{4}{3}}{-\frac{2}{3}} = -\frac{4 \cdot 3}{3 \cdot 2} = -2$$

37 a) $\lg(x+2) = 8$

$10^{\lg(x+2)} = 10^8$

$\qquad x + 2 = 100\,000\,000 \qquad |-2$

$\qquad\quad x = \mathbf{99\,999\,998}$

b) $\log_3(2x+7) = 14$

$3^{\log_3(2x+7)} = 3^{14}$

$\qquad 2x + 7 = 4\,782\,969 \qquad |-7$

$\qquad\quad 2x = 4\,782\,962 \qquad |:2$

$\qquad\quad\; x = \mathbf{2\,391\,481}$

c)
$$5^x - 2 = 8 \qquad |+2$$
$$5^x = 10 \qquad |\log_5$$
$$\log_5 5^x = \log_5 10$$
$$x \approx \mathbf{1,431}$$

d)
$$0,003^x = \frac{4}{7} \qquad |\log_{0,003}$$
$$\log_{0,003} 0,003^x = \log_{0,003} \frac{4}{7}$$
$$x \approx \mathbf{0,096}$$

e)
$$3^{x^2} = 729 \qquad |\log_3$$
$$\log_3 3^{x^2} = \log_3 729$$
$$x^2 = 6 \qquad |\sqrt{}$$
$$x_1 = \mathbf{\sqrt{6}}$$
$$x_2 = \mathbf{-\sqrt{6}}$$

f)
$$7^{x^3-2} = 1\,048 \qquad |\log_7$$
$$\log_7(7^{x^3-2}) = \log_7 1\,048$$
$$x^3 - 2 = \log_7 1\,048 \qquad |+2$$
$$x^3 = \log_7 1\,048 + 2 \qquad |\sqrt[3]{}$$
$$x = \sqrt[3]{\log_7 1\,048 + 2}$$
$$x \approx \mathbf{1,773}$$

Hinweise und Tipps:
An dieser Stelle wird der Logarithmus bewusst nicht berechnet, um den Rundungsfehler möglichst gering zu halten (kein Zwischenrunden).

38
a)
$$pH = -\lg c \qquad |\cdot(-1)$$
$$-pH = \lg c$$
$$10^{-pH} = 10^{\lg c}$$
$$c = 10^{-pH}$$
$$c = 10^{-7}$$

Die Konzentration von Oxonium-Ionen in destilliertem Wasser beträgt $\mathbf{10^{-7}\,\frac{mol}{\ell}}$.

b) $pH = -\lg c$

Cola: $\qquad pH = -\lg 10^{-3} = \mathbf{3} \qquad \Rightarrow$ **saure Lösung**

Spülmittel: $\quad pH = -\lg 10^{-10} = \mathbf{10} \qquad \Rightarrow$ **basische Lösung**

Kaffee: $\qquad pH = -\lg 10^{-5} = \mathbf{5} \qquad \Rightarrow$ **saure Lösung**

156 **Lösungen**

c) Aus Teilaufgabe a folgt:

$c = 10^{-pH}$

$pH = 7,35 \Rightarrow c = 10^{-7,35}$

$pH = 7,45 \Rightarrow c = 10^{-7,45}$

Faktor: $\frac{10^{-7,35}}{10^{-7,45}} \approx 1,26$

Die Oxonium-Ionen-Konzentration von Blut mit einem pH-Wert von 7,35 ist **1,26**-mal höher als die von Blut mit einem pH-Wert von 7,45.

d) $pH = -\lg c$

Oxonium-Ionen-Konzentration wird halbiert $\Rightarrow \frac{1}{2} \cdot c$

$pH = -\lg\left(\frac{1}{2} \cdot c\right) = -\left(\lg\frac{1}{2} + \lg c\right) = -\lg\frac{1}{2} - \lg c \approx -\lg c + 0,3$

Der pH-Wert erhöht sich um ca. **0,3**.

39 a) $E = 10^{\frac{3}{2} \cdot (M-2)}$

$E = 10^{\frac{3}{2} \cdot (2-2)}$

$E = 10^{\frac{3}{2} \cdot 0}$

$E = 10^0$

$E = 1$

Es wird das Äquivalent von **1 Tonne TNT** an seismischer Energie in die Erde abgegeben.

b) $\qquad E = 10^{\frac{3}{2} \cdot (M-2)} \qquad\qquad | \lg$

$\qquad \lg E = \lg(10^{\frac{3}{2} \cdot (M-2)})$

$\qquad \lg E = \frac{3}{2}(M-2) \qquad\qquad | \cdot \frac{2}{3}$

$\qquad \frac{2}{3}\lg E = M-2 \qquad\qquad | +2$

$\qquad\qquad M = \frac{2}{3}\lg E + 2$

$\qquad\qquad M = \frac{2}{3} \cdot \lg(3,16 \cdot 10^{13}) + 2$

$\qquad\qquad M \approx \mathbf{11}$

Das Erdbeben hätte eine Stärke von **11** auf der Richter-Skala.

c) Diese Aussage ist falsch. Bei der Richter-Skala handelt es sich nicht um eine lineare, sondern um eine logarithmische Skala.

Es gilt:

$E = 10^{\frac{3}{2} \cdot (M-2)}$

Für $2 \cdot M$ gilt dann:

$$10^{\frac{3}{2} \cdot (2M-2)} = 10^{\frac{3}{2} \cdot (M+M-2)}$$
$$= 10^{\frac{3}{2} \cdot M + \frac{3}{2} \cdot (M-2)}$$
$$= 10^{\frac{3}{2} \cdot M} \cdot 10^{\frac{3}{2} \cdot (M-2)}$$

Wenn das erste Beben 4,3 auf der Richter-Skala erreicht hat, dann war das zweite Beben um den Faktor $10^{\frac{3}{2} \cdot 4,3} = 10^{6,45} \approx 2\,818\,383$ stärker.

Berichtigung des Artikels:

„… Bei dem schweren Erdbeben mit 8,6 auf der Richter-Skala wurde etwa **2 818 383-mal mehr** seismische Energie frei, als bei dem Beben vor einem Jahr, das 4,3 auf der Richter-Skala erreichte …"

40 a) $\log_a b = \dfrac{\log_b b}{\log_b a} = \dfrac{1}{\log_b a}$ Basiswechsel zur Basis b

b) $\log_a b = \log_a (b^{-1})^{-1}$
$$= -1 \cdot \log_a b^{-1} = -\log_a \frac{1}{b}$$

c) $\log_a b = -\log_a \dfrac{1}{b}$ siehe Teilaufgabe b

$$= -\frac{\log_{\frac{1}{a}} \frac{1}{b}}{\log_{\frac{1}{a}} a}$$ Basiswechsel zur Basis $\frac{1}{a}$

$$= -\frac{\log_{\frac{1}{a}} \frac{1}{b}}{\log_{a^{-1}} a} = -\frac{\log_{\frac{1}{a}} \frac{1}{b}}{\log_{a^{-1}} (a^{-1})^{-1}}$$

$$= -\frac{\log_{\frac{1}{a}} \frac{1}{b}}{-\log_{a^{-1}} a^{-1}} = -\frac{\log_{\frac{1}{a}} \frac{1}{b}}{-1} = \log_{\frac{1}{a}} \frac{1}{b}$$

41 a) $11^x = 2^x \cdot 2$ $\mid : (2^x)$

$$\frac{11^x}{2^x} = 2$$

$$\left(\frac{11}{2}\right)^x = 2$$

$$x = \log_{\frac{11}{2}} 2$$

$$x = \frac{\lg 2}{\lg \frac{11}{2}}$$

$$x \approx \mathbf{0,41}$$

b)
$$0.3^x = 0.9 : 1.01^x \qquad | \cdot 1.01^x$$
$$0.3^x \cdot 1.01^x = 0.9$$
$$(0.3 \cdot 1.01)^x = 0.9$$
$$0.303^x = 0.9 \qquad | \lg$$
$$x = \log_{0.303} 0.9$$
$$x = \frac{\lg 0.9}{\lg 0.303}$$
$$x \approx \mathbf{0.09}$$

c)
$$\left(\frac{1}{2}\right)^{x+1} = \left(\frac{2}{3}\right)^{x+1} \cdot \frac{7}{2} \qquad \left| : \left(\frac{2}{3}\right)^{x+1}\right.$$
$$\left(\frac{1}{2}\right)^{x+1} : \left(\frac{2}{3}\right)^{x+1} = \frac{7}{2}$$
$$\left(\frac{1 \cdot 3}{2 \cdot 2}\right)^{x+1} = \frac{7}{2}$$
$$x + 1 = \log_{\frac{3}{4}} \frac{7}{2}$$
$$x + 1 = \frac{\lg \frac{7}{2}}{\lg \frac{3}{4}} \qquad | -1$$
$$x = \frac{\lg \frac{7}{2}}{\lg \frac{3}{4}} - 1$$
$$x \approx \mathbf{-5.35}$$

d)
$$4^{2x-2} \cdot 3^{x-1} = \frac{2^3}{\sqrt[3]{27}}$$
$$(4^2)^{x-1} \cdot 3^{x-1} = \frac{8}{3}$$
$$(4^2 \cdot 3)^{x-1} = \frac{8}{3}$$
$$48^{x-1} = \frac{8}{3}$$
$$x - 1 = \log_{48} \frac{8}{3}$$
$$x - 1 = \frac{\lg \frac{8}{3}}{\lg 48} \qquad | +1$$
$$x = \frac{\lg \frac{8}{3}}{\lg 48} + 1$$
$$x \approx \mathbf{1.25}$$

e) $\dfrac{3 \cdot 1{,}2^x}{3{,}4} = (\sqrt{121})^x : 3!$

$\dfrac{3}{3{,}4} \cdot 1{,}2^x = 11^x : 6$

$\dfrac{15}{17} \cdot 1{,}2^x = 11^x : 6 \qquad |\cdot 6$

$\dfrac{90}{17} \cdot 1{,}2^x = 11^x \qquad |:1{,}2^x$

$\dfrac{90}{17} = \dfrac{11^x}{1{,}2^x}$

$\dfrac{90}{17} = \left(\dfrac{110}{12}\right)^x$

$\dfrac{90}{17} = \left(\dfrac{55}{6}\right)^x$

$x = \log_{\frac{55}{6}} \dfrac{90}{17}$

$x = \dfrac{\lg \frac{90}{17}}{\lg \frac{55}{6}}$

$x \approx \mathbf{0{,}75}$

f) $\dfrac{5^x : 3{,}2}{3^x} = 2^{x+1} \cdot 2^{x+2} \cdot 2^{2x+3}$

$\dfrac{5^x}{3^x} : 3{,}2 = (2^x \cdot 2) \cdot (2^x \cdot 2^2) \cdot (2^{2x} \cdot 2^3)$

$\left(\dfrac{5}{3}\right)^x : \dfrac{32}{10} = 2^{4x} \cdot 2^6 \qquad\qquad |\cdot \dfrac{32}{10}$

$\left(\dfrac{5}{3}\right)^x = (2^4)^x \cdot 2^6 \cdot \dfrac{32}{10} \qquad |:(2^4)^x$

$\left(\dfrac{5}{3}\right)^x : 16^x = \dfrac{1\,024}{5}$

$\left(\dfrac{5}{48}\right)^x = \dfrac{1\,024}{5}$

$x = \log_{\frac{5}{48}} \dfrac{1\,024}{5}$

$x = \dfrac{\lg \frac{1\,024}{5}}{\lg \frac{5}{48}}$

$x \approx \mathbf{-2{,}35}$

160 / **Lösungen**

42 a)
$$11^x = 2^x \cdot 2 \qquad \qquad |\lg$$
$$\lg 11^x = \lg(2^x \cdot 2)$$
$$x \cdot \lg 11 = \lg 2^x + \lg 2$$
$$x \cdot \lg 11 = x \cdot \lg 2 + \lg 2 \qquad |-x \cdot \lg 2$$
$$x \cdot \lg 11 - x \cdot \lg 2 = \lg 2$$
$$x \cdot (\lg 11 - \lg 2) = \lg 2 \qquad |:(\lg 11 - \lg 2)$$
$$x = \frac{\lg 2}{\lg 11 - \lg 2}$$
$$x = \frac{\lg 2}{\lg \frac{11}{2}}$$
$$x \approx \mathbf{0{,}41}$$

b)
$$0{,}3^x = 0{,}9 : 1{,}01^x \qquad \qquad |\lg$$
$$\lg 0{,}3^x = \lg(0{,}9 : 1{,}01^x)$$
$$x \cdot \lg 0{,}3 = \lg 0{,}9 - \lg 1{,}01^x$$
$$x \cdot \lg 0{,}3 = \lg 0{,}9 - x \cdot \lg 1{,}01 \qquad |+x \cdot \lg 1{,}01$$
$$x \cdot \lg 0{,}3 + x \cdot \lg 1{,}01 = \lg 0{,}9$$
$$x \cdot (\lg 0{,}3 + \lg 1{,}01) = \lg 0{,}9$$
$$x \cdot \lg(0{,}3 \cdot 1{,}01) = \lg 0{,}9$$
$$x \cdot \lg 0{,}303 = \lg 0{,}9 \qquad |: \lg 0{,}303$$
$$x = \frac{\lg 0{,}9}{\lg 0{,}303}$$
$$x \approx \mathbf{0{,}09}$$

c)
$$\left(\tfrac{1}{2}\right)^{x+1} = \left(\tfrac{2}{3}\right)^{x+1} \cdot \tfrac{7}{2} \qquad \qquad |\lg$$
$$\lg\left(\tfrac{1}{2}\right)^{x+1} = \lg\left(\left(\tfrac{2}{3}\right)^{x+1} \cdot \tfrac{7}{2}\right)$$
$$(x+1) \cdot \lg \tfrac{1}{2} = \lg\left(\tfrac{2}{3}\right)^{x+1} + \lg \tfrac{7}{2}$$
$$(x+1) \cdot \lg \tfrac{1}{2} = (x+1) \cdot \lg \tfrac{2}{3} + \lg \tfrac{7}{2} \qquad |-(x+1) \cdot \lg \tfrac{2}{3}$$
$$(x+1) \cdot \lg \tfrac{1}{2} - (x+1) \cdot \lg \tfrac{2}{3} = \lg \tfrac{7}{2}$$
$$(x+1) \cdot \left(\lg \tfrac{1}{2} - \lg \tfrac{2}{3}\right) = \lg \tfrac{7}{2}$$
$$(x+1) \cdot \lg\left(\tfrac{1}{2} : \tfrac{2}{3}\right) = \lg \tfrac{7}{2}$$
$$(x+1) \cdot \lg \tfrac{3}{4} = \lg \tfrac{7}{2} \qquad \qquad |: \lg \tfrac{3}{4}$$

$$x + 1 = \frac{\lg \frac{7}{2}}{\lg \frac{3}{4}} \qquad \qquad |-1$$

$$x = \frac{\lg \frac{7}{2}}{\lg \frac{3}{4}} - 1$$

$$x \approx \mathbf{-5{,}35}$$

d)
$$4^{2x-2} \cdot 3^{x-1} = \frac{2^3}{\sqrt[3]{27}} \qquad \qquad |\lg$$

$$\lg(4^{2x-2} \cdot 3^{x-1}) = \lg\left(\frac{2^3}{\sqrt[3]{27}}\right)$$

$$\lg 4^{2x-2} + \lg 3^{x-1} = \lg \frac{8}{3}$$

$$(2x-2)\lg 4 + (x-1)\lg 3 = \lg \frac{8}{3}$$

$$2(x-1)\lg 4 + (x-1)\lg 3 = \lg \frac{8}{3}$$

$$(x-1)\,(2\lg 4 + \lg 3) = \lg \frac{8}{3} \qquad \qquad |:(2\lg 4 + \lg 3)$$

$$x - 1 = \frac{\lg \frac{8}{3}}{2\lg 4 + \lg 3} \qquad \qquad |+1$$

$$x = \frac{\lg \frac{8}{3}}{2\lg 4 + \lg 3} + 1$$

$$x \approx \mathbf{1{,}25}$$

e)
$$\frac{3 \cdot 1{,}2^x}{3{,}4} = (\sqrt{121})^x : 3! \qquad \qquad |\lg$$

$$\lg \frac{3 \cdot 1{,}2^x}{3{,}4} = \lg(11^x : 6)$$

$$\lg(3 \cdot 1{,}2^x) - \lg 3{,}4 = \lg 11^x - \lg 6$$

$$\lg 3 + \lg 1{,}2^x - \lg 3{,}4 = x \cdot \lg 11 - \lg 6$$

$$\lg 3 + x \cdot \lg 1{,}2 - \lg 3{,}4 = x \cdot \lg 11 - \lg 6 \qquad |-\lg 3 \ |+\lg 3{,}4 \ |-x \cdot \lg 11$$

$$x \cdot \lg 1{,}2 - x \cdot \lg 11 = \lg 3{,}4 - \lg 6 - \lg 3$$

$$x \cdot (\lg 1{,}2 - \lg 11) = \lg 3{,}4 - \lg 6 - \lg 3 \qquad |:(\lg 1{,}2 - \lg 11)$$

$$x = \frac{\lg 3{,}4 - \lg 6 - \lg 3}{\lg 1{,}2 - \lg 11}$$

$$x \approx \mathbf{0{,}75}$$

162 / Lösungen

f)
$$\frac{5^x : 3,2}{3^x} = 2^{x+1} \cdot 2^{x+2} \cdot 2^{2x+3} \qquad |\lg$$

$$\lg\left(\frac{5^x : 3,2}{3^x}\right) = \lg(2^{x+1} \cdot 2^{x+2} \cdot 2^{2x+3})$$

$$\lg(5^x : 3,2) - \lg 3^x = \lg 2^{x+1} + \lg 2^{x+2} + \lg 2^{2x+3}$$

$$\lg 5^x - \lg 3,2 - x \cdot \lg 3 = (x+1) \cdot \lg 2 + (x+2) \cdot \lg 2 + (2x+3) \cdot \lg 2$$

$$x \cdot \lg 5 - \lg 3,2 - x \cdot \lg 3 = \lg 2 \cdot (x+1+x+2+2x+3)$$

$$x \cdot (\lg 5 - \lg 3) - \lg 3,2 = \lg 2 \cdot (4x+6)$$

$$x \cdot \lg \tfrac{5}{3} - \lg 3,2 = 4x \cdot \lg 2 + 6 \cdot \lg 2 \qquad |+\lg 3,2 \ |-4x \cdot \lg 2$$

$$x \cdot \lg \tfrac{5}{3} - 4x \cdot \lg 2 = 6 \cdot \lg 2 + \lg 3,2$$

$$x \cdot \left(\lg \tfrac{5}{3} - 4 \cdot \lg 2\right) = 6 \cdot \lg 2 + \lg 3,2 \qquad \left| : \left(\lg \tfrac{5}{3} - 4 \cdot \lg 2\right)\right.$$

$$x = \frac{6 \cdot \lg 2 + \lg 3,2}{\lg \tfrac{5}{3} - 4 \cdot \lg 2}$$

$$x \approx -2,35$$

43 a) $3^{2x} = 3^{x+7}$
$$\Rightarrow \quad 2x = x + 7 \qquad |-x$$
$$x = 7$$

b) $5^{x+1} = 25^x$
$$5^{x+1} = (5^2)^x$$
$$5^{x+1} = 5^{2x}$$
$$\Rightarrow \quad x + 1 = 2x \qquad |-x$$
$$1 = x$$

c) $5^x = 25^x \cdot 5$
$$5^x = 5^{2x} \cdot 5$$
$$5^x = 5^{2x+1}$$
$$\Rightarrow \quad x = 2x + 1 \qquad |-2x$$
$$-x = 1 \qquad |\cdot(-1)$$
$$x = -1$$

d) $2^{x^2} \cdot 2 = 8^x$
$$2^{x^2+1} = (2^3)^x$$
$$2^{x^2+1} = 2^{3x}$$
$$\Rightarrow \quad x^2 + 1 = 3x \qquad |-(3x)$$
$$x^2 - 3x + 1 = 0$$

$$x_{1/2} = \frac{3 \pm \sqrt{(-3)^2 - 4 \cdot 1 \cdot 1}}{2 \cdot 1}$$

$$x_{1/2} = \frac{3 \pm \sqrt{5}}{2}$$

$$x_1 = \frac{3}{2} + \frac{1}{2} \cdot \sqrt{5} \approx \mathbf{2{,}61} \quad \text{und} \quad x_2 = \frac{3}{2} - \frac{1}{2} \cdot \sqrt{5} \approx \mathbf{0{,}38}$$

e) $\quad 16^{0,5x} = 2^{2 \cdot \sqrt{x}} : 64$

$\quad (4^2)^{0,5x} = 4^{\sqrt{x}} : 4^3 \qquad \qquad | \cdot 4^3$

$\qquad 4^x \cdot 4^3 = 4^{\sqrt{x}}$

$\qquad 4^{x+3} = 4^{\sqrt{x}}$

$\Rightarrow \qquad x + 3 = \sqrt{x} \qquad | ^2$

$\qquad (x+3)^2 = x$

$\qquad x^2 + 6x + 9 = x \qquad | -x$

$\qquad x^2 + 5x + 9 = 0$

$$x_{1/2} = \frac{5 \pm \sqrt{25 - 4 \cdot 1 \cdot 9}}{2 \cdot 1}$$

$$x_{1/2} = \frac{5 \pm \sqrt{-11}}{2} \quad \text{\Large ⚡}$$

Die Gleichung besitzt keine Lösung in $\mathbb{R}$.

f) $\quad 36^x \cdot \sqrt{6} - \sqrt{4} \cdot x = \frac{6^x}{36} - \frac{1}{2}(4x + 3) + \frac{3}{2}$

$\quad (6^2)^x \cdot 6^{0,5} - 2x = 6^x \cdot 6^{-2} - 2x - \frac{3}{2} + \frac{3}{2} \qquad | + 2x$

$\qquad 6^{2x+0,5} = 6^{x-2}$

$\Rightarrow \; 2x + 0,5 = x - 2 \qquad\qquad | -x \;\; | -0,5$

$\qquad x = \mathbf{-2{,}5}$

44 a) $\; 2^x - 2^{2x} = -21$

$\quad 2^x - (2^x)^2 = -21$

Substitution: $u = 2^x$

$\qquad u - u^2 = -21 \qquad | + 21$

$\quad -u^2 + u + 21 = 0$

$$u_{1/2} = \frac{-1 \pm \sqrt{1^2 - 4 \cdot (-1) \cdot 21}}{2 \cdot (-1)}$$

$$u_{1/2} = \frac{-1 \pm \sqrt{85}}{-2}$$

$$u_1 = \frac{-1 + \sqrt{85}}{-2} \quad \text{und} \quad u_2 = \frac{-1 - \sqrt{85}}{-2}$$

Resubstitution: $2^x = u$

$$2^x = \frac{-1+\sqrt{85}}{-2} \qquad |\lg$$

$$x \cdot \lg 2 = \lg\left(\frac{-1+\sqrt{85}}{-2}\right) \quad \text{\sout{ }}$$

da $\dfrac{-1+\sqrt{85}}{-2} < 0$

$$2^x = \frac{-1-\sqrt{85}}{-2} \qquad |\lg$$

$$x \cdot \lg 2 = \lg\left(\frac{-1-\sqrt{85}}{-2}\right) \qquad |: \lg 2$$

$$x = \frac{\lg\left(\frac{-1-\sqrt{85}}{-2}\right)}{\lg 2}$$

$$x \approx 2,35$$

Die einzige Lösung ist $\mathbf{x \approx 2{,}35}$.

b) $\quad 4^x \cdot 2^{2x} - 16^{0,5x} = 5$

$$4^x \cdot (2^2)^x - (\sqrt{16})^x = 5$$

$$4^x \cdot 4^x - 4^x = 5$$

$$(4^x)^2 - 4^x = 5$$

$$4^{2x} - 4^x = 5$$

Substitution: $u = 4^x$

$$u^2 - u = 5 \qquad |-5$$

$$u^2 - u - 5 = 0$$

$$u_{1/2} = \frac{1 \pm \sqrt{(-1)^2 - 4 \cdot 1 \cdot (-5)}}{2 \cdot 1}$$

$$u_{1/2} = \frac{1 \pm \sqrt{21}}{2}$$

$$u_1 = \frac{1+\sqrt{21}}{2} \quad \text{und} \quad u_2 = \frac{1-\sqrt{21}}{2}$$

Resubstitution: $4^x = u$

$$4^x = \frac{1+\sqrt{21}}{2} \qquad |\lg$$

$$x \cdot \lg 4 = \lg\left(\frac{1+\sqrt{21}}{2}\right) \qquad |: \lg 4$$

$$x = \frac{\lg\left(\frac{1+\sqrt{21}}{2}\right)}{\lg 4}$$

$$x \approx 0,74$$

$$4^x = \frac{1-\sqrt{21}}{2} \qquad |\lg$$

$$x \cdot \lg 4 = \lg\frac{1-\sqrt{21}}{2} \quad \text{\sout{ }}$$

da $\dfrac{1-\sqrt{21}}{2} < 0$

Die einzige Lösung ist $\mathbf{x \approx 0{,}74}$.

c) $2 \cdot \sin 3^x = \sqrt{3} \qquad |: 2$

$\quad \sin 3^x = \frac{1}{2}\sqrt{3}$

Substitution: $u = 3^x$

$$\sin u = \frac{1}{2}\sqrt{3}$$

$$u_1 = \frac{1}{3}\pi \quad \text{und} \quad u_2 = \frac{2}{3}\pi$$

Hinweise und Tipps:
Stelle den Taschenrechner auf RAD (Bogenmaß) ein.

Alle weiteren Lösungen liefern für x Werte, die nicht im Intervall [0; 1] liegen.

Resubstitution: $3^x = u$

$$3^x = \frac{1}{3}\pi \qquad \big|\lg$$

$$x \cdot \lg 3 = \lg\left(\frac{1}{3}\pi\right) \qquad \big|:\lg 3$$

$$x = \frac{\lg\left(\frac{1}{3}\pi\right)}{\lg 3}$$

$$x \approx \mathbf{0{,}04}$$

$$3^x = \frac{2}{3}\pi \qquad \big|\lg$$

$$x \cdot \lg 3 = \lg\left(\frac{2}{3}\pi\right) \qquad \big|:\lg 3$$

$$x = \frac{\lg\left(\frac{2}{3}\pi\right)}{\lg 3}$$

$$x \approx \mathbf{0{,}67}$$

d) $(2^x)^{2x} + 4^{2x^2} = 12$

$$2^{2x^2} + 4^{2x^2} = 12$$

$$4^{x^2} + (4^{x^2})^2 = 12$$

Substitution: $u = 4^{x^2}$

$$u + u^2 = 12 \qquad \big|-12$$

$$u^2 + u - 12 = 0$$

$$u_{1/2} = \frac{-1 \pm \sqrt{1^2 - 4 \cdot 1 \cdot (-12)}}{2 \cdot 1}$$

$$u_{1/2} = \frac{-1 \pm 7}{2}$$

$$u_1 = 3 \quad \text{und} \quad u_2 = -4$$

Resubstitution: $4^{x^2} = u$

$$4^{x^2} = 3 \qquad \big|\lg$$

$$x^2 \cdot \lg 4 = \lg 3 \qquad \big|:\lg 4$$

$$x^2 = \frac{\lg 3}{\lg 4} \qquad \big|\sqrt{}$$

$$x_1 = \sqrt{\frac{\lg 3}{\lg 4}} \approx 0{,}89$$

$$x_2 = -\sqrt{\frac{\lg 3}{\lg 4}} \approx -0{,}89$$

$$4^{x^2} = -4 \qquad \big|\lg$$

$$x^2 \cdot \lg 4 = \lg(-4) \quad \text{\textreferencemark}$$

$$\text{da} \quad -4 < 0$$

Die einzigen Lösungen sind $\mathbf{x_1 \approx -0{,}89}$ und $\mathbf{x_2 \approx 0{,}89}$.

45 a) $3^x - 3 = 2^x \quad |+3 \quad |-2^x$
$3^x - 2^x = 3$
grafische Lösung:

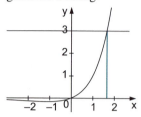

x	$3^x - 2^x \approx$
1,00	1
1,60	2,8
1,65	2,99
1,66	3,03

$\Rightarrow 1{,}65 \approx \mathbf{1{,}7}$ ist Näherungslösung.

b) $3{,}5^x - 2^x = 3$
grafische Lösung:

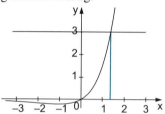

x	$3{,}5^x - 2^x \approx$
1,00	1,50
1,30	2,63
1,37	2,98
1,38	3,03

$\Rightarrow 1{,}37 \approx \mathbf{1{,}4}$ ist Näherungslösung.

c) $2^x - 1^x + 7 = 7^x - 2$
$2^x - 1 + 7 = 7^x - 2$
$2^x + 6 = 7^x - 2 \quad |-7^x \quad |-6$
$2^x - 7^x = -8$
grafische Lösung:

x	$2^x - 7^x \approx$
1,00	−5,00
1,10	−6,36
1,19	−7,85
1,20	−8,03

$\Rightarrow 1{,}20 \approx \mathbf{1{,}2}$ ist Näherungslösung.

d) $2^{x+1} \cdot 5 - 3^{2x} = 1$
grafische Lösung:

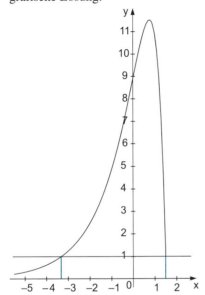

x	$2^{x+1} \cdot 5 - 3^{2x} \approx$
1,00	11,00
1,40	4,72
1,50	1,28
1,51	0,88

x	$2^{x+1} \cdot 5 - 3^{2x} \approx$
–3,00	1,25
–3,30	1,01
–3,32	1,00
–3,33	0,99

$\Rightarrow$ 1,51 ≈ **1,5** und
–3,32 ≈ **–3,3** sind
Näherungslösungen.

46 a) Petra: $K_{0P} = 15\,000\,€$
$z_P = 2,8\,\% = 0,028$
$t = 5a$
Luca: $K_{0L} = 14\,000\,€$
$z_L = ?$
$t = 5a$

Es gilt:
$$K_{0L} \cdot (1+z_L)^t = K_{0P} \cdot (1+z_P)^t \qquad |:K_{0L}$$

$$(1+z_L)^t = \frac{K_{0P}}{K_{0L}} \cdot (1+z_P)^t \qquad |\sqrt[t]{}$$

$$1+z_L = \sqrt[t]{\frac{K_{0P}}{K_{0L}} \cdot (1+z_P)^t} \qquad |-1$$

$$z_L = \sqrt[t]{\frac{K_{0P}}{K_{0L}} \cdot (1+z_P)^t} - 1$$

$$z_L = \sqrt[5]{\frac{15\,000\,€}{14\,000\,€} \cdot 1,028^5} - 1$$

$$z_L \approx 0,042$$

Lucas jährlicher Zinssatz müsste etwa **4,2 %** betragen.

168 / Lösungen

b) $z_L = 3{,}2\,\% = 0{,}032$

$$K_{0L} \cdot (1+z_L)^t = K_{0P} \cdot (1+z_P)^t \qquad |: K_{0L} \quad |: (1+z_P)^t$$

$$\frac{(1+z_L)^t}{(1+z_P)^t} = \frac{K_{0P}}{K_{0L}}$$

$$\left(\frac{1+z_L}{1+z_P}\right)^t = \frac{K_{0P}}{K_{0L}} \qquad\qquad |\lg$$

$$t \cdot \lg \frac{1+z_L}{1+z_P} = \lg \frac{K_{0P}}{K_{0L}} \qquad\qquad |: \lg \frac{1+z_L}{1+z_P}$$

$$t = \frac{\lg \frac{K_{0P}}{K_{0L}}}{\lg \frac{1+z_L}{1+z_P}}$$

$$t = \frac{\lg \frac{15\,000\ €}{14\,000\ €}}{\lg \frac{1+0{,}032}{1+0{,}028}} \approx 17{,}77$$

Im **18. Jahr** hätten sie in etwa die gleiche Summe auf dem Konto.

47 a) Exponentieller Abnahmeprozess $\Rightarrow\ N = N_0 \cdot a^x$

mit $N = 3$, $N_0 = 10$, $a = \frac{1}{2}$, $\ x$ Anzahl der Halbwertszeiten

$$3 = 10 \cdot \left(\frac{1}{2}\right)^x \quad |:10$$

$$\frac{3}{10} = \left(\frac{1}{2}\right)^x \quad |\lg$$

$$\lg \frac{3}{10} = x \cdot \lg \frac{1}{2} \quad \left| : \lg \frac{1}{2} \right.$$

$$x = \frac{\lg \frac{3}{10}}{\lg \frac{1}{2}}$$

$$x \approx 1{,}74$$

Das Wasser war $1{,}74 \cdot 12{,}3 \approx$ **21,4 Jahre** unter der Erde.

b) Betrachtet man eine Probe, in der sich lediglich 10 radioaktive Tritiumatome befinden, wird das Ergebnis eventuell sehr stark verfälscht, da nicht vorhergesagt werden kann, wann ein einzelnes Tritiumatom zerfällt. Eine Aussage lässt sich nur für eine sehr große Zahl dieser Atome treffen. Um eine hinreichend genaue Aussage treffen zu können, muss man also eine große Menge Wasser betrachten.

c) $N = N_0 \cdot \left(\frac{1}{2}\right)^x$ mit $N_0 = \frac{10}{10^{18}} \cdot 6{,}7 \cdot 10^{25} = 6{,}7 \cdot 10^8$

$$x = \frac{100a}{12{,}3a} = \frac{1\,000}{123}$$

$$\Rightarrow \quad N = 6{,}7 \cdot 10^8 \cdot \left(\frac{1}{2}\right)^{\frac{1\,000}{123}} \approx 2\,391\,533 \approx 2{,}4 \cdot 10^6$$

Man kann im Schnitt **$2{,}4 \cdot 10^6$** Tritium-Atome erwarten.

48 a) Zylinder: $d = 3\,\text{cm} \quad \Rightarrow \quad r = 1{,}5\,\text{cm}; \ h = 300\,\text{cm}$

$$V_{\text{Zylinder}} = \pi r^2 \cdot h$$

Exponentieller Wachstumsprozess $\quad \Rightarrow \quad N = N_0 \cdot a^x$

mit $N = 10 \cdot 10^{12}\,\frac{1}{\text{cm}^3} \cdot V_{\text{Zylinder}}$

$$= 10^{13}\,\frac{1}{\text{cm}^3} \cdot \pi r^2 h$$

$$= 10^{13}\,\frac{1}{\text{cm}^3} \cdot \pi \cdot (1{,}5\,\text{cm})^2 \cdot 300\,\text{cm} \approx 2{,}1 \cdot 10^{16}$$

$N_0 = 1; \ t_v = 20\,\text{min}$

$a = 2$ (Da aus einem Bakterium in t_v zwei Bakterien werden)

x Anzahl der Vermehrungszeiten t_v

$N = N_0 \cdot a^x \qquad |:N_0$

$\dfrac{N}{N_0} = a^x \qquad\quad |\lg$

$\lg \dfrac{N}{N_0} = x \cdot \lg a \qquad |:\lg a$

$x = \dfrac{\lg \frac{N}{N_0}}{\lg a}$

$x = \dfrac{\lg \frac{2{,}1 \cdot 10^{16}}{1}}{\lg 2} \approx 54{,}2$

$54{,}2 \cdot t_v = 54{,}2 \cdot 20\,\text{min} = 1\,084\,\text{min} = 18\,\text{h}\ 4\,\text{min}$

Es dauert ungefähr **18 Stunden und 4 Minuten**.

b) $N = N_0 \cdot a^x \qquad |:(a^x)$

$N_0 = \dfrac{N}{a^x}$

$N_0 = \dfrac{2{,}1 \cdot 10^{16}}{2^{10 \cdot \frac{60\,\text{min}}{20\,\text{min}}}} \approx 19\,557\,774$

Die Besiedlung müsste mit etwa **19 557 774 Bakterien** beginnen.

49 a) Sei x die Anzahl der Wochen.
Wachstum der Algen A: $\ell_A = 1{,}2\,\text{m} \cdot (1{,}37)^{x-1}$ mit x: Anzahl der Wochen (x − 1) im Exponenten, da sie in der ersten Woche nur 1,2 m weit kommen.
Wachstum der Algen B: $\ell_B = 0{,}5\,\text{m} \cdot (1{,}49)^{x-1}$ mit x: Anzahl der Wochen.
Damit ist die folgende Gleichung zu lösen:
$1{,}2\,\text{m} \cdot (1{,}37)^{x-1} + 0{,}5\,\text{m} \cdot (1{,}49)^{x-1} = 30\,\text{m}$
Diese Gleichung lässt sich nicht durch Äquivalenzumformungen lösen.

1. Möglichkeit: Lösen durch geschicktes Einsetzen
$\ell = 1{,}2\,\text{m} \cdot (1{,}37)^{x-1} + 0{,}5\,\text{m} \cdot (1{,}49)^{x-1}$

x	1	2	3	4	5	6	7	8	9	10
ℓ	1,7	2,4	3,4	4,7	6,7	9,5	13,4	19,0	27,0	38,5

In der **zehnten Woche** ist der komplette Bereich mit Algen bedeckt.

2. Möglichkeit: Grafisches Lösen
Betrachte: $1{,}2\,\text{m} \cdot (1{,}37)^{x-1} = 30\,\text{m} - 0{,}5\,\text{m} \cdot (1{,}49)^{x-1}$
Seien $f(x) = 1{,}2 \cdot (1{,}37)^{x-1}$ und $g(x) = 30 - 0{,}5 \cdot (1{,}49)^{x-1}$.

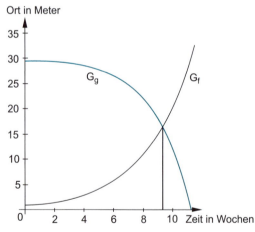

Im Schnittpunkt befinden sich die Algengrenzen am gleichen Ort, d. h., der ganze freie Bereich ist erobert.
In der **zehnten Woche** ist der komplette Bereich mit Algen bedeckt.

b) Für die grafische Lösung betrachtet man obiges Diagramm. Daraus liest man ab, dass der Schnittpunkt etwa bei der Ortskoordinate 16 liegt.
Die Grenze ist etwa 16 m bzw. 14 m von den ehemaligen Grenzen entfernt.

Rechnerische Lösung:

durch geschicktes Einsetzen in $\quad f(x) = 1,2 \cdot (1,37)^{x-1}$
$$\text{und} \quad g(x) = 30 - 0,5 \cdot (1,49)^{x-1}$$

x	9,1	9,2	9,3	9,4
f(t)	15,37	15,86	**16,37**	16,89
g(t)	17,36	16,84	**16,31**	15,75

Hinweise und Tipps:
für x = 9,3 haben f(x) und g(x) etwa den gleichen Wert von 16,3.

Sie treffen sich etwa **16,3 m** bzw. $30 - 16,3 = \mathbf{13,7\ m}$ von den ehemaligen Grenzen entfernt.

50 $\quad A_{S0} = 1,7\ m^2 \qquad A_{H0} = 1,4\ m^2$

Sei x die Anzahl der 10-Minuten-Perioden (ab 10 Minuten nach Arbeitsbeginn).

Nach Beendigung des Wettbewerbs gilt:

Fläche der Spiders: $\quad A_S = A_{S0} + A_{S0} \cdot 1,15^x$
Fläche der Hawks: $\quad A_H = A_{H0} + A_{H0} \cdot 1,17^x$

Da beide Gruppen schließlich die gleiche Fläche besprüht haben, gilt:

$$A_S = A_H$$
$$A_{S0} + A_{S0} \cdot 1,15^x = A_{H0} + A_{H0} \cdot 1,17^x$$
$$1,7\ m^2 + 1,7\ m^2 \cdot 1,15^x = 1,4\ m^2 + 1,4\ m^2 \cdot 1,17^x$$
$$1,7\ m^2 \cdot (1 + 1,15^x) = 1,4\ m^2 (1 + 1,17^x)$$

Diese Exponentialgleichung ist nicht durch Äquivalenzumformungen lösbar.

Lösung durch geschicktes Einsetzen:

x	12,5	12,6	12,7	12,8	12,9	13,0
linke Seite	11,45	11,59	11,73	11,87	12,01	12,16
rechte Seite	11,36	11,52	11,68	11,84	12,01	12,18

$\Rightarrow \ x \approx 12,9 \ \Rightarrow \ 12,9 \cdot 10\ \text{min} = 129\ \text{min}$
Sie benötigen ab 10 Minuten nach Arbeitsbeginn weitere 129 Minuten.

Für die von beiden Gruppen besprühte Fläche gilt:

$$A = 2 \cdot 1,7\ m^2 \cdot (1 + 1,15^{12,9}) \approx 24\ m^2$$

Hinweise und Tipps:
Man hätte auch $A = 2 \cdot 1,4\ m^2 \cdot (1 + 1,17)^{12,9}$ rechnen können, da beide die gleiche Fläche besprüht haben.

Da nur 80 % der Kugeloberfläche besprüht werden können, gilt damit für die Kugel:

$$0,8 \cdot A_{Kugel} = 24\ m^2 \qquad |:0,8$$
$$A_{Kugel} = \frac{24\ m^2}{0,8} = 30\ m^2$$

172 | Lösungen

Für die Oberfläche einer Kugel gilt: $A_{Kugel} = 4\pi r^2$
Damit gilt:
$r = \sqrt{\dfrac{A_{Kugel}}{4\pi}} = \sqrt{\dfrac{30\,m^2}{4\pi}} \approx 1{,}55\,m$
$\Rightarrow d = 2 \cdot r = 2 \cdot 1{,}55\,m = 3{,}10\,m$
Die Kugel hat einen Durchmesser von **3,10 m**.

51 a) $P(A) = \left(\dfrac{1}{2}\right)^5 = \dfrac{1}{32} = \mathbf{0{,}03125}$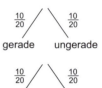

b) $P(B) = \left(\dfrac{1}{2}\right)^{17} = \dfrac{1}{131\,072} = \mathbf{7{,}63 \cdot 10^{-6}}$

c) $P(C) = \left(\dfrac{1}{20}\right)^3 = \dfrac{1}{8\,000} = \mathbf{1{,}25 \cdot 10^{-4}}$

d) Sechs Zahlen sind durch 3 teilbar:
3, 6, 9, 12, 15, 18
$P(D) = \left(\dfrac{6}{20}\right)^5 = \dfrac{243}{100\,000} = \mathbf{2{,}43 \cdot 10^{-3}}$

e) $P(E) = \left(\dfrac{1}{2}\right)^{10} \cdot \left(\dfrac{1}{2}\right)^1 = \dfrac{1}{2\,048} \approx \mathbf{4{,}88 \cdot 10^{-4}}$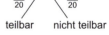

f) Fünf Zahlen sind durch 4 teilbar:
4, 8, 12, 16, 20
$P(F) = \left(\dfrac{15}{20}\right)^3 \cdot \left(\dfrac{5}{20}\right)^1 = \dfrac{27}{256} \approx \mathbf{0{,}1055}$

g) $P(G) = \left(\dfrac{19}{20}\right)^{16} \cdot \left(\dfrac{1}{20}\right)^1 \approx \mathbf{0{,}0220}$

h) Sieben gerade Zahlen, die nicht durch 3 teilbar sind:
2, 4, 8, 10, 14, 16, 20
$P(H) = \left(\dfrac{13}{20}\right)^5 \cdot \left(\dfrac{7}{20}\right)^1 \approx \mathbf{0{,}0406}$

52 a)

	A	$\overline{A}$	
B	**5**	19	24
$\overline{B}$	49	**47**	**96**
	54	66	**120**

b)

	A	$\overline{A}$	
B	0,02	**0,41**	0,43
$\overline{B}$	**0,08**	**0,49**	**0,57**
	0,1	0,9	1

c)

	A	$\overline{A}$	
B	56 %	**23 %**	**79 %**
$\overline{B}$	**5 %**	**16 %**	21 %
	61 %	39 %	**100 %**

d)

	A	$\overline{A}$	
B	17,7 %	$\frac{25}{51}$	$\frac{34\,027}{51\,000}$
$\overline{B}$	$\frac{469}{3\,000}$	$\frac{3}{17}$	$\frac{16\,973}{51\,000}$
	$0,\overline{3}$	$\frac{2}{3}$	**1**

53 a) A: dunkelbraun
B: männlich

	A	$\overline{A}$	
B	**24 %**	**14 %**	38 %
$\overline{B}$	**43 %**	19 %	**62 %**
	67 %	**33 %**	**100 %**

24 % der Population sind dunkelbraune, männliche Maikäfer.

b) A: Karton geknickt
B: Karton verschnitten

	A	$\overline{A}$	
B	0,2 %	**0,8 %**	**1 %**
$\overline{B}$	**2,8 %**	96,2 %	**99 %**
	3 %	**97 %**	**100 %**

Die Maschine verschneidet **1 %** der produzierten Kartons.

c) A: runder Aufkleber
B: bunter Aufkleber

	A	$\overline{A}$	
B	713	**1 391**	2 104
$\overline{B}$	**172**	636	**808**
	885	2 027	2 912

Lili besitzt **2 912 Aufkleber**.

54 Klaus hat nicht recht.
K: Er zieht einen König.
$\overline{K}$: Er zieht keinen König.

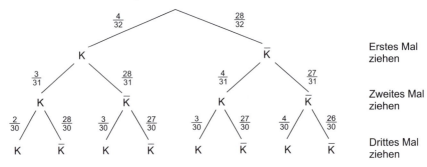

Mit jeder Karte, die Klaus zieht, verringert sich die Zahl der verbleibenden Karten um eine. Damit verändern sich mit jeder gezogenen Karte die Wahrscheinlichkeiten. Aus dem Baumdiagramm kann man mithilfe der Pfadregeln die gesuchte Wahrscheinlichkeit ablesen:

$P(\overline{K}\overline{K}K) = \frac{28}{32} \cdot \frac{27}{31} \cdot \frac{4}{30} = \frac{63}{620} \approx 0{,}1016$

Die Wahrscheinlichkeit, dass die dritte gezogene Karte der erste König ist, beträgt also etwa **10,16 %**.

55 $P(\text{„Spammail"}) = 17\,\% = \frac{17}{100} \Rightarrow P(\text{„keine Spammail"}) = 1 - \frac{17}{100} = \frac{83}{100}$

a) $P(A) = \left(\frac{83}{100}\right)^{10} \approx 0{,}1552$

Die Wahrscheinlichkeit, unter den nächsten 10 Mails keine Spammail zu finden, beträgt also etwa **15,52 %**.

b) Das Gegenereignis zu „mindestens eine Spammail" ist „keine Spammail".

P(„mindestens eine Spammail") $\geq 0,90$

$1 - P(\text{„keine Spammail"}) \geq 0,90$

$$1 - \left(\tfrac{83}{100}\right)^n \geq 0,90 \qquad \Big| + \left(\tfrac{83}{100}\right)^n \quad \Big| - 0,90$$

$$0,10 \geq \left(\tfrac{83}{100}\right)^n \qquad \Big| \lg$$

$$\lg 0,10 \geq \lg \left(\tfrac{83}{100}\right)^n$$

$$\lg 0,10 \geq n \cdot \lg \tfrac{83}{100} \qquad \Big| : \lg \tfrac{83}{100}$$

$$\frac{\lg 0,10}{\lg \tfrac{83}{100}} \leq n \qquad (\leq \text{da } \lg \tfrac{83}{100} < 0)$$

$$n \geq 12,4$$

Er muss also **mindestens 13 Mails** abwarten, um mit einer Wahrscheinlichkeit von mindestens 90 % wenigstens eine Spammail zu erhalten.

c) Das Gegenereignis zu „mindestens eine Spammail" ist „keine Spammail".

P(„mindestens eine Spammail") $\geq 0,99$

$1 - P(\text{„keine Spammail"}) \geq 0,99$

$$1 - \left(\tfrac{83}{100}\right)^n \geq 0,99 \qquad \Big| + \left(\tfrac{83}{100}\right)^n \quad \Big| - 0,99$$

$$0,01 \geq \left(\tfrac{83}{100}\right)^n \qquad \Big| \lg$$

$$\lg 0,01 \geq \lg \left(\tfrac{83}{100}\right)^n$$

$$\lg 0,01 \geq n \cdot \lg \tfrac{83}{100} \qquad \Big| : \lg \tfrac{83}{100}$$

$$\frac{\lg 0,01}{\lg \tfrac{83}{100}} \leq n \qquad (\leq \text{da } \lg \tfrac{83}{100} < 0)$$

$$n \geq 24,7$$

Er muss also **mindestens 25 Mails** abwarten, um mit einer Wahrscheinlichkeit von mindestens 99 % wenigstens eine Spammail zu erhalten.

d) $P(D) = \left(\tfrac{83}{100}\right)^7 \cdot \left(\tfrac{17}{100}\right)^2 \approx 0,0078$

Die Wahrscheinlichkeit, dass die nächsten 7 Mails keine, die darauffolgenden 2 Mails aber schon Spammails sind, beträgt etwa **0,78 %**.

176 / Lösungen

56 a) Mit $P(\overline{L}) = \frac{1}{200}$ und $P(\overline{A}) = \frac{1}{1\,000}$ folgt die nebenstehende Vierfeldertafel.

	L	$\overline{L}$	
A	$\frac{2\,487}{2\,500}$	$\frac{21}{5\,000}$	$\frac{999}{1\,000}$
$\overline{A}$	$\frac{1}{5\,000}$	$\frac{1}{1\,250}$	$\frac{1}{1\,000}$
	$\frac{199}{200}$	$\frac{1}{200}$	1

b) Aus der Vierfeldertafel liest man ab:

$$P(A \cap L) = \frac{2\,487}{2\,500} = 0,9948$$

Eine von der Maschine produzierte Leuchtstoffröhre ist mit einer Wahrscheinlichkeit von **99,48 %** korrekt.

c) Das Gegenereignis zu „mindestens eine Leuchtstoffröhre hat einen defekten Anschluss" ist „keine Leuchtstoffröhre hat einen defekten Anschluss".

P(„mindestens eine mit defektem Anschluss")
$= 1 - P(\text{„keine mit defektem Anschluss"})$
$= 1 - P(\text{„alle mit korrektem Anschluss"})$
$= 1 - \left(\frac{999}{1\,000}\right)^{100} \approx 0,0952$

Die Wahrscheinlichkeit, dass unter 100 untersuchten Leuchtstoffröhren mindestens eine vorkommt, die einen defekten Anschluss hat, beträgt ca. **9,52 %**.

d) Das Gegenereignis zu „mindestens eine ist defekt" ist „keine ist defekt".

$$\begin{aligned}P(\text{„mindestens eine ist defekt"}) &= 1 - P(\text{„keine ist defekt"})\\ &= 1 - P(\text{„alle sind korrekt"})\\ &= 1 - \left(\frac{2\,487}{2\,500}\right)^{1\,000} \approx 0,9946\end{aligned}$$

Die Wahrscheinlichkeit, dass man unter 1 000 produzierten Leuchtstoffröhren mindestens eine findet, die einen Defekt aufweist, beträgt etwa **99,46 %**.

e) $P(\text{„mindestens eine ohne ausreichend Leuchtgas"}) \geq 0,98$
$\qquad 1 - P(\text{„keine ohne ausreichend Leuchtgas"}) \geq 0,98$
$\qquad\qquad 1 - P(\text{„alle mit ausreichend Leuchtgas"}) \geq 0,98$

$$1 - \left(\frac{199}{200}\right)^{n} \geq 0,98 \qquad \left| + \left(\frac{199}{200}\right)^{n} \quad \right| - 0,98$$

$$0,02 \geq \left(\frac{199}{200}\right)^{n} \qquad \left| \lg \right.$$

$$\lg 0,02 \geq \lg\left(\frac{199}{200}\right)^{n}$$

$$\lg 0,02 \geq n \cdot \lg \frac{199}{200} \qquad \left| : \lg \frac{199}{200} \right.$$

$$\frac{\lg 0,02}{\lg \frac{199}{200}} \leq n \qquad (\leq \text{da } \lg \frac{199}{200} < 0)$$

$$780,4 \leq n$$

Man muss **mindestens 781 Leuchtstoffröhren** untersuchen, um mit einer Wahrscheinlichkeit von mindestens 98 % wenigstens eine Leuchtstoffröhre, die nicht ausreichend mit Leuchtgas befüllt ist, zu finden.

f) P(„mindestens eine defekte Leuchtstoffröhre") $\geq 0,99$

$\qquad$ $1 - $ P(„keine defekte Leuchtstoffröhre") $\geq 0,99$

$\qquad$ $1 - $ P(„nur korrekte Leuchtstoffröhren") $\geq 0,99$

$$1 - \left(\frac{2\,487}{2\,500}\right)^n \geq 0,99 \qquad \left| + \left(\frac{2\,487}{2\,500}\right)^n \quad \right| - 0,99$$

$$0,01 \geq \left(\frac{2\,487}{2\,500}\right)^n \qquad | \lg$$

$$\lg 0,01 \geq \lg \left(\frac{2\,487}{2\,500}\right)^n$$

$$\lg 0,01 \geq n \cdot \lg \frac{2\,487}{2\,500} \qquad \left| : \lg \frac{2\,487}{2\,500} \right.$$

$$\frac{\lg 0,01}{\lg \frac{2\,487}{2\,500}} \leq n \qquad (\leq \text{da } \lg \frac{2\,487}{2\,500} < 0)$$

$$883,3 \leq n$$

Man muss **mindestens 884 Leuchtstoffröhren** untersuchen, um mit einer Wahrscheinlichkeit von mindestens 99 % wenigstens eine Leuchtstoffröhre, die nicht ausreichend mit Leuchtgas befüllt ist, zu finden.

57 a) Das Gegenereignis von „mindestens eine gelbe Maispflanze" ist „keine gelbe Maispflanze".

P(„mindestens eine gelbe Maispflanze") $\geq 0,999$

$\qquad$ $1 - $ P(„keine gelbe Maispflanze") $\geq 0,999$

$\qquad$ $1 - $ P(„nur lila Maispflanzen") $\geq 0,999$

$$1 - \left(\frac{91}{100}\right)^n \geq 0,999 \qquad \left| + \left(\frac{91}{100}\right)^n \quad \right| - 0,999$$

$$0,001 \geq \left(\frac{91}{100}\right)^n \qquad | \lg$$

$$\lg 0,001 \geq \lg \left(\frac{91}{100}\right)^n$$

$$\lg 0,001 \geq n \cdot \lg \frac{91}{100} \qquad \left| : \lg \frac{91}{100} \right.$$

$$\frac{\lg 0,001}{\lg \frac{91}{100}} \leq n \qquad (\leq \text{da } \lg \frac{91}{100} < 0)$$

$$73,2 \leq n$$

Landwirt Zunhammer muss **mindestens 74 Maispflanzen** anbauen, um mit einer Wahrscheinlichkeit von 99,9 % mindestens eine gelbe Maispflanze zu erhalten.

b) P("keine gelbe Maispflanze") $\geq 0,1$
P("nur lila Maispflanzen") $\geq 0,1$

$0,91^n \geq 0,1$ $\qquad |\lg$

$\lg 0,91^n \geq \lg 0,1$

$n \cdot \lg 0,91 \geq \lg 0,1$ $\qquad |: \lg 0,91$

$n \leq \dfrac{\lg 0,1}{\lg 0,91}$ $\qquad (\leq$ da $\lg 0,91 < 0)$

$n \leq 24,4$

Zunhammer darf **höchstens 24 Maispflanzen** anbauen.

c) $1,6\ \text{ha} = 160\ \text{a} = 16\,000\ \text{m}^2$

Damit hat Zunhammer $n = 9,6\ \dfrac{1}{\text{m}^2} \cdot 16\,000\ \text{m}^2 = 153\,600$ Maispflanzen angebaut. Der Prozentsatz der lila-farbigen Maispflanzen beträgt:

$p = 1 - \dfrac{24\,300}{153\,600} \approx 0,842 = 84,2\ \%$

$91\ \% - 84,2\ \% = 6,8\ \%$

Der Landwirt kann den Kaufpreis **nicht** mindern.

58 a)

	A	$\overline{A}$	
B	31 %	**23 %**	**54 %**
$\overline{B}$	**10 %**	**36 %**	46 %
	41 %	59 %	**100 %**

$P(A) = \mathbf{0,41}$

$P(\overline{B}) = \mathbf{0,46}$

$P(A \cap \overline{B}) = \mathbf{0,10}$

$P(\overline{A} \cap \overline{B}) = \mathbf{0,36}$

$P_A(B) = \dfrac{P(A \cap B)}{P(A)} = \dfrac{0,31}{0,41} \approx \mathbf{0,7561}$

$P_B(A) = \dfrac{P(A \cap B)}{P(B)} = \dfrac{0,31}{0,54} \approx \mathbf{0,5741}$

$P_{\overline{A}}(B) = \dfrac{P(\overline{A} \cap B)}{P(\overline{A})} = \dfrac{0,23}{0,59} \approx \mathbf{0,3898}$

$P_{\overline{A}}(\overline{B}) = \dfrac{P(\overline{A} \cap \overline{B})}{P(\overline{A})} = \dfrac{0,36}{0,59} \approx \mathbf{0,6102}$

b)

	C	$\overline{\text{C}}$	
D	**563**	13	576
$\overline{\text{D}}$	**156**	**121**	277
	719	**134**	**853**

$P(C) = \frac{719}{853} \approx \mathbf{0,8429}$

$P(\overline{D}) = \frac{277}{853} \approx \mathbf{0,3247}$

$P(C \cap \overline{D}) = \frac{156}{853} \approx \mathbf{0,1829}$

$P(\overline{D} \cap C) = P(C \cap \overline{D}) \approx \mathbf{0,1829}$

$P(\overline{C} \cap D) = \frac{13}{853} \approx \mathbf{0,0152}$

$P_C(\overline{D}) = \frac{P(C \cap \overline{D})}{P(C)} = \frac{\frac{156}{853}}{\frac{719}{853}} = \frac{156}{719} \approx \mathbf{0,2170}$

$P_{\overline{D}}(C) = \frac{P(C \cap \overline{D})}{P(\overline{D})} = \frac{\frac{156}{853}}{\frac{277}{853}} = \frac{156}{277} \approx \mathbf{0,5632}$

$P_C(D) = \frac{P(C \cap D)}{P(C)} = \frac{\frac{563}{853}}{\frac{719}{853}} = \frac{563}{719} \approx \mathbf{0,7830}$

$P_D(C) = \frac{P(C \cap D)}{P(D)} = \frac{\frac{563}{853}}{\frac{576}{853}} = \frac{563}{576} \approx \mathbf{0,9774}$

59 a) M: „mathematisch begabt" $\overline{\text{M}}$: „nicht mathematisch begabt"
I: „spielt Instrument oder singt" $\overline{\text{I}}$: „spielt kein Instrument und singt nicht"
33 % von 300 Schülern: $0,33 \cdot 300 = 99$

	M	$\overline{\text{M}}$	
I	59	91	150
$\overline{\text{I}}$	40	110	150
	99	201	300

Daraus ergeben sich folgende Wahrscheinlichkeiten:

	M	$\overline{\text{M}}$	
I	$\frac{59}{300}$	$\frac{91}{300}$	$\frac{1}{2}$
$\overline{\text{I}}$	$\frac{4}{30}$	$\frac{11}{30}$	$\frac{1}{2}$
	$\frac{33}{100}$	$\frac{67}{100}$	1

b) $P(\overline{M} \cap I) = \frac{91}{300} \approx 0,3033 = 30,33\,\%$

Die Wahrscheinlichkeit, dass ein aus den 300 Schülern zufällig ausgewählter Schüler keine mathematische, aber eine musische Begabung besitzt, beträgt ca. **30,3 %**.

c) $P_I(M) = \dfrac{P(M \cap I)}{P(I)} = \dfrac{\frac{59}{300}}{\frac{1}{2}} = \dfrac{59}{150} \approx 0,3933 = 39,33\,\%$

Die Wahrscheinlichkeit, dass die Musiklehrerin aus den musisch begabten Schülern einen mathematisch begabten Schüler auswählt, beträgt ca. **39,3 %**.

d) $P_M(I) = \dfrac{P(M \cap I)}{P(M)} = \dfrac{\frac{59}{300}}{\frac{33}{100}} = \dfrac{59}{99} \approx 0,5960 = 59,60\,\%$

Die Wahrscheinlichkeit, dass der Mathematiklehrer aus den mathematisch begabten Schülern einen musisch begabten Schüler auswählt, beträgt ungefähr **59,60 %**.

e) Diese Aussage kann nicht bestätigt werden, da zwar mehr als die Hälfte der mathematisch begabten Schüler ein Instrument spielt, allerdings weniger als die Hälfte der musisch begabten Schüler eine mathematische Begabung aufweist.

Schwächen der Erhebung:
- Der Stichprobenumfang ist viel zu klein, um repräsentative Aussagen zu treffen.
- Es gibt keine klare Definition von mathematischer bzw. musischer Begabung.

60 a) V: „volljährig" $\overline{V}$: „minderjährig"
E: „eingelassen" $\overline{E}$: „nicht eingelassen"

$|\overline{E} \cap \overline{V}| = 96$

$|\overline{E} \cap V| = 38$

$|\overline{V}| = 0,18 \cdot 728 = 131,04 \approx 131$

Es sind keine bedingten Wahrscheinlichkeiten (bzw. absoluten Häufigkeiten, die auf bedingte Wahrscheinlichkeiten hindeuten) gegeben. Daher erfolgt die Darstellung mittels einer Vierfeldertafel:

	V	$\overline{V}$	
E	559	35	594
$\overline{E}$	38	96	134
	597	131	728

Es befinden sich also **35 minderjährige Jugendliche** ($\overline{V} \cap E$) in der Disco.

b) Für die Wahrscheinlichkeit ergibt sich:

	V	$\overline{V}$	
E	$\frac{43}{56}$	$\frac{5}{104}$	$\frac{297}{364}$
$\overline{E}$	$\frac{19}{364}$	$\frac{12}{91}$	$\frac{67}{364}$
	$\frac{597}{728}$	$\frac{131}{728}$	1

$$P_E(\overline{V}) = \frac{P(E \cap \overline{V})}{P(E)} = \frac{\frac{5}{104}}{\frac{297}{364}} = \frac{35}{594} \approx 0,0589 = 5,89\,\%$$

In der Disco wählt die Polizei mit einer Wahrscheinlichkeit von ca. **5,89 %** einen minderjährigen Jugendlichen aus.

61 a) $P(S) \cdot P_S(T) = P(S \cap T)$ $\qquad | : P(S)$

$$P_S(T) = \frac{P(S \cap T)}{P(S)}$$

$P(S) \cdot P_S(\overline{T}) = P(S \cap \overline{T})$ $\qquad | : P(S)$

$$P_S(\overline{T}) = \frac{P(S \cap \overline{T})}{P(S)}$$

$P(\overline{S}) \cdot P_{\overline{S}}(T) = P(\overline{S} \cap T)$ $\qquad | : P(\overline{S})$

$$P_{\overline{S}}(T) = \frac{P(\overline{S} \cap T)}{P(\overline{S})}$$

$P(\overline{S}) \cdot P_{\overline{S}}(\overline{T}) = P(\overline{S} \cap \overline{T})$ $\qquad | : P(\overline{S})$

$$P_{\overline{S}}(\overline{T}) = \frac{P(\overline{S} \cap \overline{T})}{P(\overline{S})}$$

Hinweise und Tipps:
Die erste Pfadregel besagt, dass für die Wahrscheinlichkeit für das Ereignis am Ende eines Asts die Einzelwahrscheinlichkeiten auf dem Weg dahin multipliziert werden müssen.

Die Ergebnisse entsprechen genau der Formel für die Berechnung der bedingten Wahrscheinlichkeiten.

b) $P(A) = \frac{3}{5}$ $\qquad P_A(B) = \frac{3}{4}$

$P_{\overline{A}}(\overline{B}) = \frac{4}{7}$ $\qquad P(\overline{A} \cap B) = \frac{2}{5} \cdot \frac{3}{7} = \frac{6}{35}$

c)

	A	$\overline{A}$	
B	$\frac{9}{20}$	$\frac{6}{35}$	$\frac{87}{140}$
$\overline{B}$	$\frac{3}{20}$	$\frac{8}{35}$	$\frac{53}{140}$
	$\frac{3}{5}$	$\frac{2}{5}$	1

d) $P_B(A) = \dfrac{P(A \cap B)}{P(B)} = \dfrac{\frac{9}{20}}{\frac{87}{140}} = \dfrac{21}{29}$

$P_B(\overline{A}) = \dfrac{P(\overline{A} \cap B)}{P(B)} = \dfrac{\frac{6}{35}}{\frac{87}{140}} = \dfrac{8}{29}$

$P_{\overline{B}}(A) = \dfrac{P(A \cap \overline{B})}{P(\overline{B})} = \dfrac{\frac{3}{20}}{\frac{53}{140}} = \dfrac{21}{53}$

$P_{\overline{B}}(\overline{A}) = \dfrac{P(\overline{A} \cap \overline{B})}{P(\overline{B})} = \dfrac{\frac{8}{35}}{\frac{53}{140}} = \dfrac{32}{53}$

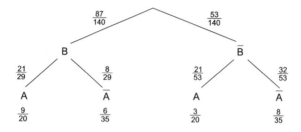

62 a) F: „Füllung korrekt" $\overline{F}$: „Füllung deformiert"
S: „Schokoguss korrekt" $\overline{S}$: „Löcher im Schokoguss"

$P(\overline{F}) = 1\% = 0,01$
$P(\overline{S}) = 2\% = 0,02$
$P(F \cap S) = 97,1\% = 0,971$

Hier sind keine bedingten Wahrscheinlichkeiten gegeben. Daher erfolgt die Veranschaulichung in einer Vierfeldertafel:

	F	$\overline{F}$	
S	0,971	0,009	0,98
$\overline{S}$	0,019	0,001	0,02
	0,99	0,01	1

$P(\overline{F} \cap \overline{S}) = 0,001 = 0,1\%$

Der Anteil der Schokoküsse, die sowohl eine deformierte Füllung als auch Löcher im Schokoguss haben, beträgt **0,1 %**.

b) $P_{\overline{F}}(\overline{S}) = \dfrac{P(\overline{F} \cap \overline{S})}{P(\overline{F})} = \dfrac{0,001}{0,01} = 0,1 = 10\%$

Die Wahrscheinlichkeit, unter den deformierten Schokoküssen einen mit Löchern im Schokoguss herauszugreifen, beträgt **10 %**.

c) Nun kann kein Schokokuss mehr in die Gussanlage gelangen, der eine deformierte Füllung aufweist.
⇒ $P_F(S) = 0,98$
$P_F(\overline{S}) = 0,02$

Hier sind bedingte Wahrscheinlichkeiten gegeben. Daher bietet sich die Darstellung mittels eines Baumdiagramms an.

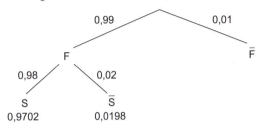

Vor der Umstellung betrug die Wahrscheinlichkeit, dass ein Schokokuss nicht korrekt produziert wurde:
$1 - P(F \cap S) = 0,029 = 2,9\,\%$

Nach der Umstellung beträgt die Wahrscheinlichkeit, dass ein Schokokuss nicht korrekt produziert wird:
$P(\overline{F}) + P(F \cap \overline{S}) = 0,01 + 0,0198 = 0,0298 = 2,98\,\%$

Die Umstellung ist für den Unternehmer **nicht** sinnvoll, da der Anteil der falsch produzierten Schokoküsse zunimmt.

Anschaulich kann man sich das so klar machen, dass im ersten Fall manchmal auch ein löchriger Schokoguss auf einen deformierten Schokokuss, der ohnehin schon aussortiert werden würde, aufgetragen wird, während im zweiten Fall ein löchriger Schokoguss immer auf einen korrekt geformten Schokokuss aufgebracht wird.

63 A: „mit HIV infiziert" $\overline{A}$: „nicht mit HIV infiziert"
T: „Testergebnis positiv" $\overline{T}$: „Testergebnis negativ"
$P_A(T) = 0,999$
$P_{\overline{A}}(T) = 0,005$

a) Aus dem Diagramm liest man ab:
$P(A) = 0,11\,\% = \mathbf{0{,}0011}$

b) Es sind bedingte Wahrscheinlichkeiten gegeben, daher ist eine Darstellung mittels eines Baumdiagramms günstiger.

Aus den Pfadregeln ergibt sich folgendes Baumdiagramm:

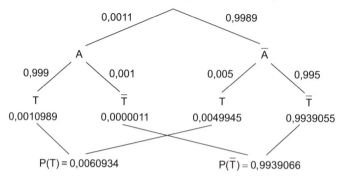

Aus dem Baumdiagramm liest man ab:
P(T) = 0,0060934 ≈ **0,61 %**

c) $P_T(A) = \frac{P(T \cap A)}{P(T)} = \frac{0,0010989}{0,0060934} \approx 0,1803 \approx 18,03\,\%$

Die Wahrscheinlichkeit, den HI-Virus in sich zu tragen, wenn man ein positives Testergebnis erhalten hat, beträgt lediglich **18,0 %**.

d) $P_{\overline{T}}(\overline{A}) = \frac{P(\overline{T} \cap \overline{A})}{P(\overline{T})} = \frac{0,9939055}{0,9939066} \approx 0,999998893 \approx 99,9999\,\%$

Die Wahrscheinlichkeit, gesund zu sein, wenn der Test negativ ausfällt, beträgt **99,9999 %**.

e) Für einen Menschen aus Lesotho gilt:
P(A) = 23 % = **0,23**

Damit ergibt sich folgendes Baumdiagramm:

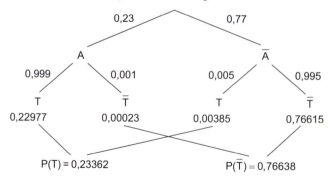

$P(T) = 0,23362 \approx \mathbf{23,36\ \%}$

$P_T(A) = \dfrac{P(T \cap A)}{P(T)} = \dfrac{0,22977}{0,23362} \approx 0,9835 = \mathbf{98,35\ \%}$

$P_{\overline{T}}(\overline{A}) = \dfrac{P(\overline{T} \cap \overline{A})}{P(\overline{T})} = \dfrac{0,76615}{0,76638} \approx 0,999699887 \approx \mathbf{99,97\ \%}$

Auch in Lesotho kann man zu einem großen Prozentsatz davon ausgehen, dass man nicht mit dem HI-Virus infiziert ist, wenn man ein negatives Testergebnis erhält. Allerdings ist man bei einem positiven Testergebnis mit deutlich höherer Wahrscheinlichkeit tatsächlich mit HIV infiziert als in Deutschland.

64 T: „die Person ist der Täter" $\overline{T}$: „die Person ist nicht der Täter"
E: „positives Ergebnis" $\overline{E}$: „negatives Ergebnis"

$P(T) = \dfrac{1}{3\,000\,000}$

$P_{\overline{T}}(E) = 0,0002\ \% = 0,000002$

$P_T(E) = 1$

Es sind bedingte Wahrscheinlichkeiten gegeben, daher bietet sich eine Veranschaulichung mittels eines Baumdiagramms an:

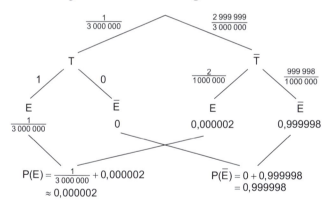

a) $P_E(T) = \dfrac{P(T \cap E)}{P(E)} = \dfrac{\frac{1}{3\,000\,000}}{0,000002} \approx 0,1667 = 16,67\ \%$

Die Wahrscheinlichkeit, dass eine Person, die ein positives Testergebnis hat, der Täter ist, beträgt lediglich **16,67 %**.

b) Die Aussage in der Tageszeitung ist ohne weitere Beweise gegen den tatsächlichen Täter nicht haltbar, da die Wahrscheinlichkeit, dass es sich bei einer Person, bei der der Test positiv ausfiel, auch tatsächlich um den Täter handelt, lediglich 16,67 % beträgt.

65 a) Diese Aussage ist **richtig**.
Beweis:
$$P_B(A) = \frac{P(A \cap B)}{P(B)}$$
Ein Bruch ist genau dann null, wenn sein Zähler null ist.
$\Rightarrow P_B(A) = 0$, falls $P(A \cap B) = 0$

b) Diese Aussage ist **falsch**.
Gegenbeispiel: Werte aus Aufgabe 58 a
$P_B(A) + P_A(B) \approx 0{,}5741 + 0{,}7561 = 1{,}3302 \neq 1$

c) Diese Aussage ist **richtig**.
Beweis:
$$P_B(A) + P_A(B) = \frac{P(A \cap B)}{P(B)} + \frac{P(A \cap B)}{P(A)}$$
$$= P(A \cap B) \cdot \left(\frac{1}{P(B)} + \frac{1}{P(A)}\right)$$
$$= P(A \cap B) \cdot \frac{P(A) + P(B)}{P(A) \cdot P(B)}$$
$$= \frac{P(A \cap B) \cdot (P(A) + P(B))}{P(A) \cdot P(B)}$$
Falls nun $P(A \cap B) = P(A) \cdot P(B)$ gilt, folgt:
$$\frac{P(A \cap B) \cdot (P(A) + P(B))}{P(A) \cdot P(B)} = \frac{P(A \cap B) \cdot (P(A) + P(B))}{P(A \cap B)}$$
$$= P(A) + P(B)$$

66 Zunächst ist die Wahrscheinlichkeit, dass sich der Hauptgewinn unter einem der Hütchen befindet, jeweils $\frac{1}{3}$. Das Hütchen, das der Kandidat gewählt hat (hier Hütchen 2), wird nie aufgedeckt. Die Wahrscheinlichkeit, dass dieses Hütchen aufgedeckt wird, ist dementsprechend 0. Damit ergeben sich folgende Wahrscheinlichkeiten:

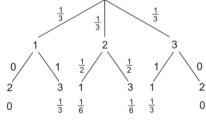

Der Hauptgewinn befindet sich unter dem Hütchen …

Geöffnet wird das Hütchen …

Es werden die folgenden Ereignisse definiert:
G_1: „Der Gewinn befindet sich unter Hütchen 1"
G_2: „Der Gewinn befindet sich unter Hütchen 2"
G_3: „Der Gewinn befindet sich unter Hütchen 3"

H_1: „Hütchen 1 wird geöffnet"
H_2: „Hütchen 2 wird geöffnet"
H_3: „Hütchen 3 wird geöffnet"

Der Kandidat hat Hütchen 2 gewählt.

1. Fall: Hütchen 1 wird aufgedeckt:
Wählt der Kandidat nicht um, ergibt sich folgende Gewinnwahrscheinlichkeit:

$$P_{H_1}(G_2) = \frac{P(H_1 \cap G_2)}{P(H_1)} = \frac{\frac{1}{6}}{\frac{1}{6} + \frac{1}{3}} = \frac{1}{3} \approx 33{,}3\,\%$$

Wählt der Kandidat auf Hütchen 3 um, ergibt sich folgende Gewinnwahrscheinlichkeit:

$$P_{H_1}(G_3) = \frac{P(H_1 \cap G_3)}{P(H_1)} = \frac{\frac{1}{3}}{\frac{1}{6} + \frac{1}{3}} = \frac{2}{3} \approx 66{,}7\,\%$$

2. Fall: Hütchen 3 wird aufgedeckt:
Wählt der Kandidat nicht um, ergibt sich folgende Gewinnwahrscheinlichkeit:

$$P_{H_3}(G_2) = \frac{P(H_3 \cap G_2)}{P(H_3)} = \frac{\frac{1}{6}}{\frac{1}{3} + \frac{1}{6}} = \frac{1}{3} \approx 33{,}3\,\%$$

Wählt der Kandidat auf Hütchen 1 um, ergibt sich folgende Gewinnwahrscheinlichkeit:

$$P_{H_3}(G_1) = \frac{P(H_3 \cap G_1)}{P(H_3)} = \frac{\frac{1}{3}}{\frac{1}{3} + \frac{1}{6}} = \frac{2}{3} \approx 66{,}7\,\%$$

In beiden Fällen beträgt die Gewinnwahrscheinlichkeit für den Kandidaten 66,7 %, falls er sich umentscheidet, während sie nur 33,3 % beträgt, wenn er bei seiner Wahl bleibt.
Dieses erstaunliche Ergebnis lässt sich mit einem Freund, drei Tassen und etwas Geduld leicht überprüfen.

67 a) $f_1: x \mapsto x^2$, $f_2: x \mapsto 0{,}8x^2$, $f_3: x \mapsto 3{,}2x^2$

Wertetabelle:

x	−3	−2	−1	0	1	2	3
$f_1(x)$	9	4	1	0	1	4	9
$f_2(x)$	7,2	3,2	0,8	0	0,8	3,2	7,2
$f_3(x)$	28,8	12,8	3,2	0	3,2	12,8	28,8

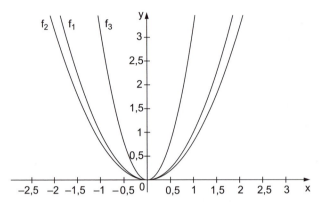

b) $f_1: x \mapsto x^3$, $f_2: x \mapsto 0,8x^3$, $f_3: x \mapsto 3,2x^3$

Wertetabelle:

x	−3	−2	−1	0	1	2	3
$f_1(x)$	−27	−8	−1	0	1	8	27
$f_2(x)$	−21,6	−6,4	−0,8	0	0,8	6,4	21,6
$f_3(x)$	−86,4	−25,6	−3,2	0	3,2	25,6	86,4

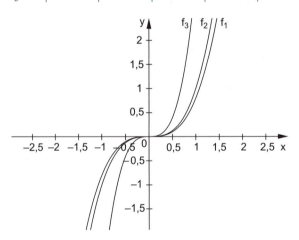

c) $f_1: x \mapsto x^2$, $f_2: x \mapsto -0,8x^2$, $f_3: x \mapsto 1,6x^8$

Wertetabelle:

x	−3	−2	−1	0	1	2	3
$f_1(x)$	9	4	1	0	1	4	9
$f_2(x)$	−7,2	−3,2	−0,8	0	−0,8	−3,2	−7,2
$f_3(x)$	10 497,6	409,6	1,6	0	1,6	409,6	10 497,6

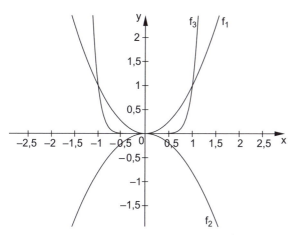

d) $f_1: x \mapsto -x^2$, $f_2: x \mapsto -1{,}2x^3$, $f_3: x \mapsto 2{,}5x^4$

Wertetabelle:

x	−3	−2	−1	0	1	2	3
$f_1(x)$	−9	−4	−1	0	−1	−4	−9
$f_2(x)$	32,4	9,6	1,2	0	−1,2	−9,6	−32,4
$f_3(x)$	202,5	40	2,5	0	2,5	40	202,5

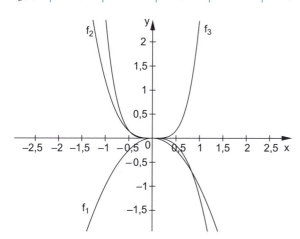

68 a) G_{f_1} muss den Punkt $(1\,|\,1)$ enthalten.
G_{f_2} muss nach unten geöffnet sein.
$\Rightarrow$ **f_3** ist die zum Graph gehörende Funktion.

b) G_{f_1} muss im III. und IV. Quadranten verlaufen (gerader Exponent und negativer Koeffizient). ✓

G_{f_2} muss im I. und II. Quadranten verlaufen (gerader Exponent und positiver Koeffizient). ✓

$\Rightarrow$ **f₃** ist die zum Graph gehörende Funktion.

c) G_{f_2} muss den Punkt $(1\,|\,1)$ enthalten. ✓

G_{f_3} muss im I. und III. Quadranten verlaufen (ungerader Exponent und positiver Koeffizient). ✓

$\Rightarrow$ **f₁** ist die zum Graph gehörende Funktion.

d) G_{f_1} muss den Punkt $(1\,|\,1)$ enthalten. ✓

G_{f_3} muss im II. und IV. Quadranten verlaufen (ungerader Exponent und negativer Koeffizient). ✓

$\Rightarrow$ **f₂** ist die zum Graph gehörende Funktion.

69 a) Exponent: gerade
Koeffizient: positiv $\Big\}$ $\Rightarrow$ Verlauf im **I.** und **II.** Quadranten

- in $]-\infty;\,0[$ streng monoton **fallend**
- in $]0;\,\infty[$ streng monoton **steigend**
- **achsensymmetrisch** zur y-Achse

b) Exponent: gerade
Koeffizient: negativ $\Big\}$ $\Rightarrow$ Verlauf im **III.** und **IV.** Quadranten

- in $]-\infty;\,0[$ streng monoton **steigend**
- in $]0;\,\infty[$ streng monoton **fallend**
- **achsensymmetrisch** zur y-Achse

c) Exponent: ungerade
Koeffizient: positiv $\Big\}$ $\Rightarrow$ Verlauf im **I.** und **III.** Quadranten

- in $]-\infty;\,\infty[$ monoton **steigend**
- **punktsymmetrisch** zum Ursprung

d) Exponent: ungerade
Koeffizient: negativ $\Big\}$ $\Rightarrow$ Verlauf im **II.** und **IV.** Quadranten

- in $]-\infty;\,\infty[$ monoton **fallend**
- **punktsymmetrisch** zum Ursprung

e) Exponent: $\frac{21}{3}=7$, ungerade
Koeffizient: negativ $\Big\}$ $\Rightarrow$ Verlauf im **II.** und **IV.** Quadranten

- in $]-\infty;\,\infty[$ monoton **fallend**
- **punktsymmetrisch** zum Ursprung

f) Exponent: $\sqrt{144} = 12$, gerade
   Koeffizient: positiv $\Bigg\}$ ⇒ Verlauf im **I.** und **II.** Quadranten
   - in $]-\infty; 0[$ streng monoton **fallend**
   - in $]0; \infty[$ streng monoton **steigend**
   - **achsensymmetrisch** zur y-Achse

70 a) **Falsch!** Gegenbeispiel: $f: x \mapsto x^3$

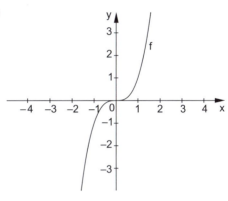

b) **Falsch!** Gegenbeispiel: $f: x \mapsto x^2$
und $g: x \mapsto -x^2$
Die Graphen G_f und G_g berühren sich nur im Punkt $(0|0)$.

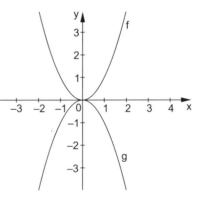

c) **Richtig!** $f(1) = 2{,}7 \cdot 1^n = 2{,}7$
(unabhängig von n)

d) **Falsch!** Gegenbeispiel: $f: x \mapsto -0{,}5x^3$

192 / Lösungen

e) **Falsch!** Gegenbeispiel: $P(0\,|\,1)$
Setzt man P in $f\colon x \mapsto ax^n$, $n \in \mathbb{N}$ ein, folgt:
$1 = a \cdot 0^n \;\Rightarrow\; 1 = 0$ ⚡

71 a) P in f einsetzen ergibt:
$2 = a \cdot 1^2$
$a = \mathbf{2}$

b) P in f einsetzen ergibt:
$1,7 = a \cdot 3,5^3$
$1,7 = 42,875 \cdot a \qquad |\!:\!42,875$
$a \approx \mathbf{0,04}$

c) P in f einsetzen ergibt:
$-2,4 = a \cdot (-0,8)^5$
$-2,4 = -0,32768 \cdot a \qquad |\!:\!(-0,32768)$
$a = \mathbf{7,32421875}$

d) P in f einsetzen ergibt:
$-0,5 = a \cdot (-4,5)^4$
$-0,5 = 410,0625 \cdot a \qquad |\!:\!410,0625$
$a \approx \mathbf{-0,0012}$

72 a) P in f einsetzen ergibt:
$9 = 3^n$
$n = \mathbf{2}$

b) P in f einsetzen ergibt:
$4\,374 = 2 \cdot 3^n \qquad |\!:\!2$
$2\,187 = 3^n \qquad |\log_3$
$\log_3 2\,187 = n$
$n = \mathbf{7}$

c) P in f einsetzen ergibt:
$\frac{3}{16} = \frac{3}{4} \cdot \left(\frac{1}{2}\right)^n \qquad |\!:\!\frac{3}{4}$
$\frac{1}{4} = \left(\frac{1}{2}\right)^n$
$\log_{\frac{1}{2}} \frac{1}{4} = n$
$n = \mathbf{2}$

Lösungen 193

d) P in f einsetzen ergibt:

$$8 = \frac{1}{1\,024} \cdot 2^n \qquad \Big| : \frac{1}{1\,024}$$

$$8\,192 = 2^n$$

$$\log_2 8\,192 = n$$

$$n = \mathbf{13}$$

73 a) (I) $\quad 3,2 = a \cdot (-1)^n \;\Rightarrow\; a = \frac{3,2}{(-1)^n}$

    (II) $\quad 51,2 = a \cdot 2^n$

Hinweise und Tipps:
Man setzt P und Q in die Gleichung ein und löst das entstehende Gleichungssystem.

(I) in (II): $51,2 = \frac{3,2}{(-1)^n} \cdot 2^n \quad |:3,2$

$$16 = \frac{2^n}{(-1)^n}$$

$$16 = \left(\frac{2}{-1}\right)^n$$

Daraus folgt, dass n gerade sein muss, da die linke Seite positiv ist. Damit gilt:

$$16 = 2^n$$

$$\log_2 16 = n$$

$$n = \mathbf{4}$$

Eingesetzt in (I): $a = \frac{3,2}{(-1)^4} = \mathbf{3,2}$

Die gesuchte Funktion ist: $\mathbf{f : x \mapsto 3,2 \cdot x^4}$

b) (I) $\quad -14,4 = a \cdot (-2)^n \;\Rightarrow\; a = \frac{-14,4}{(-2)^n}$

    (II) $\quad 6,075 = a \cdot 1,5^n$

(I) in (II): $\quad 6,075 = \frac{-14,4}{(-2)^n} \cdot 1,5^n \qquad |:(-14,4)$

$$-0,421875 = \frac{1,5^n}{(-2)^n}$$

$$-0,421875 = \left(\frac{1,5}{-2}\right)^n$$

Daraus folgt, dass n ungerade sein muss, da die linke Seite negativ ist. Damit gilt:

$$0,421875 = \left(\frac{1,5}{2}\right)^n$$

$$0,421875 = 0,75^n$$

$$\log_{0,75} 0,421875 = n$$

$$n = \mathbf{3}$$

Eingesetzt in (I): $a = \frac{-14,4}{(-2)^3} = \mathbf{1,8}$

Die gesuchte Funktion ist: $\mathbf{f : x \mapsto 1,8 \cdot x^3}$

194 Lösungen

c) (I) $\quad -7{,}2 = a \cdot (-3)^n \quad \Rightarrow \quad a = \dfrac{-7{,}2}{(-3)^n}$

(II) $\quad -3{,}2 = a \cdot 2^n$

(I) in (II): $-3{,}2 = \dfrac{-7{,}2}{(-3)^n} \cdot 2^n \qquad |:(-7{,}2)$

$$\frac{4}{9} = \frac{2^n}{(-3)^n}$$

$$\frac{4}{9} = \left(\frac{2}{-3}\right)^n$$

Daraus folgt, dass n gerade sein muss, da die linke Seite positiv ist. Damit gilt:

$$\frac{4}{9} = \left(\frac{2}{3}\right)^n$$

$$\log_{\frac{2}{3}} \frac{4}{9} = n$$

$$n = 2$$

Eingesetzt in (I): $a = \dfrac{-7{,}2}{(-3)^2} = \mathbf{-0{,}8}$

Die gesuchte Funktion ist: $\mathbf{f: x \mapsto -0{,}8 \cdot x^2}$

d) (I) $\quad 1{,}3 = a \cdot (-1)^n \quad \Rightarrow \quad a = \dfrac{1{,}3}{(-1)^n}$

(II) $\quad -\dfrac{208}{1\,215} = a \cdot \left(\dfrac{2}{3}\right)^n$

(I) in (II): $-\dfrac{208}{1\,215} = \dfrac{1{,}3}{(-1)^n} \cdot \left(\dfrac{2}{3}\right)^n \quad |:1{,}3$

$$-\frac{32}{243} = \frac{\left(\frac{2}{3}\right)^n}{(-1)^n}$$

$$-\frac{32}{243} = \left(\frac{2}{-3}\right)^n$$

Daraus folgt, dass n ungerade sein muss, da die linke Seite negativ ist. Damit gilt:

$$\frac{32}{243} = \left(\frac{2}{3}\right)^n$$

$$\log_{\frac{2}{3}} \frac{32}{243} = n$$

$$n = 5$$

Eingesetzt in (I): $a = \dfrac{1{,}3}{(-1)^5} = \mathbf{-1{,}3}$

Die gesuchte Funktion ist: $\mathbf{f: x \mapsto -1{,}3 \cdot x^5}$

74 Hinweise und Tipps:
- Bei allen Teilaufgaben existieren unendlich viele verschiedene Lösungen.
- Es handelt sich um Potenzfunktionen. Daher ist f von der Form $f: x \mapsto a x^n$.

a) $P \in G_f \;\Rightarrow\; 2,5 = a \cdot 3^n$

  n ist gerade, da G_f achsensymmetrisch zur y-Achse verläuft.
  Wähle z. B. $n = 2$ (oder auch $n = 4, 6, 8, 10, \ldots$):

  $2,5 = 3^2 \cdot a$
  $2,5 = 9a \qquad |:9$
  $a = \frac{5}{18}$

  $f: x \mapsto \frac{5}{18} \cdot x^2$ erfüllt die Bedingungen.

b) $P \in G_f \;\Rightarrow\; 7 = a \cdot 5^n$

  n ist ungerade, da G_f punktsymmetrisch zum Ursprung verläuft.
  Wähle z. B. $n = 3$ (oder auch $n = 5, 7, 9, 11, \ldots$):

  $7 = 5^3 \cdot a$
  $7 = 125a \qquad |:125$
  $a = \frac{7}{125}$

  $f: x \mapsto \frac{7}{125} \cdot x^3$ erfüllt die Bedingungen.

c) $P \in G_f \;\Rightarrow\; -4 = a \cdot 3^n$

  n ist ungerade und $a < 0$, da G_f auf dem ganzen Definitionsbereich monoton fallend ist.
  Wähle z. B. $n = 3$ (oder auch $n = 5, 7, 9, 11, \ldots$):

  $-4 = 3^3 \cdot a$
  $-4 = 27a \qquad |:27$
  $a = -\frac{4}{27}$

  $f: x \mapsto -\frac{4}{27} \cdot x^3$ erfüllt die Bedingungen.

d) $P \in G_f \;\Rightarrow\; 3,1 = a \cdot (-1,2)^n$

  n ist gerade und $a > 0$, da G_f im Intervall I streng monoton steigend ist und P im II. Quadranten liegt.
  Wähle z. B. $n = 2$ (oder auch $n = 4, 6, 8, 10, \ldots$):

  $3,1 = (-1,2)^2 \cdot a$
  $3,1 = 1,44a \qquad |:1,44$
  $a = \frac{155}{72}$

  $f: x \mapsto \frac{155}{72} \cdot x^2$ erfüllt die Bedingungen.

75 a) $f_1: x \mapsto x^2$, $f_2: x \mapsto x^2+x+1$, $f_3: x \mapsto x^3+x$

Wertetabelle:

x	–3	–2	–1	0	1	2	3
$f_1(x)$	9	4	1	0	1	4	9
$f_2(x)$	7	3	1	1	3	7	13
$f_3(x)$	–30	–10	–2	0	2	10	30

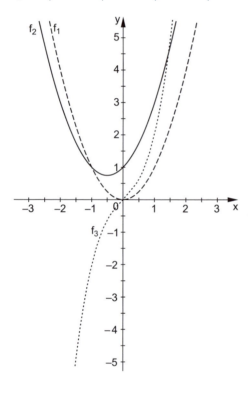

b) $f_1: x \mapsto x^3$, $f_2: x \mapsto x^3+x-1$, $f_3: x \mapsto x^3-x^2+0,5$

Wertetabelle:

x	−3	−2	−1	0	1	2	3
$f_1(x)$	−27	−8	−1	0	1	8	27
$f_2(x)$	−31	−11	−3	−1	1	9	29
$f_3(x)$	−35,5	−11,5	−1,5	0,5	0,5	4,5	18,5

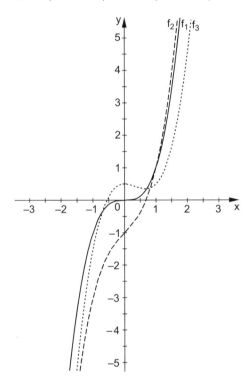

c) $f_1: x \mapsto \frac{1}{100}x^6 - x + 1{,}5$, $f_2: x \mapsto 0{,}02x^4 + 2x^2 - 0{,}5$, $f_3: x \mapsto 0{,}1x^4$

Wertetabelle:

x	–3	–2	–1	0	1	2	3
$f_1(x)$	11,79	4,14	2,51	1,5	0,51	0,14	5,79
$f_2(x)$	19,12	7,82	1,52	–0,5	1,52	7,82	19,12
$f_3(x)$	8,1	1,6	0,1	0	0,1	1,6	8,1

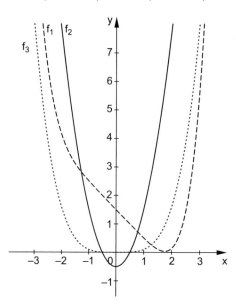

d) $f_1: x \mapsto \frac{1}{10\,000}x^9 + x$, $f_2: x \mapsto \frac{1}{500}x^7 - \frac{7}{507}x^5 - 1$, $f_3: x \mapsto 0{,}2x^3 - x^2 + 3$

Wertetabelle:

x	–3	–2	–1	0	1	2	3
$f_1(x)$	–4,97	–2,05	–1,00	0	1,00	2,05	4,97
$f_2(x)$	–2,02	–0,81	–0,99	–1	–1,01	–1,19	0,02
$f_3(x)$	–11,4	–2,6	1,8	3	2,2	0,6	–0,6

Lösungen 199

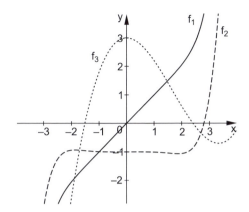

76 a) f: $x \mapsto 3x^3 - 2x^2 + 3$
$S_y(0 | 3)$

b) f: $x \mapsto 3x^4 - 2x + 4{,}2 - x^3$
f: $x \mapsto 3x^4 - x^3 - 2x + 4{,}2$
$S_y(0 | 4{,}2)$

c) f: $a \mapsto 3(a^2 + 2a - 2)$
f: $a \mapsto 3a^2 + 6a - 6$
$S_y(0 | -6)$

d) f: $m \mapsto (3+m)(m-2)$
f: $m \mapsto m^2 + m - 6$
$S_y(0 | -6)$

Hinweise und Tipps:
Ist der Funktionsterm einer ganzrationalen Funktion n-ten Grades in der Form
f: $x \mapsto a_n x^n + a_{n-1} x^{n-1} + \ldots + a_1 x + a_0$
gegeben, kann man die Koordinaten des Schnittpunkts mit der y-Achse direkt ablesen: $S_y(0 | a_0)$

77 a) f: $x \mapsto x^6 - 3x^4 + 2x^2$

G_f ist **achsensymmetrisch** zur y-Achse, da nur geradzahlige Exponenten auftauchen.

b) g: $x \mapsto x^5 - 2x^3 + 0{,}2x$
g: $x \mapsto x^5 - 2x^3 + 0{,}2x^1$

G_g ist **punktsymmetrisch** zum Ursprung, da nur ungeradzahlige Exponenten auftauchen.

c) h: $x \mapsto 4 + 4^4 x^2 - 2^{2^2} x^2 - x^{128}$
h: $x \mapsto -x^{128} + 240 x^2 + 4$

G_h ist **achsensymmetrisch** zur y-Achse.

200 / **Lösungen**

d) $i: x \mapsto 2x^7 - 3x^5 + x^1 + 1$

Hier liegt **keine Achsensymmetrie** zur y-Achse vor, da ungerade Exponenten auftauchen. Es liegt auch **keine Punktsymmetrie** zum Ursprung vor, da zwar 7, 5 und 1 ungerade Exponenten sind, aber eine von Null verschiedene Zahl addiert wird ($a_0 \neq 0$).

e) $j: x \mapsto 2^3 x^{10} + 43 - 5^7 x^4 - 0 \cdot x^3$
$j: x \mapsto 8x^{10} - 78\,125x^4 + 43$

G_j ist **achsensymmetrisch** zur y-Achse.

f) $k: x \mapsto (x + 0,5)(x^2 - 2) - x^3 + 4x \cdot x$
$k: x \mapsto x^3 - 2x + 0,5x^2 - 1 - x^3 + 4x^2$
$k: x \mapsto 4,5x^2 - 2x^1 - 1$

G_k ist **weder achsensymmetrisch** zur y-Achse noch **punktsymmetrisch** zum Ursprung.

78 a) Ganzrationale Funktion dritten Grades:

$f: x \mapsto a_3 x^3 + a_2 x^2 + a_1 x + a_0$

Punktsymmetrie zum Ursprung:

$f: x \mapsto a_3 x^3 + a_1 x$

$P(2 \mid 7) \in G_f \quad \Rightarrow \quad$ (I) $\quad 7 = 2^3 \cdot a_3 + 2a_1 \quad \Rightarrow \quad a_1 = \dfrac{7 - 8a_3}{2}$

$Q(-1 \mid 1) \in G_f \quad \Rightarrow \quad$ (II) $\quad 1 = (-1)^3 \cdot a_3 + (-1) \cdot a_1 \quad \Rightarrow \quad 1 = -a_3 - a_1$

(I) in (II) einsetzen: $\quad 1 = -a_3 - \dfrac{7 - 8a_3}{2}$

$$1 = -a_3 - \frac{7}{2} + 4a_3$$

$$1 = 3a_3 - \frac{7}{2} \qquad\qquad \Big| + \tfrac{7}{2}$$

$$\frac{9}{2} = 3a_3$$

$$a_3 = 1,5$$

Einsetzen in (I): $a_1 = \dfrac{7 - 8a_3}{2} = \dfrac{7 - 8 \cdot 1,5}{2} = -2,5$

$\Rightarrow \quad$ **$f: x \mapsto 1,5x^3 - 2,5x$**

Wertetabelle:

x	−1,5	−1	−0,5	0	0,5	1	1,5
f(x)	−1,31	1	1,06	0	−1,06	−1	1,31

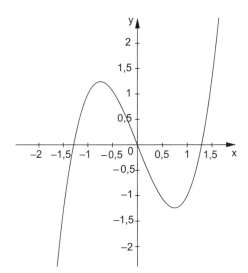

b) Ganzrationale Funktion vierten Grades:

   $f: x \mapsto a_4 x^4 + a_3 x^3 + a_2 x^2 + a_1 x + a_0$

   Achsensymmetrie zur y-Achse:

   $f: x \mapsto a_4 x^4 + a_2 x^2 + a_0$

   G_f schneidet die y-Achse bei $y = 2$:

   $f: x \mapsto a_4 x^4 + a_2 x^2 + 2$

   $P(1|2) \in G_f \quad \Rightarrow \quad (I) \quad 2 = a_4 + a_2 + 2 \quad \Rightarrow \quad a_2 = -a_4$

   $Q(2|-6) \in G_f \quad \Rightarrow \quad (II) \quad -6 = 2^4 \cdot a_4 + 2^2 \cdot a_2 + 2$

   $ -6 = 16 a_4 + 4 a_2 + 2 \qquad |:2$

   $ -3 = 8 a_4 + 2 a_2 + 1$

   (I) in (II) einsetzen: $-3 = 8 a_4 + 2(-a_4) + 1$

   $\phantom{\text{(I) in (II) einsetzen: }} -3 = 8 a_4 - 2 a_4 + 1$

   $\phantom{\text{(I) in (II) einsetzen: }} -3 = 6 a_4 + 1 \qquad |-1$

   $\phantom{\text{(I) in (II) einsetzen: }} -4 = 6 a_4 \qquad |:6$

   $\phantom{\text{(I) in (II) einsetzen: }} a_4 = -\tfrac{2}{3}$

   Einsetzen in (I): $a_2 = -a_4 = \tfrac{2}{3}$

   $\Rightarrow \quad \mathbf{f: x \mapsto -\tfrac{2}{3} x^4 + \tfrac{2}{3} x^2 + 2}$

   Wertetabelle:

x	−2	−1	−0,5	0	0,5	1	2
f(x)	−6	2	2,125	2	2,125	2	−6

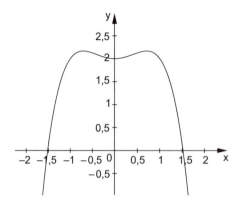

79 a) $f(x) = 0 \implies 2x^2 + 4x - 6 = 0$
$2(x^2 + 2x - 3) = 0$

Lösen der quadratischen Gleichung $x^2 + 2x - 3 = 0$:

$x_{1/2} = \dfrac{-2 \pm \sqrt{4 - 4 \cdot 1 \cdot (-3)}}{2 \cdot 1}$

$x_{1/2} = \dfrac{-2 \pm 4}{2}$

$x_1 = 1$ und $x_2 = -3$

f: $x \mapsto 2(x - 1)(x + 3)$ und Nullstellen: $x_1 = 1$
$\phantom{f: x \mapsto 2(x - 1)(x + 3) \text{ und Nullstellen: }}x_2 = -3$

b) $f(x) = 0 \implies 2x^3 + 4x^2 - 6x = 0$
$2x(x^2 + 2x - 3) = 0$

Mit Teilaufgabe a folgt:

f: $x \mapsto 2x(x - 1)(x + 3)$ und Nullstellen: $x_1 = 0$
$\phantom{f: x \mapsto 2x(x - 1)(x + 3) \text{ und Nullstellen: }}x_2 = 1$
$\phantom{f: x \mapsto 2x(x - 1)(x + 3) \text{ und Nullstellen: }}x_3 = -3$

c) $f(x) = 0 \implies x^4 + 3{,}5x^3 - 2x^2 = 0$
$x^2(x^2 + 3{,}5x - 2) = 0$

Lösen der quadratischen Gleichung $x^2 + 3{,}5x - 2 = 0$:

$x_{1/2} = \dfrac{-3{,}5 \pm \sqrt{12{,}25 - 4 \cdot 1 \cdot (-2)}}{2 \cdot 1}$

$x_{1/2} = \dfrac{-3{,}5 \pm 4{,}5}{2}$

$x_1 = 0{,}5$ und $x_2 = -4$

f: $x \mapsto x^2(x - 0{,}5)(x + 4)$ und Nullstellen: $x_1 = 0$ (doppelt)
$\phantom{f: x \mapsto x^2(x - 0{,}5)(x + 4) \text{ und Nullstellen: }}x_2 = 0{,}5$
$\phantom{f: x \mapsto x^2(x - 0{,}5)(x + 4) \text{ und Nullstellen: }}x_3 = -4$

d) $f(x) = 0 \Rightarrow x^5 - 3{,}1x^4 + 0{,}3x^3 = 0$
$$x^3(x^2 - 3{,}1x + 0{,}3) = 0$$

Lösen der quadratischen Gleichung $x^2 - 3{,}1x + 0{,}3 = 0$:

$x_{1/2} = \dfrac{3{,}1 \pm \sqrt{9{,}61 - 4 \cdot 1 \cdot 0{,}3}}{2 \cdot 1}$

$x_{1/2} = \dfrac{3{,}1 \pm 2{,}9}{2}$

$x_1 = 3$ und $x_2 = 0{,}1$

f: $x \mapsto x^3(x-3)(x-0{,}1)$ und Nullstellen: $x_1 = \mathbf{0}$ (dreifach)
$\qquad\qquad\qquad\qquad\qquad\qquad\qquad\qquad x_2 = \mathbf{3}$
$\qquad\qquad\qquad\qquad\qquad\qquad\qquad\qquad x_3 = \mathbf{0{,}1}$

80 a) $f(x) = (x-2)(x+3)$
$\qquad\quad = x^2 + 3x - 2x - 6$
$\qquad\quad = \mathbf{x^2 + x - 6}$

Hinweise und Tipps:
Da der Streckungsfaktor beliebig ist, gibt es unendlich viele Lösungen. Hier wird der einfachste Fall berechnet.

Wertetabelle:

x	–5	–4	–3	–2	–1	0	1	2	3	4	5
f(x)	14	6	0	–4	–6	–6	–4	0	6	14	24

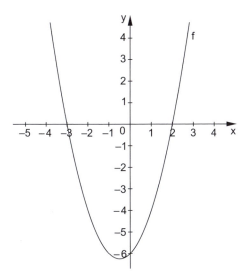

b) $f(x) = (x-1)(x+2)(x-3)$
$\qquad = (x-1)(x^2 - x - 6)$
$\qquad = x^3 - x^2 - 6x - x^2 + x + 6$
$\qquad = \mathbf{x^3 - 2x^2 - 5x + 6}$

Wertetabelle:

x	−5	−4	−3	−2
f(x)	−144	−70	−24	0

x	−1	0	1	2
f(x)	8	6	0	−4

x	3	4	5
f(x)	0	18	56

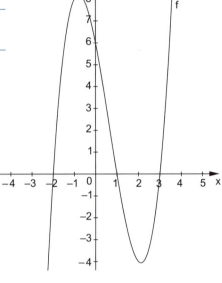

c) $f(x) = (x − 0,5)(x − 1,1)(x + 1)(x + 3)$
$= (x^2 − 1,6x + 0,55)(x^2 + 4x + 3)$
$= x^4 + 4x^3 + 3x^2 − 1,6x^3 − 6,4x^2 − 4,8x + 0,55x^2 + 2,2x + 1,65$
$= \mathbf{x^4 + 2,4x^3 − 2,85x^2 − 2,6x + 1,65}$

Wertetabelle:

x	−5	−4	−3
f(x)	268,4	68,85	0

x	−2	−1	0
f(x)	−7,75	0	1,65

x	1	2	3
f(x)	−0,4	20,25	114

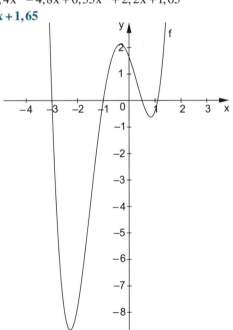

d) $f(x) = (x-0)(x+1)(x-1)(x-2)(x+2)$
$= x(x^2-1)(x^2-4)$
$= x(x^4-5x^2+4)$
$= \mathbf{x^5 - 5x^3 + 4x}$

Wertetabelle:

x	−3	−2	−1,5	−1
f(x)	−120	0	3,28	0

x	−0,5	0	0,5	1
f(x)	−1,41	0	1,41	0

x	1,5	2	3
f(x)	−3,28	0	120

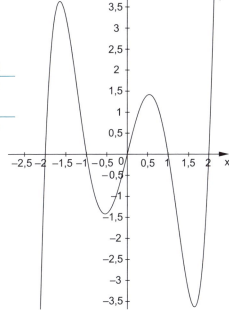

81 a) $(x^3 - 7x^2 - x + 7):(x-1) = \mathbf{x^2 - 6x - 7}$
$\underline{-(x^3 - x^2)}$
$\qquad -6x^2 - x$
$\qquad \underline{-(-6x^2 + 6x)}$
$\qquad\qquad -7x + 7$
$\qquad\qquad \underline{-(-7x + 7)}$
$\qquad\qquad\qquad 0$

b) $(x^4 + x^3 - 19x^2 + 11x + 30):(x-3) = \mathbf{x^3 + 4x^2 - 7x - 10}$
$\underline{-(x^4 - 3x^3)}$
$\qquad 4x^3 - 19x^2$
$\qquad \underline{-(4x^3 - 12x^2)}$
$\qquad\qquad -7x^2 + 11x$
$\qquad\qquad \underline{-(-7x^2 + 21x)}$
$\qquad\qquad\qquad -10x + 30$
$\qquad\qquad\qquad \underline{-(-10x + 30)}$
$\qquad\qquad\qquad\qquad 0$

206 / Lösungen

c) $(2x^5 - 8x^4 - 4x^3 + 4x^2 - 142x - 140) : (x - 5) = \mathbf{2x^4 + 2x^3 + 6x^2 + 34x + 28}$

$\underline{- (2x^5 - 10x^4)}$

$\qquad 2x^4 - 4x^3$

$\qquad \underline{- (2x^4 - 10x^3)}$

$\qquad\qquad 6x^3 + 4x^2$

$\qquad\qquad \underline{- (6x^3 - 30x^2)}$

$\qquad\qquad\qquad 34x^2 - 142x$

$\qquad\qquad\qquad \underline{- (34x^2 - 170x)}$

$\qquad\qquad\qquad\qquad 28x - 140$

$\qquad\qquad\qquad\qquad \underline{- (28x - 140)}$

$\qquad\qquad\qquad\qquad\qquad 0$

d) $(x^5 - 4x^4 - 2x^3 + 2x^2 - 71x - 70) : (x^2 - 2x + 7) = \mathbf{x^3 - 2x^2 - 13x - 10}$

$\underline{- (x^5 - 2x^4 + 7x^3)}$

$\qquad -2x^4 - 9x^3 + 2x^2$

$\qquad \underline{- (-2x^4 + 4x^3 - 14x^2)}$

$\qquad\qquad -13x^3 + 16x^2 - 71x$

$\qquad\qquad \underline{- (-13x^3 + 26x^2 - 91x)}$

$\qquad\qquad\qquad -10x^2 + 20x - 70$

$\qquad\qquad\qquad \underline{- (-10x^2 + 20x - 70)}$

$\qquad\qquad\qquad\qquad 0$

82 a) Nullstellen:

$f(x) = 0 \;\Rightarrow\; x^3 + 5x^2 + 6x = 0$

$\qquad\qquad\qquad x(x^2 + 5x + 6) = 0 \;\Rightarrow\; x_1 = 0$

Lösen der quadratischen Gleichung $x^2 + 5x + 6 = 0$:

$x_{2/3} = \dfrac{-5 \pm \sqrt{25 - 4 \cdot 1 \cdot 6}}{2 \cdot 1}$

$x_{2/3} = \dfrac{-5 \pm 1}{2}$

$x_2 = -2$ und $x_3 = -3$

$\mathbf{f: x \mapsto x(x + 2)\,(x + 3)}$

$x_1 = \mathbf{0}$ $\quad$ mit der Vielfachheit $\mathbf{1}$

$x_2 = \mathbf{-2}$ $\quad$ mit der Vielfachheit $\mathbf{1}$

$x_3 = \mathbf{-3}$ $\quad$ mit der Vielfachheit $\mathbf{1}$

Wertetabelle:

x	−4	−3	−2,5	−2	−1	0	1	2
f(x)	−8	0	0,625	0	−2	0	12	40

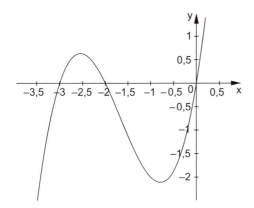

b) Nullstellen:

$f(x) = 0 \Rightarrow x^3 + x^2 - 5x + 3 = 0$

Erste Nullstelle raten: $x_1 = 1$
Test: $1^3 + 1^2 - 5 \cdot 1 + 3 = 0$ ✓

Polynomdivision:

$$\begin{array}{l}(x^3 + x^2 - 5x + 3) : (x-1) = x^2 + 2x - 3 \\ \underline{-(x^3 - x^2)} \\ \quad\quad 2x^2 - 5x \\ \quad\quad \underline{-(2x^2 - 2x)} \\ \quad\quad\quad\quad -3x + 3 \\ \quad\quad\quad\quad \underline{-(-3x + 3)} \\ \quad\quad\quad\quad\quad\quad 0 \end{array}$$

$\Rightarrow (x-1)(x^2 + 2x - 3) = 0$

Lösen der quadratischen Gleichung $x^2 + 2x - 3 = 0$:

$x_{2/3} = \dfrac{-2 \pm \sqrt{4 - 4 \cdot 1 \cdot (-3)}}{2 \cdot 1}$

$x_{2/3} = \dfrac{-2 \pm 4}{2}$

$x_2 = 1$ und $x_3 = -3$

$f: x \mapsto (x-1)(x-1)(x+3)$
$f: x \mapsto (x-1)^2 (x+3)$

$x_{1/2} = \mathbf{1}$ mit der Vielfachheit **2**
$x_2 = \mathbf{-3}$ mit der Vielfachheit **1**

Wertetabelle:

x	−4	−3	−2	−1	0	1	2	3
f(x)	−25	0	9	8	3	0	5	24

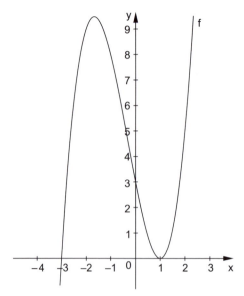

c) Nullstellen:

$f(x) = 0 \Rightarrow x^3 - 3x - 2 = 0$

Erste Nullstelle raten: $x_1 = -1$
Test: $(-1)^3 - 3 \cdot (-1) - 2 = 0$ ✓

Polynomdivision:

$$(x^3 - 3x - 2) : (x + 1) = x^2 - x - 2$$
$$\underline{-(x^3 + x^2)}$$
$$-x^2 - 3x$$
$$\underline{-(-x^2 - x)}$$
$$-2x - 2$$
$$\underline{-(-2x - 2)}$$
$$0$$

$\Rightarrow (x+1)(x^2 - x - 2) = 0$

Lösen der quadratischen Gleichung $x^2 - x - 2 = 0$:

$x_{2/3} = \dfrac{1 \pm \sqrt{1 - 4 \cdot 1 \cdot (-2)}}{2 \cdot 1}$

$x_{2/3} = \dfrac{1 \pm 3}{2}$

$x_2 = 2$ und $x_3 = -1$

$f: x \mapsto (x+1)(x+1)(x-2)$
f: $x \mapsto (x+1)^2 (x-2)$

$x_{1/3} = \mathbf{-1}$ mit der Vielfachheit **2**
$x_2 = \mathbf{2}$ mit der Vielfachheit **1**

Wertetabelle:

x	−3	−2	−1	0	1	2	3
f(x)	−20	−4	0	−2	−4	0	16

d) Nullstellen:

$f(x) = 0 \implies x^5 + 4x^4 + 4x^3 - 2x^2 - 5x - 2 = 0$

Erste Nullstelle raten: $x_1 = 1$
Test: $1^5 + 4 \cdot 1^4 + 4 \cdot 1^3 - 2 \cdot 1^2 - 5 \cdot 1 - 2 = 0$ ✓

Polynomdivision:

$$(x^5 + 4x^4 + 4x^3 - 2x^2 - 5x - 2) : (x-1) = x^4 + 5x^3 + 9x^2 + 7x + 2$$
$$\underline{-\,(x^5 - x^4)}$$
$$5x^4 + 4x^3$$
$$\underline{-\,(5x^4 - 5x^3)}$$
$$9x^3 - 2x^2$$
$$\underline{-\,(9x^3 - 9x^2)}$$
$$7x^2 - 5x$$
$$\underline{-\,(7x^2 - 7x)}$$
$$2x - 2$$
$$\underline{-\,(2x - 2)}$$
$$0$$

$\implies (x-1)(x^4 + 5x^3 + 9x^2 + 7x + 2) = 0$

Zweite Nullstelle raten: $x_2 = -1$

Test: $(-1)^4 + 5 \cdot (-1)^3 + 9 \cdot (-1)^2 + 7 \cdot (-1) + 2 = 0$ ✓

Polynomdivision:

$$(x^4 + 5x^3 + 9x^2 + 7x + 2) : (x+1) = x^3 + 4x^2 + 5x + 2$$
$$\underline{-(x^4 + x^3)}$$
$$\qquad 4x^3 + 9x^2$$
$$\qquad \underline{-(4x^3 + 4x^2)}$$
$$\qquad\qquad 5x^2 + 7x$$
$$\qquad\qquad \underline{-(5x^2 + 5x)}$$
$$\qquad\qquad\qquad 2x + 2$$
$$\qquad\qquad\qquad \underline{-(2x + 2)}$$
$$\qquad\qquad\qquad\qquad 0$$

$\Rightarrow \quad (x-1)(x+1)(x^3 + 4x^2 + 5x + 2) = 0$

Dritte Nullstelle raten: $x_3 = -1$

Test: $(-1)^3 + 4 \cdot (-1)^2 + 5 \cdot (-1) + 2 = 0$ ✓

Polynomdivision:

$$(x^3 + 4x^2 + 5x + 2) : (x+1) = x^2 + 3x + 2$$
$$\underline{-(x^3 + x^2)}$$
$$\qquad 3x^2 + 5x$$
$$\qquad \underline{-(3x^2 + 3x)}$$
$$\qquad\qquad 2x + 2$$
$$\qquad\qquad \underline{-(2x + 2)}$$
$$\qquad\qquad\qquad 0$$

$\Rightarrow \quad (x-1)(x+1)(x+1)(x^2 + 3x + 2) = 0$

Lösen der quadratischen Gleichung $x^2 + 3x + 2 = 0$:

$$x_{4/5} = \frac{-3 \pm \sqrt{9 - 4 \cdot 1 \cdot 2}}{2 \cdot 1}$$

$$x_{4/5} = \frac{-3 \pm 1}{2}$$

$\quad x_4 = -1$ und $x_5 = -2$

$f : x \mapsto (x-1)(x+1)(x+1)(x+1)(x+2)$

$f : x \mapsto (x-1)(x+1)^3(x+2)$

$\quad \mathbf{x_1 = 1}$ mit der Vielfachheit **1**

$\mathbf{x_{2/3/4} = -1}$ mit der Vielfachheit **3**

$\quad \mathbf{x_5 = -2}$ mit der Vielfachheit **1**

Wertetabelle:

x	−3	−2	−1,5	−1	0	1	2
f(x)	−32	0	0,16	0	−2	0	108

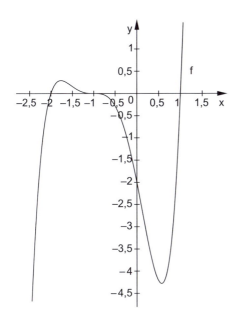

83 Ist die Vielfachheit einer Nullstelle ungeradzahlig, so haben die Funktionswerte direkt vor und nach der Nullstelle unterschiedliche Vorzeichen. Bei geradzahligen Vielfachheiten ändert sich das Vorzeichen nicht.
Damit schneidet der Graph die x-Achse bei Nullstellen mit ungeradzahligen Vielfachheiten echt, während er die x-Achse bei geradzahligen Nullstellen nur berührt.

84 Der Grad n einer ganzrationalen Funktion ist höchstens so groß wie die Anzahl der Nullstellen dieser Funktion.

85 a) $f(x) = (x-1)(x-1)(x+1)$
$ = (x-1)(x^2-1)$
$ = x^3 - x^2 - x + 1$

f: $x \mapsto x^3 - x^2 - x + 1$

Hinweise und Tipps:
Wegen des beliebigen Streckungsfaktors gibt es unendlich viele Lösungen. Es wird hier die einfachste angegeben.

b) Wegen der Punktsymmetrie müssen sich auch bei $x_2 = 0$ und $x_3 = -1$ Nullstellen befinden.
$f(x) = (x-1)(x+1)(x-0)$
$ = (x^2 - 1) \cdot x$
$ = x^3 - x$

f: $x \mapsto x^3 - x$

212 / Lösungen

c) Wegen der Achsensymmetrie liegen auch bei $x_3 = 2$ und $x_4 = -3$ Nullstellen vor.

$$f(x) = (x-2)(x+2)(x-3)(x+3)$$
$$= (x^2 - 4)(x^2 - 9)$$
$$= x^4 - 13x^2 + 36$$

$f: x \mapsto x^4 - 13x^2 + 36$

d) Wegen der Punktsymmetrie muss auch bei $x_2 = -1$ eine doppelte Nullstelle und bei $x_3 = 0$ eine einfache Nullstelle vorliegen.

$$f(x) = (x-1)(x-1)(x+1)(x+1)(x-0)$$
$$= (x-1)(x+1)(x-1)(x+1) \cdot x$$
$$= (x^2 - 1)(x^2 - 1) x$$
$$= (x^4 - 2x^2 + 1) x$$
$$= x^5 - 2x^3 + x$$

$f: x \mapsto x^5 - 2x^3 + x$

86 Die Schnittpunkte liegen sowohl auf der Geraden G_g als auch auf dem Funktionsgraphen G_f. Damit erfüllen sie auch die Geraden- und die Funktionsgleichung. Für die Schnittpunkte gilt somit:

$$f(x) = g(x)$$
$$2x^3 + 6x^2 - 2x - 6 = -x + 1 \qquad |+x\ |-1$$
$$2x^3 + 6x^2 - x - 7 = 0$$

Um diese Gleichung zu lösen, muss man einen Wert raten: $x_1 = 1$
Test: $2 \cdot 1^3 + 6 \cdot 1^2 - 1 - 7 = 0$ ✔

Polynomdivision:

$$
\begin{array}{l}
(2x^3 + 6x^2 - x - 7) : (x-1) = 2x^2 + 8x + 7 \\
\underline{-\,(2x^3 - 2x^2)} \\
\qquad\quad 8x^2 - x \\
\qquad\ \underline{-\,(8x^2 - 8x)} \\
\qquad\qquad\qquad 7x - 7 \\
\qquad\qquad\ \underline{-\,(7x - 7)} \\
\qquad\qquad\qquad\qquad 0
\end{array}
$$

Lösen der quadratischen Gleichung $2x^2 + 8x + 7 = 0$:

$$x_{2/3} = \frac{-8 \pm \sqrt{64 - 4 \cdot 2 \cdot 7}}{2 \cdot 2}$$

$$x_{2/3} = \frac{-8 \pm \sqrt{8}}{4}$$

$$x_{2/3} = \frac{-8 \pm 2\sqrt{2}}{4}$$

$$x_2 = -2 + \tfrac{1}{2}\sqrt{2} \quad \text{und} \quad x_3 = -2 - \tfrac{1}{2}\sqrt{2}$$

Die y-Koordinate erhält man durch Einsetzen in die Geraden- oder in die Funktionsgleichung:

$g(x_1) = -1 + 1 = 0$

$g(x_2) = -\left(-2 + \frac{1}{2}\sqrt{2}\right) + 1 = 3 - \frac{1}{2}\sqrt{2}$

$g(x_3) = -\left(-2 - \frac{1}{2}\sqrt{2}\right) + 1 = 3 + \frac{1}{2}\sqrt{2}$

Damit gilt:

$\mathbf{S_1(1\,|\,0)}$

$\mathbf{S_2}\left(-2 + \frac{1}{2}\sqrt{2} \;\Big|\; 3 - \frac{1}{2}\sqrt{2}\right) \approx \mathbf{S_2(-1,3\,|\,2,3)}$

$\mathbf{S_3}\left(-2 - \frac{1}{2}\sqrt{2} \;\Big|\; 3 + \frac{1}{2}\sqrt{2}\right) \approx \mathbf{S_3(-2,7\,|\,3,7)}$

87 a) Für $x \to -\infty$ gilt: $2x^3 \to -\infty \;\Rightarrow\; \mathbf{f(x) \to -\infty}$

Für $x \to +\infty$ gilt: $2x^3 \to +\infty \;\Rightarrow\; \mathbf{f(x) \to +\infty}$

b) Für $x \to -\infty$ gilt: $-17x^4 \to -\infty \;\Rightarrow\; \mathbf{f(x) \to -\infty}$

Für $x \to +\infty$ gilt: $-17x^4 \to -\infty \;\Rightarrow\; \mathbf{f(x) \to -\infty}$

c) $f(x) = (x-2)(x+2)(5x^3 - 2x^2 + 1)$
$ = (x^2 - 4)(5x^3 - 2x^2 + 1)$
$ = 5x^5 - 2x^4 - 20x^3 + 9x^2 - 4$

Für $x \to -\infty$ gilt: $5x^5 \to -\infty \;\Rightarrow\; \mathbf{f(x) \to -\infty}$

Für $x \to +\infty$ gilt: $5x^5 \to +\infty \;\Rightarrow\; \mathbf{f(x) \to +\infty}$

d) $f(x) = -4x\,(x^4 - 3x^3 - 2x)(x^2 + 2x)$
$ = -4x(x^6 - x^5 - 6x^4 - 2x^3 - 4x^2)$
$ = -4x^7 + 4x^6 + 24x^5 + 8x^4 + 16x^3$

Für $x \to -\infty$ gilt: $-4x^7 \to +\infty \;\Rightarrow\; \mathbf{f(x) \to +\infty}$

Für $x \to +\infty$ gilt: $-4x^7 \to -\infty \;\Rightarrow\; \mathbf{f(x) \to -\infty}$

88 a) Nullstellen:

$x_1 = -1$ (doppelte Nullstelle $\;\Rightarrow\;$ kein Vorzeichenwechsel)

$x_2 = 2$ (dreifache Nullstelle $\;\Rightarrow\;$ Vorzeichenwechsel)

Vorzeichentabelle:

Funktion/Term	$x < -1$	$-1 < x < 2$	$2 < x$
$(x+1)^2$	$+$	$+$	$+$
$(x-2)^3$	$-$	$-$	$+$
$(x+1)^2(x-2)^3$	$-$	$-$	$+$

Koordinatensystem:

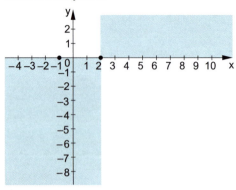

b) Nullstellen:
$f(x) = 0 \Rightarrow x^3 + 2x^2 - x - 2 = 0$
Erste Nullstelle raten: $x_1 = 1$
Test: $1^3 + 2 \cdot 1^2 - 1 - 2 = 0$ ✓

Polynomdivision:
$$\begin{aligned}(x^3 + 2x^2 - x - 2) : (x-1) &= x^2 + 3x + 2 \\ -(x^3 - x^2) & \\ \overline{3x^2 - x} & \\ -(3x^2 - 3x) & \\ \overline{2x - 2} & \\ -(2x - 2) & \\ \overline{0} &\end{aligned}$$

$\Rightarrow f(x) = (x-1)(x^2 + 3x + 2)$

Lösen der quadratischen Gleichung $x^2 + 3x + 2 = 0$:

$x_{2/3} = \dfrac{-3 \pm \sqrt{9 - 4 \cdot 1 \cdot 2}}{2 \cdot 1}$

$x_{2/3} = \dfrac{-3 \pm 1}{2}$

$x_2 = -1$ und $x_3 = -2$

$\Rightarrow f(x) = (x-1)(x+1)(x+2)$

$x_1 = 1$ (einfache Nullstelle $\Rightarrow$ Vorzeichenwechsel)
$x_2 = -1$ (einfache Nullstelle $\Rightarrow$ Vorzeichenwechsel)
$x_3 = -2$ (einfache Nullstelle $\Rightarrow$ Vorzeichenwechsel)

Vorzeichentabelle:

Funktion/Term	x < –2	–2 < x < –1	–1 < x < 1	1 < x
(x – 1)	–	–	–	+
(x + 1)	–	–	+	+
(x + 2)	–	+	+	+
(x – 1)(x + 1)(x + 2)	–	+	–	+

Koordinatensystem:

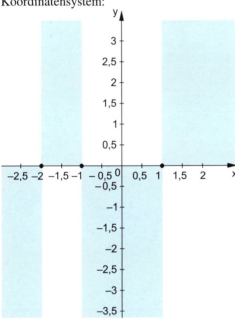

c) Nullstellen:
$f(x) = 0 \Rightarrow x^3 - x^2 - 5x - 3 = 0$
Erste Nullstelle raten: $x_1 = -1$
Test: $(-1)^3 - (-1)^2 - 5 \cdot (-1) - 3 = 0$ ✓

Polynomdivision:

$$(x^3 - x^2 - 5x - 3) : (x + 1) = x^2 - 2x - 3$$
$$\underline{-(x^3 + x^2)}$$
$$\quad -2x^2 - 5x$$
$$\quad \underline{-(-2x^2 - 2x)}$$
$$\quad\quad -3x - 3$$
$$\quad\quad \underline{-(-3x - 3)}$$
$$\quad\quad\quad 0$$

$\Rightarrow f(x) = (x + 1)(x^2 - 2x - 3)$

Lösen der quadratischen Gleichung $x^2 - 2x - 3 = 0$:

$x_{2/3} = \dfrac{2 \pm \sqrt{4 - 4 \cdot 1 \cdot (-3)}}{2 \cdot 1}$

$x_{2/3} = \dfrac{2 \pm 4}{2}$

$x_2 = 3$ und $x_3 = -1$

$\Rightarrow$ $f(x) = (x+1)(x+1)(x-3)$
 $f(x) = (x+1)^2 (x-3)$

$x_{1/3} = -1$ (doppelte Nullstelle $\Rightarrow$ kein Vorzeichenwechsel)
$x_2 = 3$ (einfache Nullstelle $\Rightarrow$ Vorzeichenwechsel)

Vorzeichentabelle:

Funktion/Term	$x < -1$	$-1 < x < 3$	$3 < x$
$(x+1)^2$	+	+	+
$(x-3)$	–	–	+
$(x+1)^2 (x-3)$	–	–	+

Koordinatensystem:

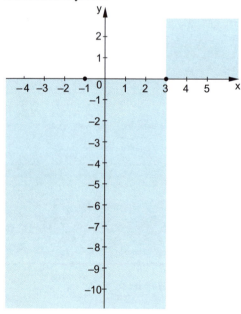

d) Nullstellen:

$$f(x) = 0 \implies x^4 + 3x^3 - 4x = 0$$
$$x(x^3 + 3x^2 - 4) = 0$$

$$\implies f(x) = (x - 0)(x^3 + 3x^2 - 4) \implies x_1 = 0$$

Zweite Nullstelle raten: $x_2 = 1$

Test: $1^3 + 3 \cdot 1^2 - 4 = 0$ ✓

Polynomdivision:

$$
\begin{array}{l}
(x^3 + 3x^2 - 4) : (x - 1) = x^2 + 4x + 4 \\
\underline{-(x^3 - x^2)} \\
\quad\quad 4x^2 \\
\quad\quad \underline{-(4x^2 - 4x)} \\
\quad\quad\quad\quad 4x - 4 \\
\quad\quad\quad\quad \underline{-(4x - 4)} \\
\quad\quad\quad\quad\quad\quad 0
\end{array}
$$

$$\implies f(x) = (x - 0)(x - 1)(x^2 + 4x + 4)$$

Lösen der quadratischen Gleichung $x^2 + 4x + 4 = 0$:

$$x_{3/4} = \frac{-4 \pm \sqrt{16 - 4 \cdot 1 \cdot 4}}{2 \cdot 1}$$

$$x_{3/4} = \frac{-4 \pm 0}{2}$$

$$x_3 = -2 \quad \text{und} \quad x_4 = -2$$

$$\implies f(x) = (x - 0)(x - 1)(x + 2)(x + 2)$$
$$f(x) = x(x - 1)(x + 2)^2$$

$x_{3/4} = -2$ (doppelte Nullstelle $\implies$ kein Vorzeichenwechsel)
$x_1 = 0$ (einfache Nullstelle $\implies$ Vorzeichenwechsel)
$x_2 = 1$ (einfache Nullstelle $\implies$ Vorzeichenwechsel)

Vorzeichentabelle:

Funktion/Term	$x < -2$	$-2 < x < 0$	$0 < x < 1$	$1 < x$
x	$-$	$-$	$+$	$+$
$(x - 1)$	$-$	$-$	$-$	$+$
$(x + 2)^2$	$+$	$+$	$+$	$+$
$x(x - 1)(x + 2)^2$	$+$	$+$	$-$	$+$

Koordinatensystem:

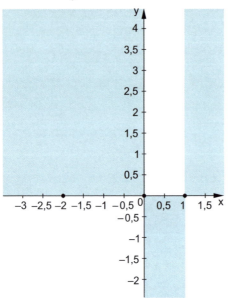

89 a) $f: x \mapsto (x+0,5)(x-1)(x+2)$

$f(x) = (x+0,5)(x^2+x-2)$
$= x^3 + 1,5x^2 - 1,5x - 1$

Schnittpunkt mit der y-Achse: **$S_y(0|-1)$**
Schnittpunkte mit der x-Achse: **$N_1(-2|0)$, $N_2(-0,5|0)$, $N_3(1|0)$**
Verhalten an den Rändern des Definitionsbereichs:
Für $x \to -\infty$ gilt: $x^3 \to -\infty$ $\Rightarrow$ $f(x) \to -\infty$
Für $x \to +\infty$ gilt: $x^3 \to +\infty$ $\Rightarrow$ $f(x) \to +\infty$

Vorzeichentabelle:

Funktion/Term	$x<-2$	$-2<x<-0,5$	$-0,5<x<1$	$1<x$
$(x+0,5)$	−	−	+	+
$(x-1)$	−	−	−	+
$(x+2)$	−	+	+	+
$(x+0,5)(x-1)(x+2)$	−	+	−	+

Skizzierter Funktionsgraph:

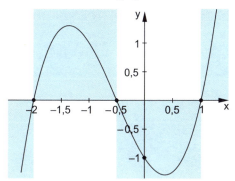

b) f: $x \mapsto x^3 + 3x^2 + 3x + 1$

Erste Nullstelle raten: $x_1 = -1$
Test: $(-1)^3 + 3 \cdot (-1)^2 + 3 \cdot (-1) + 1 = 0$ ✓

Polynomdivision:

$$\begin{array}{l}(x^3 + 3x^2 + 3x + 1) : (x+1) = x^2 + 2x + 1 \\ \underline{-(x^3 + x^2)} \\ 2x^2 + 3x \\ \underline{-(2x^2 + 2x)} \\ x + 1 \\ \underline{-(x+1)} \\ 0\end{array}$$

$\Rightarrow$ $f(x) = (x+1)(x^2 + 2x + 1)$

Lösen der quadratischen Gleichung $x^2 + 2x + 1 = 0$:

$x_{2/3} = \dfrac{-2 \pm \sqrt{4 - 4 \cdot 1 \cdot 1}}{2 \cdot 1}$

$x_{2/3} = \dfrac{-2 \pm 0}{2}$

$x_2 = -1$ und $x_3 = -1$

$\Rightarrow$ $f(x) = (x+1)(x+1)(x+1)$
 $f(x) = (x+1)^3$

Schnittpunkt mit der y-Achse: **$S_y(0|1)$**
Schnittpunkt mit der x-Achse: **$N_1(-1|0)$**

Verhalten an den Rändern des Definitionsbereichs:
Für $x \to -\infty$ gilt: $x^3 \to -\infty$ $\Rightarrow$ **$f(x) \to -\infty$**
Für $x \to +\infty$ gilt: $x^3 \to +\infty$ $\Rightarrow$ **$f(x) \to +\infty$**

Vorzeichentabelle:

Funktion/Term	x < −1	−1 < x
(x + 1)³	−	+

Skizzierter Funktionsgraph:

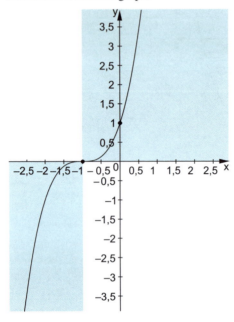

c) $f: x \mapsto (x^2 + 2x + 4)(x + 1)$
   $f(x) = x^3 + 3x^2 + 6x + 4$

Lösen der quadratischen Gleichung $x^2 + 2x + 4 = 0$:

$x_{1/2} = \dfrac{-2 \pm \sqrt{4 - 4 \cdot 1 \cdot 4}}{2 \cdot 1}$

$x_{1/2} = \dfrac{-2 \pm \sqrt{-12}}{2}$

Schnittpunkt mit der y-Achse: $S_y(0 \mid 4)$
Schnittpunkt mit der x-Achse: $N_1(-1 \mid 0)$

Verhalten an den Rändern des Definitionsbereichs:
Für $x \to -\infty$ gilt: $x^3 \to -\infty \Rightarrow f(x) \to -\infty$
Für $x \to +\infty$ gilt: $x^3 \to +\infty \Rightarrow f(x) \to +\infty$

Vorzeichentabelle:

Funktion/Term	$x < -1$	$-1 < x$
$(x^2 + 2x + 4)$	+	+
$(x + 1)$	−	+
$(x^2 + 2x + 4)(x + 1)$	−	+

Skizzierter Funktionsgraph:

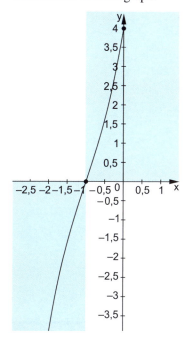

d) $f: x \mapsto 5x^4 - 10x^3 + 5x^2$

$f(x) = 5x^2(x^2 - 2x + 1)$

$f(x) = 5(x - 0)(x - 0)(x^2 - 2x + 1)$

Lösen der quadratischen Gleichung $x^2 - 2x + 1 = 0$:

$x_{1/2} = \dfrac{2 \pm \sqrt{4 - 4 \cdot 1 \cdot 1}}{2 \cdot 1}$

$x_{1/2} = \dfrac{2 \pm 0}{2}$

$x_1 = 1$ und $x_2 = 1$

$\Rightarrow f(x) = 5(x - 0)(x - 0)(x - 1)(x - 1)$

$f(x) = 5x^2(x - 1)^2$

Schnittpunkt mit der y-Achse: **$S_y(0 \mid 0)$**

Schnittpunkte mit der x-Achse: **$N_1(0 \mid 0)$, $N_2(1 \mid 0)$**

Verhalten an den Rändern des Definitionsbereichs:
Für $x \to -\infty$ gilt: $5x^4 \to +\infty$ $\Rightarrow$ $f(x) \to +\infty$
Für $x \to +\infty$ gilt: $5x^4 \to +\infty$ $\Rightarrow$ $f(x) \to +\infty$

Vorzeichentabelle:

Funktion/Term	$x < 0$	$0 < x < 1$	$1 < x$
x^2	+	+	+
$(x-1)^2$	+	+	+
$5x^2(x-1)^2$	+	+	+

Skizzierter Funktionsgraph:

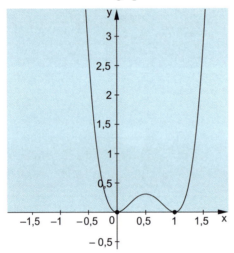

90 a) $f(x) = (-x+3)(x-1)^2$
$f(x) = (-x+3)(x^2-2x+1)$
$ = -x^3 + 5x^2 - 7x + 3$

Hinweise und Tipps:
Bei den Lösungen werden alle Eigenschaften untersucht. Oft kann man schon nach der Untersuchung von einer oder zwei Eigenschaften auf den richtigen Graphen schließen.

Nullstellen:
$x_1 = 1$ (doppelte Nullstelle $\Rightarrow$ kein Vorzeichenwechsel)
$x_2 = 3$ (einfache Nullstelle $\Rightarrow$ Vorzeichenwechsel)
$\Rightarrow$ Damit scheidet Graph II aus.

Schnittpunkt mit der y-Achse: $S_y(0|3)$
$\Rightarrow$ Damit scheidet Graph I aus.

Verhalten an den Rändern des Definitionsbereichs:
Für $x \to -\infty$ gilt: $-x^3 \to +\infty$ $\Rightarrow$ $f(x) \to +\infty$
Für $x \to +\infty$ gilt: $-x^3 \to -\infty$ $\Rightarrow$ $f(x) \to -\infty$
$\Rightarrow$ Damit scheiden Graph I und II aus.

Vorzeichentabelle:

Funktion/Term	$x < 1$	$1 < x < 3$	$3 < x$
$(-x+3)$	$+$	$+$	$-$
$(x-1)^2$	$+$	$+$	$+$
$(-x+3)(x-1)^2$	$+$	$+$	$-$

$\Rightarrow$ Damit scheiden Graph I und II aus.

Insgesamt kommt nur **Graph III** als Funktionsgraph infrage.

b) $f(x) = x^3 + 0,5x^2 - 1,5x$

Nullstellen:

$f(x) = 0 \Rightarrow x^3 + 0,5x^2 - 1,5x = 0$
$\qquad\qquad x(x^2 + 0,5x - 1,5) = 0 \Rightarrow x_1 = 0$

Lösen der quadratischen Gleichung $x^2 + 0,5x - 1,5 = 0$:

$x_{2/3} = \dfrac{-0,5 \pm \sqrt{0,25 - 4 \cdot 1 \cdot (-1,5)}}{2 \cdot 1}$

$x_{2/3} = \dfrac{-0,5 \pm 2,5}{2}$

$x_2 = 1$ und $x_3 = -1,5$

$\Rightarrow f(x) = x(x+1,5)(x-1)$
$x_1 = -1,5$ (einfache Nullstelle $\Rightarrow$ Vorzeichenwechsel)
$x_2 = 0$ (einfache Nullstelle $\Rightarrow$ Vorzeichenwechsel)
$x_3 = 1$ (einfache Nullstelle $\Rightarrow$ Vorzeichenwechsel)
$\Rightarrow$ Damit scheiden Graph I und II aus.

Schnittpunkt mit der y-Achse: $S_y(0|0)$
$\Rightarrow$ Das erfüllen alle Graphen.

Verhalten an den Rändern des Definitionsbereichs:
Für $x \to -\infty$ gilt: $x^3 \to -\infty \Rightarrow$ **$f(x) \to -\infty$**
Für $x \to +\infty$ gilt: $x^3 \to +\infty \Rightarrow$ **$f(x) \to +\infty$**
$\Rightarrow$ Damit scheiden Graph I und II aus.

Vorzeichentabelle:

Funktion/Term	$x < -1,5$	$-1,5 < x < 0$	$0 < x < 1$	$1 < x$
x	$-$	$-$	$+$	$+$
$(x+1,5)$	$-$	$+$	$+$	$+$
$(x-1)$	$-$	$-$	$-$	$+$
$x(x+1,5)(x-1)$	$-$	$+$	$-$	$+$

$\Rightarrow$ Damit scheiden Graph I und II aus.

Insgesamt kommt nur **Graph III** als Funktionsgraph infrage.

224 | **Lösungen**

---

91 a) $a = 7$

b) $a = -5$

c) $a = 0$ ($\Rightarrow f(x) = 5x^3 - 2x$), da nur ungerade Exponenten auftreten dürfen.

d) $f(x) = (x + a)(x - 3)^2$
$$\begin{aligned}
&= (x + a)(x^2 - 6x + 9) \\
&= x^3 - 6x^2 + 9x + ax^2 - 6ax + 9a \\
&= x^3 + (a - 6)x^2 + (9 - 6a)x + 9a
\end{aligned}$$

G_f schneidet die y-Achse an der Stelle $y = 4{,}5$ für:

$9a = 4{,}5 \qquad |:9$

$a = \dfrac{1}{2}$

e) $a \in \mathbb{R} \setminus \{0\}$.

Durch den Faktor $(x - 1)^3$ ist immer die Existenz einer dreifachen Nullstelle garantiert. Für $a = 0$ gilt $f(x) = 0$. In diesem Fall liegt bei $x = 1$ keine dreifache Nullstelle, da der Graph auf der x-Achse verläuft.

f) $f(x) = x^2 + ax - 6{,}4$

Nullstellen:

$x^2 + ax - 6{,}4 = 0$

$x_{1/2} = \dfrac{-a \pm \sqrt{a^2 - 4 \cdot 1 \cdot (-6{,}4)}}{2 \cdot 1}$

G_f schneidet die x-Achse an der Stelle $x = 3{,}2$ für:

$$\begin{aligned}
3{,}2 &= \frac{-a \pm \sqrt{a^2 + 25{,}6}}{2} & &|\cdot 2 \\
6{,}4 &= -a \pm \sqrt{a^2 + 25{,}6} & &|+a \\
6{,}4 + a &= \pm\sqrt{a^2 + 25{,}6} & &|^2 \\
(6{,}4 + a)^2 &= a^2 + 25{,}6 \\
a^2 + 12{,}8a + 40{,}96 &= a^2 + 25{,}6 & &|-a^2 \; |-40{,}96 \\
12{,}8a &= -15{,}36 & &|:12{,}8 \\
a &= -1{,}2
\end{aligned}$$

92 a) $p_1 = p_2 = p_3 = 2\pi$

Wertetabelle:

x	$-\frac{3}{2}\pi$	$-\pi$	$-\frac{1}{2}\pi$	0	$\frac{1}{2}\pi$	π	$\frac{3}{2}\pi$
$\sin x$	1	0	-1	0	1	0	-1
$2\sin x$	2	0	-2	0	2	0	-2
$-\frac{1}{3}\sin x$	$-\frac{1}{3}$	0	$\frac{1}{3}$	0	$-\frac{1}{3}$	0	$\frac{1}{3}$

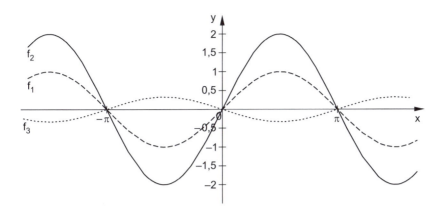

b) $p_1 = p_2 = p_3 = 2\pi$

Wertetabelle:

x	$-\frac{3}{2}\pi$	$-\pi$	$-\frac{1}{2}\pi$	0	$\frac{1}{2}\pi$	π	$\frac{3}{2}\pi$
$\sin x$	1	0	-1	0	1	0	-1
$\sin\left(x+\frac{\pi}{2}\right)$	0	-1	0	1	0	-1	0
$\sin\left(x-\frac{\pi}{3}\right)$	0,5	0,87	$-0,5$	$-0,87$	0,5	0,87	$-0,5$

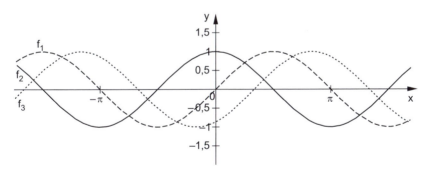

c) $p_1 = 2\pi$; $p_2 = \frac{1}{2} \cdot 2\pi = \pi$; $p_3 = \frac{1}{\frac{1}{2}} \cdot 2\pi = 4\pi$

Wertetabelle:

x	$-\frac{3}{2}\pi$	$-\pi$	$-\frac{1}{2}\pi$	0	$\frac{1}{2}\pi$	π	$\frac{3}{2}\pi$
$\sin x$	1	0	-1	0	1	0	-1
$\sin(2x)$	0	0	0	0	0	0	0
$\sin\left(\frac{1}{2}x\right)$	$-0,71$	-1	$-0,71$	0	0,71	1	0,71

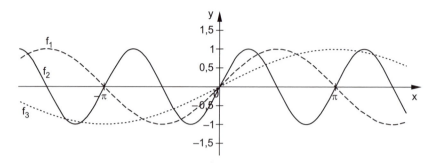

d) $p_1 = p_2 = 2\pi$; $p_3 = \frac{1}{\frac{1}{3}} \cdot 2\pi = 6\pi$

Wertetabelle:

x	$-\frac{3}{2}\pi$	$-\pi$	$-\frac{1}{2}\pi$	0	$\frac{1}{2}\pi$	π	$\frac{3}{2}\pi$
$\cos x$	0	-1	0	1	0	-1	0
$\cos x - \frac{3}{2}$	$-1,5$	$-2,5$	$-1,5$	$-0,5$	$-1,5$	$-2,5$	$-1,5$
$\cos\left(\frac{1}{3}x + \pi\right) - 1$	-1	$-1,5$	$-1,87$	-2	$-1,87$	$-1,5$	-1

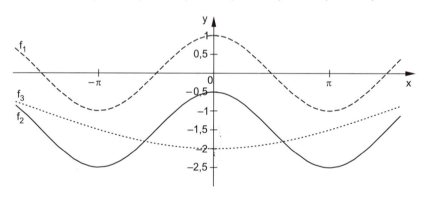

93 a) Wertetabelle:

x	$-\frac{3}{2}\pi$	$-\pi$	$-\frac{1}{2}\pi$	0	$\frac{1}{2}\pi$	π	$\frac{3}{2}\pi$
$\sin x$	1	0	-1	0	1	0	-1
$\sin(x + 2\pi)$	1	0	-1	0	1	0	-1
$\sin(x - 4\pi)$	1	0	-1	0	1	0	-1
$\cos\left(x + \frac{3\pi}{2}\right)$	1	0	-1	0	1	0	-1
$\cos\left(x - \frac{\pi}{2}\right)$	1	0	-1	0	1	0	-1
$\cos\left(x + \frac{11}{2}\pi\right)$	1	0	-1	0	1	0	-1

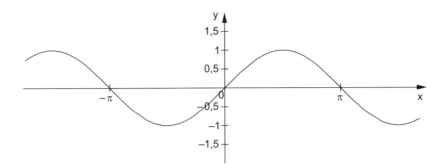

b) Zusammenhang 1:
Addiert man zum Argument einer trigonometrischen Funktion ein ganzzahliges Vielfaches von 2π, sind die Graphen der ursprünglichen und der entstandenen Funktion deckungsgleich. Damit gilt:
$\sin x = \sin(x + n \cdot 2\pi)$ und $\cos x = \cos(x + n \cdot 2\pi)$; $n \in \mathbb{Z}$

Zusammenhang 2:
Addiert man zum Argument der Sinusfunktion das $(1+4n)$-Fache von $\frac{\pi}{2}$, so ist der Graph der entstehenden Funktion deckungsgleich mit dem Graphen der Kosinusfunktion mit dem Argument der ursprünglichen Sinusfunktion. Damit gilt:
$\sin\left(x + (1+4n) \cdot \frac{\pi}{2}\right) = \cos x$ und $\cos\left(x - (1+4n) \cdot \frac{\pi}{2}\right) = \sin x$; $n \in \mathbb{Z}$

Für $n = 0$ gilt: $\sin\left(x + \frac{\pi}{2}\right) = \cos x$

Man sagt daher, dass die Sinusfunktion und die Kosinusfunktion um $\frac{\pi}{2}$ phasenverschoben sind.

94 a) Der Graph verläuft **punktsymmetrisch** zum Ursprung, da $c = \pi = 1 \cdot \pi$ und $d = 0$ gilt.

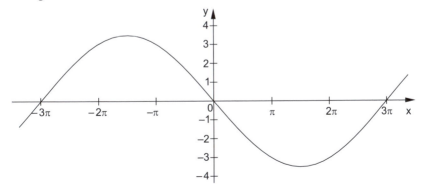

b) Der Graph verläuft **achsensymmetrisch** zur y-Achse, da c = 2π.

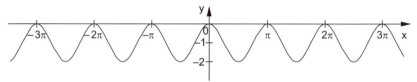

c) **Weder achsensymmetrisch** zur y-Achse (n ∉ ℤ, sodass $c = \left(n+\frac{1}{2}\right)\pi$) **noch punktsymmetrisch** zum Ursprung (d ≠ 0).

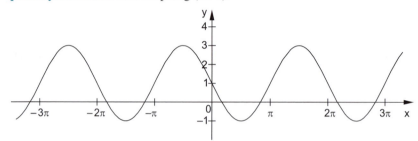

d) Der Graph verläuft **punktsymmetrisch** zum Ursprung, da $c = -\frac{3\pi}{2} = \left(-2+\frac{1}{2}\right)\pi$ und d = 0 gilt.

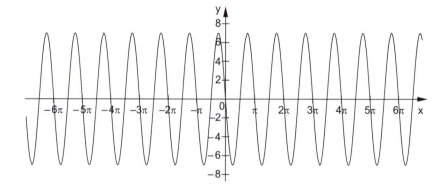

95 a) $\sin(2x) = 0 \quad \Rightarrow \quad 2x = n \cdot \pi \quad n \in \mathbb{Z}$

$\qquad\qquad\qquad\qquad\quad x = \frac{n\pi}{2} \quad n \in \mathbb{Z}$

b) $2\cos(0{,}5x+1) = 0 \quad \Rightarrow \quad 0{,}5x+1 = \left(n+\frac{1}{2}\right)\pi \quad n \in \mathbb{Z}$

$\qquad\qquad\qquad\qquad\quad x = 2\left(\left(n+\frac{1}{2}\right)\pi - 1\right) \quad n \in \mathbb{Z}$

$\qquad\qquad\qquad\qquad\quad x = (2n+1)\pi - 2 \quad n \in \mathbb{Z}$

Lösungen 229

c) $\cos(2x - 2\pi) + 0,9 = 0 \quad \Rightarrow \quad \cos(2x - 2\pi) = -0,9$

Mit dem Taschenrechner gilt:

$2x_1 - 2\pi \approx 2,69 \qquad |:2$

$\quad x_1 - \pi \approx 1,35 \qquad |+\pi$

$\qquad x_1 \approx 1,35 + \pi$

$\qquad x_1 \approx \mathbf{4,49}$

Die Funktion hat die Periode $p = \frac{1}{2} \cdot 2\pi = \pi$. Damit gilt:

$x_1 \approx 4,49 - \pi \approx 1,35$

ist ebenfalls Lösung. Für x_2 gilt dann:

$x_2 \approx \pi - 1,35 \approx 1,79$

Für alle Nullstellen gilt daher:

$x_{n_1} \approx \mathbf{1,35 + n\pi};\ n \in \mathbb{Z}$

$x_{n_2} \approx \mathbf{1,79 + n\pi};\ n \in \mathbb{Z}$

d) Diese Funktion hat keine Nullstellen, da $|3| > |-2|$ gilt.

96 a) Der Graph ist streng monoton steigend, schneidet die x-Achse an der Stelle $x = -2$ und die y-Achse an der Stelle $y = 1$. G_f verläuft im Intervall $]-\infty; -2[$ unterhalb, im Intervall $]-2; +\infty[$ oberhalb der x-Achse.
Es handelt sich um eine **lineare Funktion** (ganzrationale Funktion 1. Grades).

b) Der Graph verläuft in den Intervallen $\left]-\infty; \frac{1}{3}\right[$ und $\left]\frac{1}{3}; +\infty\right[$ streng monoton steigend. Er hat keinen Schnittpunkt mit der x-Achse und schneidet die y-Achse an der Stelle $y = 1$. G_f verläuft im Intervall $\left]-\infty; \frac{1}{3}\right[$ oberhalb, im Intervall $\left]\frac{1}{3}; +\infty\right[$ unterhalb der x-Achse.
Es handelt sich um eine gebrochen-rationale Funktion.

c) Der Graph verläuft periodisch monoton steigend und fallend. Er schneidet in jedem Intervall, in welchem er steigt bzw. fällt, einmal die x-Achse. Die y-Achse wird in etwa an der Stelle $y \approx -1,7$ geschnitten. G_f verläuft immer abwechselnd oberhalb und unterhalb der x-Achse.
Es handelt sich um eine **trigonometrische Funktion**.

d) Der Graph verläuft bis ca. $x = 0,75$ monoton steigend, danach monoton fallend. Er schneidet die x-Achse an den Stellen $x_1 \approx -0,25$ und $x_2 \approx 1,75$. Die y-Achse wird an der Stelle $y = 1$ geschnitten. G_f verläuft in den Intervallen $]-\infty; -0,25[$ und $]1,75; +\infty[$ unterhalb, im Intervall $]-0,25; 1,75[$ oberhalb der x-Achse.
Es handelt sich um eine **quadratische Funktion** (ganzrationale Funktion 2. Grades).

230 ✦ Lösungen

e) Der Graph verläuft streng monoton fallend. Er hat keine Schnittpunkte mit der x-Achse und einen Schnittpunkt mit der y-Achse bei $y = 1$. G_f verläuft immer oberhalb der x-Achse.
Es handelt sich um eine **Exponentialfunktion**.

f) Der Graph verläuft monoton fallend bis etwa $x_1 \approx -0,8$, dann steigt er bis $x_2 = 0$ und fällt dann wieder bis etwa $x_3 \approx 1,1$, um dann wieder zu steigen. Er schneidet dabei die x-Achse etwa bei $x_4 \approx 0,75$ und $x_5 \approx 1,4$. Die y-Achse wird an der Stelle $y = 1$ geschnitten. G_f verläuft im Intervall $]\,0,75;\ 1,4\,[$ unterhalb, in den Intervallen $]-\infty;\ 0,75\,[$ und $]\,1,4;\ +\infty\,[$ oberhalb der x-Achse.
Es handelt sich um eine **ganzrationale Funktion** mit Grad größer 2.

97 a) Es handelt sich um den Graphen einer quadratischen Funktion (ganzrationale Funktion 2. Grades). Damit scheiden f_2 (Exponentialfunktion) und f_4 (ganzrationale Funktion 3. Grades) aus.
$$f_1(x) = -(x+2)(x-1)$$
$$= -(x^2 - x + 2x - 2)$$
$$= -x^2 - x + 2$$

Der Graph der Funktion f_1 schneidet die y-Achse bei $y = 2$ und scheidet somit aus.

$\Rightarrow$ $\mathbf{f_3}$ ist die zum Graphen gehörende Funktion.

b) Es handelt sich um den Graphen einer trigonometrischen Funktion. Damit scheidet f_2 (ganzrationale Funktion 9. Grades) aus.
Der Graph schneidet die y-Achse bei $y = 0$.
$$f_1(0) = -2\cos(0+1) \approx -1,08$$
Hiermit kommt f_1 nicht infrage.
Die Amplitude des Graphen beträgt 2. Der Graph der Funktion f_4 erfüllt dies nicht.

$\Rightarrow$ $\mathbf{f_3}$ ist die zum Graphen gehörende Funktion.

c) Es handelt sich um den Graphen einer Exponentialfunktion. Damit scheidet f_1 (lineare Funktion) aus.
Der Graph schneidet die y-Achse bei $y = 0,5$. Damit scheidet f_3 aus.
$$f(1) \approx 2$$
Hiermit scheidet f_4 aus, da $f_4(1) = 0,125$

$\Rightarrow$ $\mathbf{f_2}$ ist die zum Graphen gehörende Funktion.

d) Es handelt sich um den Graphen einer ganzrationalen Funktion (wahrscheinlich 3. Grades).
Der Graph hat an der Stelle $x = 0,5$ eine Nullstelle mit geradzahliger Vielfachheit (Berührpunkt). Damit scheidet f_1 aus.

Der Graph schneidet die y-Achse bei $y = -0{,}5$.

$$f_4(x) = 2(x+0{,}5)^4 (x-1)$$
$$= 2(x^2 + x + 0{,}25)(x^2 + x + 0{,}25)(x-1)$$
$$= 2x^5 + 2x^4 - x^3 - 2x^2 - 0{,}875x - 0{,}125$$

Damit scheidet f_4 aus, da ihr Graph die y-Achse bei $y = -0{,}125$ schneidet.

$$f_2(x) = 2(x+0{,}5)^2 (x-1)$$
$$= 2(x^2 + x + 0{,}25)(x-1)$$
$$= 2(x^3 - 0{,}75x - 0{,}25)$$
$$= 2x^3 - 1{,}5x - 0{,}5$$
$$= f_3$$

$\Rightarrow$ **f_2** und **f_3** sind die zum Graphen gehörenden Funktionen.

98 a) Nullstellen (Schnittpunkte mit der x-Achse):

$f(x) = 0 \quad\Rightarrow\quad 4 \cdot 0{,}7^x = 0 \not\!\!\!/$

$\Rightarrow$ keine Schnittpunkte mit der x-Achse

Schnittpunkt mit der y-Achse:

$f(0) = 4 \cdot 0{,}7^0 = 4$

$\Rightarrow$ **$S_y(0 \mid 4)$**

b) Nullstellen (Schnittpunkte mit der x-Achse):

$f(x) = 0 \quad\Rightarrow\quad 2x^2 + 0{,}2x - 0{,}84 = 0$

$$x_{1/2} = \frac{-0{,}2 \pm \sqrt{0{,}04 - 4 \cdot 2 \cdot (-0{,}84)}}{2 \cdot 2}$$

$$x_{1/2} = \frac{-0{,}2 \pm 2{,}6}{4}$$

$x_1 = 0{,}6 \quad$ und $\quad x_2 = -0{,}7$

$\Rightarrow$ **$N_1(-0{,}7 \mid 0)$** und **$N_2(0{,}6 \mid 0)$**

Schnittpunkt mit der y-Achse:

$f(0) = 2 \cdot 0^2 + 0{,}2 \cdot 0 - 0{,}84 = -0{,}84$

$\Rightarrow$ **$S_y(0 \mid -0{,}84)$**

c) Nullstellen (Schnittpunkte mit der x-Achse):

$f(x) = 0 \quad\Rightarrow\quad 5\cos(2x-1) = 0 \qquad |:5$

$\qquad\qquad\qquad\qquad\quad \cos(2x-1) = 0$

Damit der Kosinus null ergibt, muss das Argument $\frac{\pi}{2}$, $\frac{3\pi}{2}$, $\frac{5\pi}{2}$, … sein. Es gibt unendlich viele Lösungen, da der Kosinus eine periodische Funktion ist.

Um all diese Lösungen zu erfassen, stellt man sie allgemein mit einer weiteren Variablen n dar, für die man sich nacheinander alle ganzen Zahlen eingesetzt denkt:

$$2x_n - 1 = (2n-1) \cdot \frac{\pi}{2} \qquad\qquad |+1$$

$$2x_n = (2n-1) \cdot \frac{\pi}{2} + 1 \qquad |:2$$

$$x_n = (2n-1) \cdot \frac{\pi}{4} + \frac{1}{2}$$

Es gibt unendlich viele Nullstellen:

$$\mathbf{N_n\left((2n-1) \cdot \frac{\pi}{4} + \frac{1}{2} \,\middle|\, 0\right) \ n \in \mathbb{Z}}$$

Schnittpunkt mit der y-Achse:

$$f(0) = 5 \cdot \cos(2 \cdot 0 - 1) \approx 2,70$$

$$\Rightarrow \ \mathbf{S_y(0\,|\,2{,}70)}$$

Hinweise und Tipps:
Stelle deinen Taschenrechner auf das Rechnen im Bogenmaß um: RAD

d) Nullstellen (Schnittpunkte mit der x-Achse):

$$f(x) = 0 \ \Rightarrow \ x^3 - 0,75x - 0,25 = 0$$

Erste Nullstelle raten: $x_1 = 1$

Test: $1^3 - 0,75 \cdot 1 - 0,25 = 0$ ✓

Polynomdivision:

$$
\begin{array}{l}
(x^3 - 0,75x - 0,25) : (x-1) = x^2 + x + 0,25 \\
\underline{-(x^3 - x^2)} \\
\qquad x^2 - 0,75x \\
\qquad \underline{-(x^2 - x)} \\
\qquad\qquad 0,25x - 0,25 \\
\qquad\qquad \underline{-(0,25x - 0,25)} \\
\qquad\qquad\qquad 0
\end{array}
$$

Lösen der quadratischen Gleichung $x^2 + x + 0,25 = 0$:

$$x_{2/3} = \frac{-1 \pm \sqrt{1 - 4 \cdot 1 \cdot 0,25}}{2 \cdot 1}$$

$$x_{2/3} = \frac{-1 \pm 0}{2}$$

$$x_2 = -0,5 \quad \text{und} \quad x_3 = -0,5$$

$$\Rightarrow \ \mathbf{N_1(1\,|\,0)} \text{ und } \mathbf{N_2(-0{,}5\,|\,0)} \text{ (doppelte Nullstelle)}$$

Schnittpunkt mit der y-Achse:

$$f(0) = 0^3 - 0,75 \cdot 0 - 0,25 = -0,25$$

$$\Rightarrow \ \mathbf{S_y(0\,|\,-0{,}25)}$$

99 a) Es handelt sich um eine lineare Funktion f: $x \mapsto mx + t$.
G_f ist eine **streng monoton fallende** Gerade, da $m < 0$.
Nullstellen: $f(x) = 0$

$$-3x + 4 = 0 \qquad | -4$$
$$-3x = -4 \qquad |:(-3)$$
$$x = \frac{4}{3}$$

Der Graph schneidet die x-Achse bei $N\left(\frac{4}{3} \,\middle|\, 0\right)$.

$f(0) = -3 \cdot 0 + 4 = 4$

G_f schneidet die y-Achse bei $S_y(0 \,|\, 4)$.

Der Graph G_f verläuft im Intervall $\left]-\infty; \frac{4}{3}\right[$ **oberhalb** und im Intervall $\left]\frac{4}{3}; +\infty\right[$ **unterhalb** der x-Achse.

b) Es handelt sich um eine Exponentialfunktion f: $x \mapsto b \cdot a^x$.
G_f verläuft **streng monoton fallend**, da $a > 1$ und $b < 0$.
Schnittpunkte mit der x-Achse liegen nicht vor.

$f(0) = -0,2 \cdot 2^0 = -0,2$

G_f schneidet die y-Achse bei $S_y(0 \,|\, -0{,}2)$.

Der Graph verläuft **für ganz $\mathbb{R}$ unterhalb** der x-Achse (Exponentialfunktionen haben keine Nullstellen).

c) Es handelt sich um eine ganzrationale Funktion 3. Grades
f: $x \mapsto a_3 x^3 + a_2 x^2 + a_1 x + a_0$.

$$\begin{aligned}
f(x) &= (x-1)(x+1)(x+2) \\
&= (x^2 - 1)(x+2) \\
&= x^3 + 2x^2 - x - 2
\end{aligned}$$

G_f schneidet die x-Achse in den Punkten $N_1(-2 \,|\, 0)$, $N_2(-1 \,|\, 0)$ und $N_3(1 \,|\, 0)$ und die y-Achse bei $S_y(0 \,|\, -2)$.

Für $x \to -\infty$ gilt: $x^3 \to -\infty \;\Rightarrow\; f(x) \to -\infty$
Für $x \to +\infty$ gilt: $x^3 \to +\infty \;\Rightarrow\; f(x) \to +\infty$

G_f verläuft in den Intervallen $]-\infty; -2[$ und $]-1; 1[$ **unterhalb** und in den Intervallen $]-2; -1[$ und $]1; \infty[$ **oberhalb** der x-Achse.

Der Graph **steigt** bis zu einem Punkt im Intervall $]-2; -1[$, fällt dann bis zu einem Punkt im Intervall $]-1; 1[$ und steigt dann wieder.

d) Es handelt sich um eine trigonometrische Funktion f: $x \mapsto a \cdot \sin(bx + c) + d$.
Der Graph schneidet die x-Achse in den Punkten:

$N_n\left(\frac{n}{2}\pi \,\middle|\, 0\right)$, $n \in \mathbb{Z}$ (da $d = 0$ und $a = 3$ und somit $|d| \le |a|$ gilt).

G_f schneidet die y-Achse bei $S_y(0 \,|\, 0)$, da $f(0) = 0$.

234 / Lösungen

G_f verläuft im Intervall $\left]0; \frac{\pi}{2}\right[$ oberhalb der x-Achse und im Intervall $\left]\frac{\pi}{2}; \pi\right[$ unterhalb der x-Achse. Für $x < 0$ und $x > \pi$ schließen sich jeweils Intervalle der Länge $\frac{\pi}{2}$ an, in denen der Graph abwechselnd oberhalb und unterhalb verläuft.

Somit gilt allgemein:

Verlauf des Graphen oberhalb der x-Achse: $I_n = \left]n \cdot \pi; \left(n + \frac{1}{2}\right) \cdot \pi\right[$, $n \in \mathbb{Z}$

Verlauf des Graphen unterhalb der x-Achse: $I_n = \left]\left(n - \frac{1}{2}\right) \cdot \pi; n \cdot \pi\right[$, $n \in \mathbb{Z}$

Der Graph steigt streng monoton im Intervall $\left]-\frac{\pi}{4}; \frac{\pi}{4}\right[$ und fällt streng monoton im Intervall $\left]\frac{\pi}{4}; \frac{3\pi}{4}\right[$.

Für $x < -\frac{\pi}{4}$ und $x > \frac{3\pi}{4}$ schließen sich jeweils Intervalle der Länge $\frac{\pi}{2}$ an, in denen der Graph abwechselnd streng monoton steigt und streng monoton fällt.

Somit gilt allgemein:

G_f steigt streng monoton in $I_n = \left]\left(n - \frac{1}{4}\right) \cdot \pi; \left(n + \frac{1}{4}\right) \cdot \pi\right[$, $n \in \mathbb{Z}$.

G_f fällt streng monoton in $I_n = \left]\left(n + \frac{1}{4}\right) \cdot \pi; \left(n + \frac{3}{4}\right) \cdot \pi\right[$, $n \in \mathbb{Z}$.

100 a) $f(-x) = 0,7 \cdot \sin(5(-x))$
$= 0,7 \cdot \sin(-5x)$
$= -0,7 \cdot \sin(5x)$
$= -f(x)$

Hinweise und Tipps:
Achsensymmetrie zur y-Achse: $f(-x) = f(x)$
Punktsymmetrie zum Ursprung: $f(-x) = -f(x)$

Der Graph verläuft **punktsymmetrisch** zum Ursprung.

b) $f(-x) = 3 \cdot (-x)^6 + 3 \cdot (-x)^4 - 3$
$= 3x^6 + 3x^4 - 3$
$= f(x)$

Der Graph verläuft **achsensymmetrisch** zur y-Achse.

c) $f(-x) = 3 \cdot (-x) - 1$
$= -3x - 1$

Der Graph verläuft **weder punktsymmetrisch** zum Ursprung **noch achsensymmetrisch** zur y-Achse.

d) $f(-x) = -5 \cdot 0,2^{-x}$
$= -\frac{5}{0,2^x}$

Der Graph verläuft **weder punktsymmetrisch** zum Ursprung **noch achsensymmetrisch** zur y-Achse.

e) $f(-x) = \sin(3 \cdot (-x)) + (-x)^3 - 27 \cdot (-x)$
$\qquad = -\sin(3x) - x^3 + 27x$
$\qquad = -f(x)$

Der Graph verläuft **punktsymmetrisch** zum Ursprung.

f) $f(-x) = (-x)^2 + 3 - |5 \cdot (-x)|$
$\qquad = x^2 + 3 - |5x|$
$\qquad = f(x)$

Der Graph verläuft **achsensymmetrisch** zur y-Achse.

101 Hinweise und Tipps:
Die Schnittpunkte zweier Graphen liegen auf beiden Graphen, die Koordinaten der Schnittpunkte erfüllen also beide Funktionsgleichungen. Insbesondere ist der y-Wert beider Funktionen an den Schnittpunkten gleich: $f(x) = g(x)$

a) $\quad f(x) = g(x)$
$\quad 3x + 1 = -x - 3 \qquad |+x \quad |-1$
$\qquad 4x = -4 \qquad\qquad |:4$
$\qquad\quad x = -1$

In f einsetzen: $f(-1) = 3 \cdot (-1) + 1 = -2$
Schnittpunkt: $\mathbf{S(-1 \mid -2)}$

Hinweise und Tipps:
Man kann $x = -1$ auch in g einsetzen, da f und g an dieser Stelle den gleichen Funktionswert besitzen. Man wählt meist die einfachere der beiden Funktionen.

b) $\quad f(x) = g(x)$
$\quad 2 \cdot 3,5^x = 0,5 \cdot 0,5^x \qquad |:2 \quad |:(0,5^x)$

$\qquad \dfrac{3,5^x}{0,5^x} = \dfrac{0,5}{2}$

$\qquad \left(\dfrac{3,5}{0,5}\right)^x = 0,25$

$\qquad\quad 7^x = 0,25 \qquad\qquad |\lg$

$\qquad \lg 7^x = \lg 0,25$

$\quad x \cdot \lg 7 = \lg 0,25 \qquad\quad |:\lg 7$

$\qquad\qquad x = \dfrac{\lg 0,25}{\lg 7}$

$\qquad\qquad x \approx -0,71$

In f einsetzen: $f(-0,71) = 2 \cdot 3,5^{-0,71} \approx 0,82$
Schnittpunkt: $\mathbf{S(-0,71 \mid 0,82)}$

236 / Lösungen

c)
$$f(x) = g(x)$$
$$3x^2 - 2x - 1{,}6 = -2x^2 + 5x + 2 \qquad |+(2x^2)\ |-(5x)\ |-2$$
$$5x^2 - 7x - 3{,}6 = 0$$
$$x_{1/2} = \frac{7 \pm \sqrt{49 - 4 \cdot 5 \cdot (-3{,}6)}}{2 \cdot 5}$$
$$x_{1/2} = \frac{7 \pm 11}{10}$$
$$x_1 = 1{,}8 \quad \text{und} \quad x_2 = -0{,}4$$

In f einsetzen:
$$f(1{,}8) = 3 \cdot 1{,}8^2 - 2 \cdot 1{,}8 - 1{,}6 = 4{,}52$$
$$f(-0{,}4) = 3 \cdot (-0{,}4)^2 - 2 \cdot (-0{,}4) - 1{,}6 = -0{,}32$$
Schnittpunkte: $\mathbf{S_1(1{,}8\,|\,4{,}52)}$ und $\mathbf{S_2(-0{,}4\,|\,-0{,}32)}$

d)
$$f(x) = g(x)$$
$$3x^3 + x - 1 = 2x - 3 \qquad |-(2x)\ |+3$$
$$3x^3 - x + 2 = 0$$

Erste Lösung raten: $x_1 = -1$
Test: $3 \cdot (-1)^3 - (-1) + 2 = 0$ ✓

Polynomdivision:
$$
\begin{array}{l}
(3x^3 - x + 2) : (x+1) = 3x^2 - 3x + 2 \\
\underline{-(3x^3 + 3x^2)} \\
\qquad -3x^2 - x \\
\qquad \underline{-(-3x^2 - 3x)} \\
\qquad\qquad 2x + 2 \\
\qquad\qquad \underline{-(2x + 2)} \\
\qquad\qquad\qquad 0
\end{array}
$$

Lösen der quadratischen Gleichung $3x^2 - 3x + 2 = 0$:
$$x_{2/3} = \frac{3 \pm \sqrt{9 - 4 \cdot 3 \cdot 2}}{2 \cdot 1}$$
$$x_{2/3} = \frac{3 \pm \sqrt{-15}}{2} \quad \text{⚡}$$

$\Rightarrow x_1 = -1$ ist der x-Wert des einzigen Schnittpunkts.
In g einsetzen: $g(-1) = 2 \cdot (-1) - 3 = -5$
Schnittpunkt: $\mathbf{S(-1\,|\,-5)}$

e) Der Punkt $S(-1\,|\,-5)$ muss die Funktionsgleichung $y = ax^2 + bx + c$ erfüllen:
$$-5 = a \cdot (-1)^2 + b \cdot (-1) + c$$
$$-5 = a - b + c$$
a muss ungleich null sein, da sonst keine quadratische Funktion entstehen würde. Wähle $b = 0$ und $c = 0$:
$$-5 = a$$
$\Rightarrow$ $\mathbf{h:\ x \mapsto -5x^2}$ erfüllt die geforderte Bedingung $h(-1) = -5$.

102 a) Unendlich viele Schnittpunkte mit der x-Achse deuten auf einen periodischen
   Verlauf hin. Es handelt sich also um eine trigonometrische Funktion
   $f\colon x \mapsto a \cdot \sin(bx + c) + d$ oder $f\colon x \mapsto a \cdot \cos(bx + c) + d$.
   $\mathbb{W} = [-3;\ 3] \ \Rightarrow \ d = 0$
   Schnittpunkt mit der y-Achse bei $y = 3$:

$$f(0) = 3 \qquad\qquad \text{oder} \qquad\qquad f(0) = 3$$
$$a \cdot \sin(b \cdot 0 + c) = 3 \qquad\qquad a \cdot \cos(b \cdot 0 + c) = 3$$
$$a \cdot \sin c = 3 \qquad\qquad a \cdot \cos c = 3$$

   Daher kann b frei gewählt werden (außer 0); wähle $b = 1$.
   $\mathbb{W} = [-3;\ 3] \ \Rightarrow \ a = 3$
   Damit gilt:

$3\sin c = 3 \quad \vert :3$	$3\cos c = 3 \quad \vert :3$
$\sin c = 1$	$\cos c = 1$
$c = (1 + 4n) \cdot \dfrac{\pi}{2}$ mit $n \in \mathbb{Z}$	
	$c = 4n \cdot \dfrac{\pi}{2}$ mit $n \in \mathbb{Z}$
Wähle $n = 0 \ \Rightarrow \ c = \dfrac{\pi}{2}$	$c = 2n \cdot \pi$ mit $n \in \mathbb{Z}$
$\mathbf{f(x) = 3\sin\left(x + \dfrac{\pi}{2}\right)}$ erfüllt alle	Wähle $n = 0 \ \Rightarrow \ c = 0$
Bedingungen.	$\mathbf{f(x) = 3\cos x}$ erfüllt alle Bedingungen.

   b) Achsensymmetrie zur y-Achse deutet auf eine ganzrationale Funktion hin,
   wobei alle Exponenten gerade sind (auch Graphen trigonometrischer Funktionen können achsensymmetrisch zur y-Achse verlaufen, diese haben allerdings entweder keine oder unendlich viele Nullstellen).
   Wegen der Anforderung an die Nullstellen gilt für die Form der Funktion:
   $f\colon x \mapsto (x - a)^2 \cdot (x + a)^2$
   Schnitt mit der y-Achse:
   $f(0) = (-a)^2 \cdot a^2 = a^4$
   Da der Graph die y-Achse bei $y = 4$ schneiden soll, folgt:
   $a^4 = 4$
   $a_1 = \sqrt{2}$ oder $a_2 = -\sqrt{2}$
   $\mathbf{f\colon x \mapsto (x - \sqrt{2})^2\ (x + \sqrt{2})^2}$ erfüllt alle Bedingungen.

   c) Da der Graph a auf ganz $\mathbb{D}$ streng monoton steigend ist, handelt es sich entweder um eine lineare Funktion oder um eine Exponentialfunktion. Da kein
   Schnittpunkt mit der x-Achse vorhanden ist, ist es eine Exponentialfunktion:
   $f\colon x \mapsto b \cdot a^x$
   G_f schneidet die y-Achse bei $y = 7{,}3 \ \Rightarrow \ b = 7{,}3$
   Da G_f streng monoton steigend ist und $b > 0$ gilt, muss $a > 0$ sein. a ist frei
   wählbar, z. B. $a = 2$.
   $\mathbf{f\colon x \mapsto 7{,}3 \cdot 2^x}$ erfüllt alle Bedingungen.

238 / **Lösungen**

d) Punktsymmetrie und genau fünf verschiedene Nullstellen sprechen für eine ganzrationale Funktion 5. Grades, wobei alle Exponenten ungerade sind. Wähle die Nullstellen symmetrisch zum Ursprung:

$x_1 = -2$, $x_2 = -1$, $x_3 = 0$, $x_4 = 1$ und $x_5 = 2$

$$\begin{aligned}
f(x) &= (x+2)(x+1) \cdot x \cdot (x-1)(x-2) \\
&= x(x^2-1)(x^2-4) \\
&= x^5 - 5x^3 + 4x
\end{aligned}$$

$f: x \mapsto x^5 - 5x^3 + 4x$ erfüllt alle Bedingungen.

103 a) Die Aussage ist **falsch**.

Es gibt auch ganzrationale Funktionen, deren Graphen keine Symmetrie aufweisen. Beispielsweise:

$f: x \mapsto x^3 + x^2$

b) Die Aussage ist **richtig**.

Die Periode der Kosinusfunktion $g: x \mapsto \cos x$ ist 2π. Das heißt, die Periode der Funktion $f: x \mapsto \cos(b \cdot x)$ beträgt $\frac{2\pi}{|b|}$. Da $b \in \mathbb{R}$ gilt, kann der Quotient $\frac{2\pi}{|b|}$ jede beliebige positive reelle Zahl als Wert annehmen.

c) Die Aussage ist **richtig**.

Gäbe es eine solche Funktion, dann hätte sie an der Stelle $x = 0$ zwei Funktionswerte. Das ist aber ein Widerspruch zur Definition einer Funktion, nach der jedem x-Wert genau ein Funktionswert zugeordnet wird.

d) Die Aussage ist **falsch**.

Gegenbeispiel: $f: x \mapsto \frac{1}{x}$

f besitzt an der Stelle $x = 0$ eine Polstelle (Nullstelle des Nenners) und ist damit für $x = 0$ gar nicht definiert. f besitzt daher keine Schnittstelle mit der y-Achse.

104 a) Schnittpunkt von G_f mit der x-Achse:

$$\begin{aligned}
f(x) &= 0 \\
\frac{3x}{x^2-1} &= 0 \\
3x &= 0 \\
x &= 0
\end{aligned}$$

$\Rightarrow$ **N(0 | 0)**

Schnittpunkt mit der y-Achse:

$f(0) = \frac{3 \cdot 0}{0^2 - 1} = \frac{0}{-1} = 0 \Rightarrow$ **S_y (0 | 0)**

Definitionslücken:
Die Nennerfunktion f_N hat an den Definitionslücken den Wert null:
$f_N(x) = 0 \Rightarrow x^2 - 1 = 0$
$\qquad\qquad\qquad x_1 = -1$ und $x_2 = 1$
Bei $x_1 = -1$ und $x_2 = 1$ hat die Funktion Definitionslücken (Polstellen).

Symmetrie:
Die Zählerfunktion $f_Z(x) = 3x$ ist punktsymmetrisch zum Ursprung, da
$f_Z(-x) = 3(-x) = -3x = -f_Z(x)$ gilt.
Die Nennerfunktion $f_N(x) = x^2 - 1$ ist achsensymmetrisch zur y-Achse, da
$f_N(-x) = (-x)^2 - 1 = x^2 - 1 = f_N(x)$ gilt.
Für f ergibt sich damit eine **Punktsymmetrie** zum Ursprung.

Vorzeichentabelle:

Intervall	$x < -1$	$-1 < x < 0$	$0 < x < 1$	$1 < x$
Zähler f_Z	−	−	+	+
Nenner f_N	+	−	−	+
Funktion f	**−**	**+**	**−**	**+**

Verlauf des Graphen:

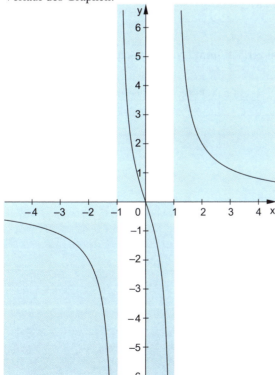

b) Schnittpunkte von G_f mit der x-Achse:
$f(x) = 0 \Rightarrow 2\sin(2x - \pi) = 0 \quad |:2$
$$\sin(2x - \pi) = 0$$
$$2x - \pi = n \cdot \pi \text{ mit } n \in \mathbb{Z}$$
$$x = \frac{\pi n + \pi}{2}$$
$$x = \frac{(n+1) \cdot \pi}{2}$$

$\Rightarrow N_n\left(\frac{(n+1)\pi}{2} \mid 0\right)$

Schnittpunkt mit der y-Achse:
$f(0) = 2\sin(2 \cdot 0 - \pi) = 2\sin(-\pi) = 0 \Rightarrow S_y(0 \mid 0)$

Definitionslücken:
Die Sinusfunktion ist auf ganz $\mathbb{R}$ definiert. Es gibt **keine** Definitionslücken.

Symmetrie:
$f(-x) = 2\sin(2 \cdot (-x) - \pi)$
$= 2\sin(-(2x + \pi))$
$= -2\sin(2x + \pi)$
$= -2\sin(2x + \pi - 2\pi)$
$= -2\sin(2x - \pi)$
$= -f(x)$

Hinweise und Tipps:
Die Sinusfunktion hat die Periode 2π.

Der Graph der Funktion verläuft **punktsymmetrisch** zum Ursprung.

Vorzeichentabelle:

Intervall	...	$\frac{(-2+1)\pi}{2} < x < \frac{(-1+1)\pi}{2}$	$\frac{(-1+1)\pi}{2} < x < \frac{(0+1)\pi}{2}$	$\frac{(0+1)\pi}{2} < x < \frac{(1+1)\pi}{2}$	...
Funktion f		+	−	+	

Verlauf des Graphen:

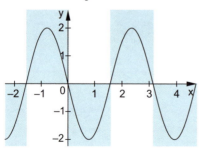

c) Schnittpunkte von G_f mit der x-Achse:
$$f(x) = 0 \Rightarrow 3^{x-1} - 1 = 0 \quad |+1$$
$$3^{x-1} = 1 \quad |\lg$$
$$\lg 3^{x-1} = \lg 1$$
$$(x-1) \cdot \lg 3 = \lg 1 \quad |:\lg 3$$
$$x - 1 = \frac{\lg 1}{\lg 3} \quad |+1$$
$$x = 0 + 1$$
$$x = 1$$

$\Rightarrow$ **N(1|0)**

Schnittpunkt mit der y-Achse:
$$f(0) = 3^{0-1} - 1 = -\frac{2}{3} \Rightarrow S_y\left(0 \Big| -\frac{2}{3}\right)$$

Definitionslücken:
Die Exponentialfunktion ist auf ganz $\mathbb{R}$ definiert. Es gibt **keine** Definitionslücken.

Symmetrie:
Exponentialfunktionen weisen **weder Achsensymmetrie** zur y-Achse **noch Punktsymmetrie** zum Ursprung auf.

Vorzeichentabelle:

Intervall	x < 1	1 < x
Funktion f	−	+

Verlauf des Graphen:

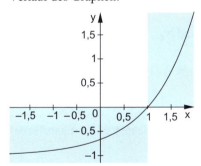

d) Schnittpunkte von G_f mit der x-Achse:
$$f(x) = 0 \Rightarrow 0,5x^4 + 0,3x^3 - 1,225x^2 + 0,375x + 0,05 = 0$$
Erste Nullstelle raten: $x_1 = 1$
Test: $0,5 \cdot 1^4 + 0,3 \cdot 1 - 1,225 \cdot 1^2 + 0,375 \cdot 1 + 0,05 = 0$ ✓

Polynomdivision:

$$(0,5x^4 + 0,3x^3 - 1,225x^2 + 0,375x + 0,05) : (x - 1) = 0,5x^3 + 0,8x^2$$
$$\underline{-(0,5x^4 - 0,5x^3)} \qquad\qquad\qquad\qquad\qquad - 0,425x - 0,05$$
$$\qquad\quad 0,8x^3 - 1,225x^2$$
$$\qquad\quad \underline{-(0,8x^3 - 0,8x^2)}$$
$$\qquad\qquad\qquad -0,425x^2 + 0,375x$$
$$\qquad\qquad\qquad \underline{-(-0,425x^2 + 0,425x)}$$
$$\qquad\qquad\qquad\qquad\qquad -0,05x + 0,05$$
$$\qquad\qquad\qquad\qquad\qquad \underline{-(-0,05x + 0,05)}$$
$$\qquad\qquad\qquad\qquad\qquad\qquad\qquad 0$$

Zweite Nullstelle raten: $x_2 = -2$

Test: $0,5 \cdot (-2)^3 + 0,8 \cdot (-2)^2 - 0,425 \cdot (-2) - 0,05 = 0$ ✓

Polynomdivision:

$$(0,5x^3 + 0,8x^2 - 0,425x - 0,05) : (x + 2) = 0,5x^2 - 0,2x - 0,025$$
$$\underline{-(0,5x^3 + x^2)}$$
$$\qquad\quad -0,2x^2 - 0,425x$$
$$\qquad\quad \underline{-(-0,2x^2 - 0,4x)}$$
$$\qquad\qquad\qquad -0,025x - 0,05$$
$$\qquad\qquad\qquad \underline{-(-0,025x - 0,05)}$$
$$\qquad\qquad\qquad\qquad\qquad 0$$

Lösen der quadratischen Gleichung $0,5x^2 - 0,2x - 0,025 = 0$:

$$x_{3/4} = \frac{0,2 \pm \sqrt{0,04 - 4 \cdot 0,5 \cdot (-0,025)}}{2 \cdot 0,5}$$
$$x_{3/4} = 0,2 \pm 0,3$$
$$x_3 = 0,5 \quad \text{und} \quad x_4 = -0,1$$

$\Rightarrow$ **$N_1(-2\,|\,0)$, $N_2(-0,1\,|\,0)$, $N_3(0,5\,|\,0)$ und $N_4(1\,|\,0)$**

Schnittpunkt mit der y-Achse:

$$f(0) = 0,5 \cdot 0^4 + 0,3 \cdot 0^3 - 1,225 \cdot 0^2 + 0,375 \cdot 0 + 0,05 = 0,05$$

$\Rightarrow$ **$S_y(0\,|\,0,05)$**

Definitionslücken:

Ganzrationale Funktionen mit natürlichen Exponenten sind auf ganz $\mathbb{R}$ definiert. Es gibt **keine** Definitionslücken.

Symmetrie:

Da sowohl gerade als auch ungerade Exponenten auftauchen, ist f **weder achsensymmetrisch** zur y-Achse **noch punktsymmetrisch** zum Ursprung.

Vorzeichentabelle: f: x ↦ (x + 2) (x + 0,1) (x − 0,5) (x − 1)

Intervall	x < −2	−2 < x < −0,1	−0,1 < x < 0,5	0,5 < x < 1	1 < x
(x + 2)	−	+	+	+	+
(x + 0,1)	−	−	+	+	+
(x − 0,5)	−	−	−	+	+
(x − 1)	−	−	−	−	+
Funktion f	+	−	+	−	+

Verlauf des Graphen:

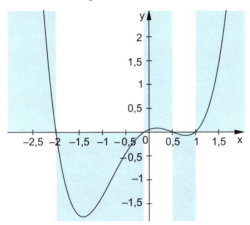

105 a) Gerade durch zwei der drei Punkte (P_1 und P_2):
Allgemeine Geradengleichung (lineare Funktion): y = mx + t
P_1 einsetzen: $1,4 = m \cdot (-2) + t \Rightarrow m = \frac{1,4 - t}{-2}$
P_2 einsetzen: $4,2 = m \cdot 1,5 + t$
Durch Einsetzen von m erhält man:

$4,2 = \frac{1,4 - t}{-2} \cdot 1,5 + t$

$\frac{21}{5} = \left(-\frac{7}{10} + \frac{t}{2}\right) \cdot \frac{3}{2} + t$

$\frac{21}{5} = -\frac{21}{20} + \frac{3}{4}t + t \qquad \big| + \frac{21}{20}$

$\frac{21}{4} = \frac{7}{4}t \qquad \big| : \frac{7}{4}$

$3 = t$

$m = \frac{1,4 - t}{-2} = \frac{1,4 - 3}{-2} = 0,8$

P_1 und P_2 liegen auf der Geraden y = 0,8x + 3.

Überprüfen, ob P_3 auch auf dieser Geraden liegt:

$0,8 \cdot (-3) + 3 = 0,6$ ✓

Hinweise und Tipps:
Wenn dies der Fall ist, müssen die Koordinaten von P_3 die Geradengleichung erfüllen.

Die drei Punkte liegen auf der Geraden **y = 0,8x + 3**.

b) Gerade durch P_1 und P_2:
P_1 einsetzen: $-2,5 = m \cdot 1 + t \implies m = -2,5 - t$
P_2 einsetzen: $2 = m \cdot (-2) + t$

Durch Einsetzen von m erhält man:

$$2 = (-2,5 - t) \cdot (-2) + t$$
$$2 = 5 + 2t + t \qquad |-5$$
$$-3 = 3t \qquad |:3$$
$$-1 = t$$

$m = -2,5 - t = -2,5 - (-1) = -1,5$
P_1 und P_2 liegen auf der Geraden $y = -1,5x - 1$.

P_3 überprüfen:
$-1,5 \cdot 3 - 1 = -5,5 \neq 4,5$

Die drei Punkte liegen **nicht** auf einer Geraden.

Nun muss eine quadratische Funktion gefunden werden, auf deren Graph (Parabel) die drei Punkte liegen:
Allgemeine Form einer Parabel: $y = ax^2 + bx + c$

Punkte einsetzen:

(I) $-2,5 = a \cdot 1^2 + b \cdot 1 + c$
(II) $2 = a \cdot (-2)^2 + b \cdot (-2) + c$
(III) $4,5 = a \cdot 3^2 + b \cdot 3 + c$

(I) $-2,5 = a + b + c$
(II) $2 = 4a - 2b + c$
(III) $4,5 = 9a + 3b + c$

Lösen des Gleichungssystems:

(I) $-2,5 = a + b + c$
       $c = -2,5 - a - b$ (I')

(I') in (II) $2 = 4a - 2b - 2,5 - a - b \quad |+2,5$
                $4,5 = 3a - 3b \qquad |+3b - 4,5$
                $3b = 3a - 4,5 \qquad |:3$
                $b = a - 1,5$ (II')

(I') in (III) $4,5 = 9a + 3b - 2,5 - a - b \quad |+2,5$
                $7 = 8a + 2b$ (III')

(II') in (III') $7 = 8a + 2(a - 1,5)$
                 $7 = 10a - 3 \qquad |+3$
                 $10 = 10a \qquad |:10$
                 $1 = a$

a in (II') $b = a - 1,5 = 1 - 1,5 = -0,5$
a und b in (I') $c = -2,5 - a - b = -2,5 - 1 + 0,5 = -3$

Alle drei Punkte liegen auf der Parabel mit der Gleichung $\mathbf{y = x^2 - 0,5x - 3}$.

Berechnung des Scheitelpunkts S:

$$f(x) = x^2 - 0,5x - 3$$
$$= x^2 - 0,5x + 0,25^2 - 0,25^2 - 3$$
$$= (x^2 - 0,5x + 0,25^2) - 0,25^2 - 3$$
$$= (x - 0,25)^2 - 3,0625$$

Hinweise und Tipps:
Wandle den Funktionsterm mithilfe der quadratischen Ergänzung in die Scheitelpunktsform um.

$\Rightarrow$ $\mathbf{S(0,25 \mid -3,0625)}$

c) Gerade durch P_1 und P_2:

P_1 einsetzen: $-21 = m \cdot (-2) + t$

P_2 einsetzen: $-1 = m \cdot 2 + t$

Addiert man die beiden Gleichungen, folgt:

$$-21 + (-1) = -2m + t + 2m + t$$
$$-22 = 2t \qquad \mid : 2$$
$$-11 = t$$

Hinweise und Tipps:
Man kann die Aufgabe auch mit dem in Teilaufgabe a und b verwendeten Verfahren lösen.

Für m folgt:

$$-1 = 2m - 11 \qquad \mid +11$$
$$10 = 2m \qquad \mid : 2$$
$$5 = m$$

P_1 und P_2 liegen auf der Geraden $y = 5x - 11$.

P_3 überprüfen:
$$5 \cdot 3 - 11 = 4 \neq -6$$

Die drei Punkte liegen **nicht** auf einer Geraden.

Nun muss eine quadratische Funktion gefunden werden, auf deren Graph (Parabel) die drei Punkte liegen:

Allgemeine Form einer Parabel: $y = ax^2 + bx + c$

Punkte einsetzen:

(I) $-21 = a \cdot (-2)^2 + b \cdot (-2) + c$
(II) $-1 = a \cdot 2^2 + b \cdot 2 + c$
(III) $-6 = a \cdot 3^2 + b \cdot 3 + c$

(I) $-21 = 4a - 2b + c$
(II) $-1 = 4a + 2b + c$
(III) $-6 = 9a + 3b + c$

Lösen des Gleichungssystems:

(I) $-21 = 4a - 2b + c$
        $c = -21 - 4a + 2b$ (I')

246 / Lösungen

(I') in (II) $-1 = 4a + 2b - 21 - 4a + 2b$ $|+21$
$\qquad$ $20 = 4b$ $\qquad$ $|:4$
$\qquad$ $b = 5$ (II')

(I) in (III) $-6 = 9a + 3b - 21 - 4a + 2b$ $|+21$
$\qquad$ $15 = 5a + 5b$ $\qquad$ $|:5$
$\qquad$ $3 = a + b$ (III')

(II') in (III') $3 = a + 5$ $\qquad$ $|-5$
$\qquad$ $-2 = a$

a und b in (I') $c = -21 - 4a + 2b = -21 - 4 \cdot (-2) + 2 \cdot 5 = -3$

Alle drei Punkte liegen auf der Parabel mit der Gleichung $\mathbf{y = -2x^2 + 5x - 3}$.

Berechnung des Scheitelpunkts S:

$f(x) = -2x^2 + 5x - 3$

$\qquad = -2\left(x^2 - \frac{5}{2}x + \frac{3}{2}\right)$

$\qquad = -2\left(x^2 - \frac{5}{2}x + \left(\frac{5}{4}\right)^2 - \left(\frac{5}{4}\right)^2 + \frac{3}{2}\right)$

$\qquad = -2\left[\left(x^2 - \frac{5}{2}x + \left(\frac{5}{4}\right)^2\right) + \left(-\left(\frac{5}{4}\right)^2 + \frac{3}{2}\right)\right]$

$\qquad = -2\left(x^2 - \frac{5}{2}x + \left(\frac{5}{4}\right)^2\right) - 2\left(-\left(\frac{5}{4}\right)^2 + \frac{3}{2}\right)$

$\qquad = -2\left(x - \frac{5}{4}\right)^2 + \frac{1}{8}$

$\Rightarrow$ $\mathbf{S(1,25 \,|\, 0,125)}$

d) Gerade durch zwei der drei Punkte (P_1 und P_2):

P_1 einsetzen: $\frac{1}{\pi} = m \cdot 0 + t$ $\Rightarrow$ $t = \frac{1}{\pi}$

P_2 einsetzen: $\frac{3}{\pi} = m \cdot 2 + t$

Durch Einsetzen von t erhält man:

$\frac{3}{\pi} = 2m + \frac{1}{\pi}$ $\qquad$ $\left| -\frac{1}{\pi} \right.$

$\frac{2}{\pi} = 2m$ $\qquad$ $|:2$

$\frac{1}{\pi} = m$

P_1 und P_2 liegen auf der Geraden $y = \frac{1}{\pi}x + \frac{1}{\pi}$.

P_3 überprüfen:

$\frac{1}{\pi} \cdot (-1) + \frac{1}{\pi} = 0$ ✓

Die drei Punkte liegen auf der Geraden $\mathbf{y = \frac{1}{\pi}x + \frac{1}{\pi}}$.

106 a) Verfahren:

Schritt 1:
Eine zum ersten Wertepaar gehörende Funktion f_1 erhält man, indem man zunächst eine konstante Funktion findet, sodass $f_1(-2) = 3$ gilt:
$f_1: x \mapsto 3$

Schritt 2:
Die anderen x-Werte gehen nun als Faktoren so ein, dass $f_1(-1) = 0$ und $f_1(1) = 0$ gilt:
$f_1: x \mapsto 3 \cdot (x+1) \cdot (x-1)$

Schritt 3:
Der Funktionsterm muss noch so angepasst werden, dass $f_1(-2) = 3$ (erstes Wertepaar) gilt. Dies erreicht man, indem man in die Faktoren, die zu den anderen Wertepaaren gehören $((x+1)$ und $(x-1))$, den x-Wert des ersten Wertepaares einsetzt und damit den ganzen Term dividiert:

$f_1: x \mapsto \dfrac{3(x+1)(x-1)}{(-2+1)(-2-1)}$

$f_1: x \mapsto \dfrac{3}{3}(x^2 - 1)$

$f_1: x \mapsto x^2 - 1$

Test:
$f_1(-2) = (-2)^2 - 1 = 3$ ✓
$f_1(-1) = (-1)^2 - 1 = 0$ ✓
$f_1(1) = 1^2 - 1 = 0$ ✓

Schritt 4:
Analog findet man f_2 und f_3:

$f_2(x) = \dfrac{(x+2) \cdot 1 \cdot (x-1)}{(-1+2)(-1-1)} = -\dfrac{1}{2}(x+2)(x-1)$

$\qquad = -\dfrac{1}{2}(x^2 + x - 2) = -\dfrac{1}{2}x^2 - \dfrac{1}{2}x + 1$

$f_3(x) = \dfrac{(x+2)(x+1) \cdot 2}{(1+2)(1+1)} = \dfrac{1}{3}(x+2)(x+1)$

$\qquad = \dfrac{1}{3}(x^2 + 3x + 2) = \dfrac{1}{3}x^2 + x + \dfrac{2}{3}$

Schritt 5:
Die gesuchte Funktion f ergibt sich damit aus $f = f_1 + f_2 + f_3$:

$f: x \mapsto (x^2 - 1) + \left(-\dfrac{1}{2}x^2 - \dfrac{1}{2}x + 1\right) + \left(\dfrac{1}{3}x^2 + x + \dfrac{2}{3}\right)$

$f: x \mapsto \dfrac{5}{6}x^2 + \dfrac{1}{2}x + \dfrac{2}{3}$

Test:

$f(-2) = \frac{5}{6}(-2)^2 + \frac{1}{2}(-2) + \frac{2}{3} = 3$ ✓

$f(-1) = \frac{5}{6}(-1)^2 + \frac{1}{2}(-1) + \frac{2}{3} = 1$ ✓

$f(1) = \frac{5}{6} \cdot 1^2 + \frac{1}{2} \cdot 1 + \frac{2}{3} = 2$ ✓

b) Die Funktion f_1 wurde so konstruiert, dass sie nur beim ersten Wert den richtigen Funktionswert zuweist; bei allen anderen Werten aus der Wertetabelle erhält man den Funktionswert null.

Die Funktionen f_2 und f_3 wurden entsprechend konstruiert. Damit ergibt sich:

$f(x_1) = f_1(x_1) + f_2(x_1) + f_3(x_1) = f_1(x_1) + 0 + 0 = f_1(x_1)$

$f(x_2) = f_1(x_2) + f_2(x_2) + f_3(x_2) = 0 + f_2(x_2) + 0 = f_2(x_2)$

$f(x_3) = f_1(x_3) + f_2(x_3) + f_3(x_3) = 0 + 0 + f_3(x_3) = f_3(x_3)$

Damit erfüllt f die geforderten Bedingungen.

c) $f_1(x) = \frac{-2(x-1)(x-3)}{(-5-1)(-5-3)} = -\frac{1}{24}(x-1)(x-3)$

$\qquad = -\frac{1}{24}(x^2 - 4x + 3) = -\frac{1}{24}x^2 + \frac{1}{6}x - \frac{1}{8}$

$\quad f_2(x) = \frac{(x+5) \cdot 4 \cdot (x-3)}{(1+5)(1-3)} = -\frac{1}{3}(x+5)(x-3)$

$\qquad = -\frac{1}{3}(x^2 + 2x - 15) = -\frac{1}{3}x^2 - \frac{2}{3}x + 5$

$\quad f_3(x) = \frac{(x+5)(x-1) \cdot (-1)}{(3+5)(3-1)} = -\frac{1}{16}(x+5)(x-1)$

$\qquad = -\frac{1}{16}(x^2 + 4x - 5) = -\frac{1}{16}x^2 - \frac{1}{4}x + \frac{5}{16}$

$\quad f(x) = f_1(x) + f_2(x) + f_3(x)$

$\qquad = \left(-\frac{1}{24}x^2 + \frac{1}{6}x - \frac{1}{8}\right) + \left(-\frac{1}{3}x^2 - \frac{2}{3}x + 5\right) + \left(-\frac{1}{16}x^2 - \frac{1}{4}x + \frac{5}{16}\right)$

$\qquad = -\frac{7}{16}x^2 - \frac{3}{4}x + \frac{83}{16}$

$\Rightarrow$ **$f: x \mapsto -\frac{7}{16}x^2 - \frac{3}{4}x + \frac{83}{16}$ erfüllt die geforderten Bedingungen.**

d) $f_1(x) = \frac{7(x-1)(x-2)(x-4)}{(-3-1)(-3-2)(-3-4)} = -\frac{1}{20}(x-1)(x-2)(x-4)$

$\qquad = -\frac{1}{20}(x^2 - 3x + 2)(x-4) = -\frac{1}{20}(x^3 - 7x^2 + 14x - 8)$

$\qquad = -\frac{1}{20}x^3 + \frac{7}{20}x^2 - \frac{7}{10}x + \frac{2}{5}$

$$f_2(x) = \frac{(x+3) \cdot 2 \cdot (x-2)(x-4)}{(1+3)(1-2)(1-4)} = \frac{1}{6}(x+3)(x-2)(x-4)$$
$$= \frac{1}{6}(x^2+x-6)(x-4) = \frac{1}{6}(x^3-3x^2-10x+24)$$
$$= \frac{1}{6}x^3 - \frac{1}{2}x^2 - \frac{5}{3}x + 4$$

$$f_3(x) = \frac{(x+3)(x-1) \cdot (-1) \cdot (x-4)}{(2+3)(2-1)(2-4)} = \frac{1}{10}(x+3)(x-1)(x-4)$$
$$= \frac{1}{10}(x^2+2x-3)(x-4) = \frac{1}{10}(x^3-2x^2-11x+12)$$
$$= \frac{1}{10}x^3 - \frac{1}{5}x^2 - \frac{11}{10}x + \frac{6}{5}$$

$$f_4(x) = \frac{(x+3)(x-1) \cdot (x-2) \cdot 2}{(4+3)(4-1) \cdot (4-2)} = \frac{1}{21}(x+3)(x-1)(x-2)$$
$$= \frac{1}{21}(x^2+2x-3)(x-2) = \frac{1}{21}(x^3-7x+6)$$
$$= \frac{1}{21}x^3 - \frac{1}{3}x + \frac{2}{7}$$

$$f(x) = f_1(x) + f_2(x) + f_3(x) + f_4(x)$$
$$= \left(-\frac{1}{20}x^3 + \frac{7}{20}x^2 - \frac{7}{10}x + \frac{2}{5}\right) + \left(\frac{1}{6}x^3 - \frac{1}{2}x^2 - \frac{5}{3}x + 4\right)$$
$$+ \left(\frac{1}{10}x^3 - \frac{1}{5}x^2 - \frac{11}{10}x + \frac{6}{5}\right) + \left(\frac{1}{21}x^3 - \frac{1}{3}x + \frac{2}{7}\right)$$
$$= \frac{37}{140}x^3 - \frac{7}{20}x^2 - \frac{19}{5}x + \frac{206}{35}$$

$\Rightarrow$ $f: x \mapsto \frac{37}{140}x^3 - \frac{7}{20}x^2 - \frac{19}{5}x + \frac{206}{35}$ erfüllt die geforderten Bedingungen.

Verlauf des Graphen und qualitative Kontrolle:

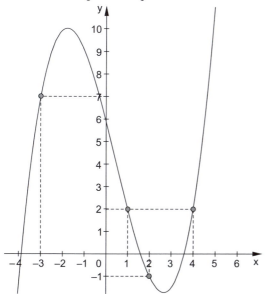

107 a) Vermutung: $\lim_{x \to +\infty} f(x) = -1$

Sicher ist dies allerdings nicht, denn es könnte sein, dass der Graph für größere x die Form noch einmal ändert oder so langsam bestimmt gegen $-\infty$ divergiert, dass man es mit bloßem Auge nicht sehen kann.
Beispiel:
$$f: x \mapsto \left(\tfrac{1}{5}x - 1\right)^4 - 1$$

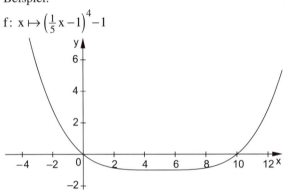

b) Vermutung: $\lim_{x \to +\infty} f(x) = 3$

Sicher ist dies allerdings nicht, denn es könnte sein, dass der Graph für größere x die Form noch einmal ändert oder so langsam bestimmt gegen $+\infty$ divergiert, dass man es mit bloßem Auge nicht sehen kann.
Beispiel:
$$f: x \mapsto -6(0,2x - 1,08)^{12} + 9(0,2x - 1,08)^8 - 4,5(0,2x - 1,08)^4 + 2,7$$

108 a) $\lim_{x \to +\infty} (2 \cdot 0,1^x) = \lim_{x \to +\infty} 2 \cdot \lim_{x \to +\infty} 0,1^x$
$= 2 \cdot 0 = \mathbf{0}$

$\lim_{x \to -\infty} (2 \cdot 0,1^x) = \lim_{x \to -\infty} 2 \cdot \lim_{x \to -\infty} 0,1^x$
$= 2 \cdot \lim_{x \to -\infty} 0,1^x = \mathbf{+\infty}$

b) $\lim\limits_{x \to +\infty} (3 \cdot 3^x) = \lim\limits_{x \to +\infty} 3 \cdot \lim\limits_{x \to +\infty} 3^x$

$\qquad\qquad = 3 \cdot \lim\limits_{x \to +\infty} 3^x = +\infty$

$\lim\limits_{x \to -\infty} (3 \cdot 3^x) = \lim\limits_{x \to -\infty} 3 \cdot \lim\limits_{x \to -\infty} 3^x$

$\qquad\qquad = 3 \cdot 0 = 0$

c) $\lim\limits_{x \to +\infty} (0{,}1 \cdot 2^x + 3) = \lim\limits_{x \to +\infty} 0{,}1 \cdot \lim\limits_{x \to +\infty} 2^x + \lim\limits_{x \to +\infty} 3$

$\qquad\qquad = 0{,}1 \cdot \lim\limits_{x \to +\infty} 2^x + 3 = +\infty$

$\lim\limits_{x \to -\infty} (0{,}1 \cdot 2^x + 3) = \lim\limits_{x \to -\infty} 0{,}1 \cdot \lim\limits_{x \to -\infty} 2^x + \lim\limits_{x \to -\infty} 3$

$\qquad\qquad = 0{,}1 \cdot 0 + 3 = 3$

d) $\lim\limits_{x \to +\infty} (2^x + 3 \cdot 3^x) = \lim\limits_{x \to +\infty} 2^x + \lim\limits_{x \to +\infty} 3 \cdot \lim\limits_{x \to +\infty} 3^x$

$\qquad\qquad = \lim\limits_{x \to +\infty} 2^x + 3 \cdot \lim\limits_{x \to +\infty} 3^x = +\infty$

$\lim\limits_{x \to -\infty} (2^x + 3 \cdot 3^x) = \lim\limits_{x \to -\infty} 2^x + \lim\limits_{x \to -\infty} 3 \cdot \lim\limits_{x \to -\infty} 3^x$

$\qquad\qquad = 0 + 3 \cdot 0 = 0$

e) $\lim\limits_{x \to +\infty} (2x^2 - x + 3) = \lim\limits_{x \to +\infty} \left(x^2 \left(2 - \frac{1}{x} + \frac{3}{x^2} \right) \right)$

$\qquad\qquad = \lim\limits_{x \to +\infty} x^2 \cdot \lim\limits_{x \to +\infty} \left(2 - \frac{1}{x} + \frac{3}{x^2} \right)$

$\qquad\qquad = 2 \cdot \lim\limits_{x \to +\infty} x^2 = +\infty$

$\lim\limits_{x \to -\infty} (2x^2 - x + 3) = \lim\limits_{x \to -\infty} \left(x^2 \left(2 - \frac{1}{x} + \frac{3}{x^2} \right) \right)$

$\qquad\qquad = \lim\limits_{x \to -\infty} x^2 \cdot \lim\limits_{x \to -\infty} \left(2 - \frac{1}{x} + \frac{3}{x^2} \right)$

$\qquad\qquad = 2 \cdot \lim\limits_{x \to -\infty} x^2 = +\infty$

f) $\lim\limits_{x \to +\infty} (0{,}1x^3 + 99x^2) = \lim\limits_{x \to +\infty} \left(x^3 \left(0{,}1 + \frac{99}{x} \right) \right)$

$\qquad\qquad = \lim\limits_{x \to +\infty} x^3 \cdot \lim\limits_{x \to +\infty} \left(0{,}1 + \frac{99}{x} \right)$

$\qquad\qquad = 0{,}1 \cdot \lim\limits_{x \to +\infty} x^3 = +\infty$

$$\lim_{x \to -\infty} (0{,}1x^3 + 99x^2) = \lim_{x \to -\infty} \left(x^3 \left(0{,}1 + \frac{99}{x} \right) \right)$$

$$= \lim_{x \to -\infty} x^3 \cdot \lim_{x \to -\infty} \left(0{,}1 + \frac{99}{x} \right)$$

$$= 0{,}1 \cdot \lim_{x \to -\infty} x^3 = -\infty$$

g) $$\lim_{x \to +\infty} \left(\frac{13}{2}x^3 - \frac{7x}{4} + \frac{2}{3} \right) = \lim_{x \to +\infty} \left(x^3 \left(\frac{13}{2} - \frac{7}{4x^2} + \frac{2}{3x^3} \right) \right)$$

$$= \lim_{x \to +\infty} x^3 \cdot \lim_{x \to +\infty} \left(\frac{13}{2} - \frac{7}{4x^2} + \frac{2}{3x^3} \right)$$

$$= \frac{13}{2} \cdot \lim_{x \to +\infty} x^3 = +\infty$$

$$\lim_{x \to -\infty} \left(\frac{13}{2}x^3 - \frac{7x}{4} + \frac{2}{3} \right) = \lim_{x \to -\infty} \left(x^3 \left(\frac{13}{2} - \frac{7}{4x^2} + \frac{2}{3x^3} \right) \right)$$

$$= \lim_{x \to -\infty} x^3 \cdot \lim_{x \to -\infty} \left(\frac{13}{2} - \frac{7}{4x^2} + \frac{2}{3x^3} \right)$$

$$= \frac{13}{2} \cdot \lim_{x \to -\infty} x^3 = -\infty$$

h) $$\lim_{x \to +\infty} \left(-\frac{17}{4}x^3 + 4{,}25x^2 \cdot x + 5 \right) = \lim_{x \to +\infty} \left(-\frac{17}{4}x^3 + \frac{17}{4}x^3 + 5 \right)$$

$$= \lim_{x \to +\infty} 5 = 5$$

$$\lim_{x \to -\infty} \left(-\frac{17}{4}x^3 + 4{,}25x^2 \cdot x + 5 \right) = \lim_{x \to -\infty} \left(-\frac{17}{4}x^3 + \frac{17}{4}x^3 + 5 \right)$$

$$= \lim_{x \to -\infty} 5 = 5$$

i) $$\lim_{x \to +\infty} \frac{2x^3 + 7x - 2}{x^2 - 2x + 1} = \lim_{x \to +\infty} \frac{x^3 \left(2 + \frac{7}{x^2} - \frac{2}{x^3} \right)}{x^2 \left(1 - \frac{2}{x} + \frac{1}{x^2} \right)}$$

$$= \lim_{x \to +\infty} \frac{x \left(2 + \frac{7}{x^2} - \frac{2}{x^3} \right)}{1 - \frac{2}{x} + \frac{1}{x^2}}$$

$$= \frac{\lim\limits_{x \to +\infty} \left(x \left(2 + \frac{7}{x^2} - \frac{2}{x^3} \right) \right)}{\lim\limits_{x \to +\infty} \left(1 - \frac{2}{x} + \frac{1}{x^2} \right)}$$

$$= \frac{\lim\limits_{x \to +\infty} x \cdot \lim\limits_{x \to +\infty} \left(2 + \frac{7}{x^2} - \frac{2}{x^3} \right)}{1}$$

$$= 2 \cdot \lim_{x \to +\infty} x = +\infty$$

Lösungen 253

$$\lim_{x \to -\infty} \frac{2x^3 + 7x - 2}{x^2 - 2x + 1} = \lim_{x \to -\infty} \frac{x^3\left(2 + \frac{7}{x^2} - \frac{2}{x^3}\right)}{x^2\left(1 - \frac{2}{x} + \frac{1}{x^2}\right)}$$

$$= \lim_{x \to -\infty} \frac{x\left(2 + \frac{7}{x^2} - \frac{2}{x^3}\right)}{1 - \frac{2}{x} + \frac{1}{x^2}}$$

$$= \frac{\lim\limits_{x \to -\infty}\left(x\left(2 + \frac{7}{x^2} - \frac{2}{x^3}\right)\right)}{\lim\limits_{x \to -\infty}\left(1 - \frac{2}{x} + \frac{1}{x^2}\right)}$$

$$= \frac{\lim\limits_{x \to -\infty} x \cdot \lim\limits_{x \to -\infty}\left(2 + \frac{7}{x^2} - \frac{2}{x^3}\right)}{1}$$

$$= 2 \cdot \lim_{x \to -\infty} x = -\infty$$

j) $$\lim_{x \to +\infty} \frac{2x + 3}{-2x^2 + 3x - 2} = \lim_{x \to +\infty} \frac{x\left(2 + \frac{3}{x}\right)}{x^2\left(-2 + \frac{3}{x} - \frac{2}{x^2}\right)}$$

$$= \lim_{x \to +\infty} \frac{2 + \frac{3}{x}}{x\left(-2 + \frac{3}{x} - \frac{2}{x^2}\right)}$$

$$= \frac{\lim\limits_{x \to +\infty}\left(2 + \frac{3}{x}\right)}{\lim\limits_{x \to +\infty}\left(x\left(-2 + \frac{3}{x} - \frac{2}{x^2}\right)\right)}$$

$$= \frac{2}{\lim\limits_{x \to +\infty} x \cdot \lim\limits_{x \to +\infty}\left(-2 + \frac{3}{x} - \frac{2}{x^2}\right)}$$

$$= \frac{2}{-2 \cdot \lim\limits_{x \to +\infty} x} = \mathbf{0}$$

$$\lim_{x \to -\infty} \frac{2x + 3}{-2x^2 + 3x - 2} = \lim_{x \to -\infty} \frac{x\left(2 + \frac{3}{x}\right)}{x^2\left(-2 + \frac{3}{x} - \frac{2}{x^2}\right)}$$

$$= \lim_{x \to -\infty} \frac{2 + \frac{3}{x}}{x\left(-2 + \frac{3}{x} - \frac{2}{x^2}\right)}$$

$$= \frac{\lim\limits_{x \to -\infty}\left(2 + \frac{3}{x}\right)}{\lim\limits_{x \to -\infty}\left(x\left(-2 + \frac{3}{x} - \frac{2}{x^2}\right)\right)}$$

$$= \frac{2}{\lim\limits_{x \to -\infty} x \cdot \lim\limits_{x \to -\infty}\left(-2 + \frac{3}{x} - \frac{2}{x^2}\right)}$$

$$= \frac{2}{-2 \cdot \lim\limits_{x \to -\infty} x} = \mathbf{0}$$

254 / **Lösungen**

k) $\displaystyle\lim_{x \to +\infty} \frac{-2x^3 + 2x^2 - 3x - 3}{x^3 - 2x^2 - 4} = \lim_{x \to +\infty} \frac{x^3\left(-2 + \frac{2}{x} - \frac{3}{x^2} - \frac{3}{x^3}\right)}{x^3\left(1 - \frac{2}{x} - \frac{4}{x^3}\right)}$

$$= \lim_{x \to +\infty} \frac{-2 + \frac{2}{x} - \frac{3}{x^2} - \frac{3}{x^3}}{1 - \frac{2}{x} - \frac{4}{x^3}}$$

$$= \frac{\displaystyle\lim_{x \to +\infty}\left(-2 + \frac{2}{x} - \frac{3}{x^2} - \frac{3}{x^3}\right)}{\displaystyle\lim_{x \to +\infty}\left(1 - \frac{2}{x} - \frac{4}{x^3}\right)}$$

$$= \frac{-2}{1} = \mathbf{-2}$$

$\displaystyle\lim_{x \to -\infty} \frac{-2x^3 + 2x^2 - 3x - 3}{x^3 - 2x^2 - 4} = \lim_{x \to -\infty} \frac{x^3\left(-2 + \frac{2}{x} - \frac{3}{x^2} - \frac{3}{x^3}\right)}{x^3\left(1 - \frac{2}{x} - \frac{4}{x^3}\right)}$

$$= \lim_{x \to -\infty} \frac{-2 + \frac{2}{x} - \frac{3}{x^2} - \frac{3}{x^3}}{1 - \frac{2}{x} - \frac{4}{x^3}}$$

$$= \frac{\displaystyle\lim_{x \to -\infty}\left(-2 + \frac{2}{x} - \frac{3}{x^2} - \frac{3}{x^3}\right)}{\displaystyle\lim_{x \to -\infty}\left(1 - \frac{2}{x} - \frac{4}{x^3}\right)}$$

$$= \frac{-2}{1} = \mathbf{-2}$$

l) $\displaystyle\lim_{x \to +\infty} \frac{2x^2 - 5x + 6}{-\frac{3}{2}x^2 + 2x + 1} = \lim_{x \to +\infty} \frac{x^2\left(2 - \frac{5}{x} + \frac{6}{x^2}\right)}{x^2\left(-\frac{3}{2} + \frac{2}{x} + \frac{1}{x^2}\right)}$

$$= \lim_{x \to +\infty} \frac{2 - \frac{5}{x} + \frac{6}{x^2}}{-\frac{3}{2} + \frac{2}{x} + \frac{1}{x^2}}$$

$$= \frac{\displaystyle\lim_{x \to +\infty}\left(2 - \frac{5}{x} + \frac{6}{x^2}\right)}{\displaystyle\lim_{x \to +\infty}\left(-\frac{3}{2} + \frac{2}{x} + \frac{1}{x^2}\right)}$$

$$= \frac{2}{-\frac{3}{2}} = \mathbf{-\frac{4}{3}}$$

$\displaystyle\lim_{x \to -\infty} \frac{2x^2 - 5x + 6}{-\frac{3}{2}x^2 + 2x + 1} = \lim_{x \to -\infty} \frac{x^2\left(2 - \frac{5}{x} + \frac{6}{x^2}\right)}{x^2\left(-\frac{3}{2} + \frac{2}{x} + \frac{1}{x^2}\right)}$

$$= \lim_{x \to -\infty} \frac{2 - \frac{5}{x} + \frac{6}{x^2}}{-\frac{3}{2} + \frac{2}{x} + \frac{1}{x^2}}$$

$$= \frac{\displaystyle\lim_{x \to -\infty}\left(2 - \frac{5}{x} + \frac{6}{x^2}\right)}{\displaystyle\lim_{x \to -\infty}\left(-\frac{3}{2} + \frac{2}{x} + \frac{1}{x^2}\right)}$$

$$= \frac{2}{-\frac{3}{2}} = \mathbf{-\frac{4}{3}}$$

109 Fall 1:

Ist der Grad der ganzrationalen Funktion im Zähler kleiner als der der ganzrationalen Funktion im Nenner, so ist der Grenzwert der gebrochen-rationalen Funktion für $x \to +\infty$ und $x \to -\infty$ immer null.

Beispiel: $f: x \mapsto \dfrac{x^2 + x + 1}{x^3 + 1}$

Bildet man nun den Grenzwert, folgt:

$$\lim_{x \to \pm\infty} \frac{x^2 + x + 1}{x^3 + 1} = \lim_{x \to \pm\infty} \frac{x^2\left(1 + \frac{1}{x} + \frac{1}{x^2}\right)}{x^3\left(1 + \frac{1}{x^3}\right)} = \lim_{x \to \pm\infty} \frac{1 + \frac{1}{x} + \frac{1}{x^2}}{x\left(1 + \frac{1}{x^3}\right)}$$

$$= \frac{\lim\limits_{x \to \pm\infty}\left(1 + \frac{1}{x} + \frac{1}{x^2}\right)}{\lim\limits_{x \to \pm\infty}\left(x\left(1 + \frac{1}{x^3}\right)\right)} = \frac{\lim\limits_{x \to \pm\infty}\left(1 + \frac{1}{x} + \frac{1}{x^2}\right)}{\lim\limits_{x \to \pm\infty} x \cdot \lim\limits_{x \to \pm\infty}\left(1 + \frac{1}{x^3}\right)}$$

$$= \frac{1}{1 \cdot \lim\limits_{x \to \pm\infty} x} = \frac{1}{\lim\limits_{x \to \pm\infty} x} = 0$$

Wenn der Zählergrad kleiner als der Nennergrad ist, bleibt nach dem Kürzen nur im Nenner eine Potenz von x übrig. Bildet man nun den Limes, „übertrumpft" dieser Faktor alle anderen. Die Funktion im Nenner divergiert damit bestimmt gegen $+\infty$ oder $-\infty$. Damit konvergiert die gesamte gebrochen-rationale Funktion gegen null.

Fall 2:

Ist der Grad der ganzrationalen Funktion im Zähler gleich dem Grad der ganzrationalen Funktion im Nenner, so hat die gebrochen-rationale Funktion für $x \to +\infty$ und $x \to -\infty$ den gleichen Grenzwert. Dabei kann jede Zahl aus $\mathbb{R} \setminus \{0\}$ als Grenzwert entstehen.

Beispiel: $f: x \mapsto \dfrac{3x^2 + x + 1}{x^2 + 1}$

Bildet man nun den Grenzwert, folgt:

$$\lim_{x \to \pm\infty} \frac{3x^2 + x + 1}{x^2 + 1} = \lim_{x \to \pm\infty} \frac{x^2\left(3 + \frac{1}{x} + \frac{1}{x^2}\right)}{x^2\left(1 + \frac{1}{x^2}\right)} = \lim_{x \to \pm\infty} \frac{3 + \frac{1}{x} + \frac{1}{x^2}}{1 + \frac{1}{x^2}}$$

$$= \frac{\lim\limits_{x \to \pm\infty}\left(3 + \frac{1}{x} + \frac{1}{x^2}\right)}{\lim\limits_{x \to \pm\infty}\left(1 + \frac{1}{x^2}\right)} = \frac{3}{1} = 3$$

Wenn der Zählergrad gleich dem Nennergrad ist, kürzen sich die Potenzen von x gegenseitig heraus. Bildet man nun den Limes, konvergieren die Zähler- und die Nennerfunktion gegen den von x freien Summanden.

256 / **Lösungen**

Fall 3:

Ist der Grad der ganzrationalen Funktion im Zähler größer als der der ganzrationalen Funktion im Nenner, so kann als Grenzwert $+\infty$ oder $-\infty$ auftreten. In diesem Fall muss aber nicht für $x \to +\infty$ und $x \to -\infty$ der gleiche Grenzwert gelten.

Beispiel: $f: x \mapsto \dfrac{x^3 + x + 1}{x^2 + 1}$

Bildet man nun den Grenzwert, folgt:

$$\lim_{x \to \pm\infty} \frac{x^3 + x + 1}{x^2 + 1} = \lim_{x \to \pm\infty} \frac{x^3\left(1 + \frac{1}{x^2} + \frac{1}{x^3}\right)}{x^2\left(1 + \frac{1}{x^2}\right)} = \lim_{x \to \pm\infty} \frac{x\left(1 + \frac{1}{x^2} + \frac{1}{x^3}\right)}{1 + \frac{1}{x^2}}$$

$$= \frac{\displaystyle\lim_{x \to \pm\infty}\left(x\left(1 + \frac{1}{x^2} + \frac{1}{x^3}\right)\right)}{\displaystyle\lim_{x \to \pm\infty}\left(1 + \frac{1}{x^2}\right)} = \frac{\displaystyle\lim_{x \to \pm\infty} x \cdot \lim_{x \to \pm\infty}\left(1 + \frac{1}{x^2} + \frac{1}{x^3}\right)}{\displaystyle\lim_{x \to \pm\infty}\left(1 + \frac{1}{x^2}\right)}$$

$$= \frac{\displaystyle\lim_{x \to \pm\infty} x \cdot 1}{1} = \lim_{x \to \pm\infty} x = \pm\infty$$

Wenn der Zählergrad größer als der Nennergrad ist, bleibt nach dem Kürzen nur im Zähler eine Potenz von x übrig. Bildet man nun den Limes, „übertrumpft" dieser Faktor alle anderen. Die Funktion im Zähler divergiert damit bestimmt gegen $+\infty$ oder $-\infty$. Damit divergiert die gesamte gebrochen-rationale Funktion bestimmt gegen $+\infty$ oder $-\infty$. Ist der Exponent der dominierenden Potenz von x gerade, so strebt die Funktion für $x \to +\infty$ und $x \to -\infty$ in dieselbe y-Richtung, d. h. in beiden Fällen entweder gegen $+\infty$ oder $-\infty$. Falls der Exponent ungerade ist, strebt die Funktion für $x \to +\infty$ und $x \to -\infty$ in entgegengesetzte y-Richtungen.

110 a) $\displaystyle\lim_{x \to +\infty} (2 \cdot \cos x) = \lim_{x \to +\infty} 2 \cdot \lim_{x \to +\infty} \cos x$

$$= 2 \cdot \lim_{x \to +\infty} \cos x \quad \text{⚡}$$

Die Kosinusfunktion ist eine divergente Funktion. Daher existiert kein Grenzwert, die Funktionswerte von f oszillieren zwischen $2 \cdot (-1) = -2$ und $2 \cdot 1 = 2$.

Analog: $\displaystyle\lim_{x \to -\infty} (2 \cdot \cos x)$

b) $\displaystyle\lim_{x \to +\infty} (\sin x + 3) = \lim_{x \to +\infty} \sin x + \lim_{x \to +\infty} 3$

$$= \lim_{x \to +\infty} \sin x + 3 \quad \text{⚡}$$

Die Sinusfunktion ist eine divergente Funktion. Daher existiert kein Grenzwert, die Funktionswerte von f oszillieren zwischen $-1 + 3 = 2$ und $1 + 3 = 4$.

Analog: $\displaystyle\lim_{x \to -\infty} (\sin x + 3)$

c) $\displaystyle\lim_{x \to +\infty} (x \cdot \cos x) = \lim_{x \to +\infty} x \cdot \lim_{x \to +\infty} \cos x$ ⚡

Die Kosinusfunktion ist eine divergente Funktion. x divergiert aber für
$x \to +\infty$ bestimmt gegen $+\infty$. Damit oszillieren die Funktionswerte zwischen
immer größer werdenden Funktionswerten.

Analog: $\displaystyle\lim_{x \to -\infty} (x \cdot \cos x)$

d) $\displaystyle\lim_{x \to +\infty} \frac{\sin x}{x} = \frac{\displaystyle\lim_{x \to +\infty} \sin x}{\displaystyle\lim_{x \to +\infty} x} = \mathbf{0}$

Zwar ist die Sinusfunktion eine divergente Funktion, da die Funktionswerte
zwischen -1 und 1 oszillieren, aber die Nennerfunktion konvergiert für
$x \to +\infty$ gegen $+\infty$. Somit nähert sich der Wert des Bruchs immer mehr null
an.

Analog: $\displaystyle\lim_{x \to -\infty} \frac{\sin x}{x} = \mathbf{0}$

e) $\displaystyle\lim_{x \to +\infty} \left(\frac{\sin x}{x^3} \cdot 5x^2 + 2 \right) = \lim_{x \to +\infty} \left(\frac{\sin x \cdot 5x^2}{x^3} + 2 \right)$

$\displaystyle = \lim_{x \to +\infty} \left(\frac{5 \cdot \sin x}{x} \right) + \lim_{x \to +\infty} 2$

$\displaystyle = \frac{\displaystyle\lim_{x \to +\infty} (5 \cdot \sin x)}{\displaystyle\lim_{x \to +\infty} x} + 2 = \mathbf{2}$

$\displaystyle\lim_{x \to -\infty} \left(\frac{\sin x}{x^3} \cdot 5x^2 + 2 \right) = \lim_{x \to -\infty} \left(\frac{\sin x \cdot 5x^2}{x^3} + 2 \right)$

$\displaystyle = \lim_{x \to -\infty} \left(\frac{5 \cdot \sin x}{x} \right) + \lim_{x \to -\infty} 2$

$\displaystyle = \frac{\displaystyle\lim_{x \to -\infty} (5 \cdot \sin x)}{\displaystyle\lim_{x \to -\infty} x} + 2 = \mathbf{2}$

f) $\displaystyle\lim_{x \to +\infty} \left(\frac{5^x \cdot \cos x}{2^x} - 1 \right) = \lim_{x \to +\infty} \left(\left(\frac{5}{2}\right)^x \cdot \cos x - 1 \right)$

$\displaystyle = \lim_{x \to +\infty} \left(\left(\frac{5}{2}\right)^x \right) \cdot \lim_{x \to +\infty} \cos x - \lim_{x \to +\infty} 1$

$\displaystyle = \lim_{x \to +\infty} \left(\left(\frac{5}{2}\right)^x \right) \cdot \lim_{x \to +\infty} \cos x - 1$ ⚡ **divergiert**

258 / Lösungen

$$\lim_{x \to -\infty} \left(\frac{5^x \cdot \cos x}{2^x} - 1 \right) = \lim_{x \to -\infty} \left(\left(\frac{5}{2} \right)^x \cdot \cos x - 1 \right)$$

$$= \lim_{x \to -\infty} \left(\left(\frac{5}{2} \right)^x \right) \cdot \lim_{x \to -\infty} \cos x - \lim_{x \to -\infty} 1$$

$$= \lim_{x \to -\infty} \left(\left(\frac{5}{2} \right)^x \right) \cdot \lim_{x \to -\infty} \cos x - 1 = \mathbf{-1}$$

g) $\quad \lim\limits_{x \to +\infty} \left(\dfrac{2^x}{5^x} \cdot \cos x + 3 \right) = \lim\limits_{x \to +\infty} \left(\left(\dfrac{2}{5} \right)^x \right) \cdot \lim\limits_{x \to +\infty} \cos x + \lim\limits_{x \to +\infty} 3$

$$= \lim_{x \to +\infty} \left(\left(\frac{2}{5} \right)^x \right) \cdot \lim_{x \to +\infty} \cos x + 3 = \mathbf{3}$$

$$\lim_{x \to -\infty} \left(\frac{2^x}{5^x} \cdot \cos x + 3 \right) = \lim_{x \to -\infty} \left(\left(\frac{2}{5} \right)^x \right) \cdot \lim_{x \to -\infty} \cos x + \lim_{x \to -\infty} 3$$

$$= \lim_{x \to -\infty} \left(\left(\frac{2}{5} \right)^x \right) \cdot \lim_{x \to -\infty} \cos x + 3 \quad \text{⚡ divergiert}$$

h) $\quad \lim\limits_{x \to +\infty} \left(\dfrac{e(x) + g(x)}{e(x)} \right) = \lim\limits_{x \to +\infty} \left(1 + \dfrac{g(x)}{e(x)} \right)$

$$= \lim_{x \to +\infty} 1 + \frac{\lim\limits_{x \to +\infty} g(x)}{\lim\limits_{x \to +\infty} e(x)}$$

$$= 1 + \frac{3}{2} = \mathbf{2{,}5}$$

$$\lim_{x \to -\infty} \left(\frac{e(x) + g(x)}{e(x)} \right) = \lim_{x \to -\infty} \left(1 + \frac{g(x)}{e(x)} \right)$$

$$= \lim_{x \to -\infty} 1 + \frac{\lim\limits_{x \to -\infty} g(x)}{\lim\limits_{x \to -\infty} e(x)} \quad \text{⚡ divergiert}$$

111 a) $\quad \lim\limits_{x \to +\infty} \dfrac{1}{x} = \mathbf{0}$

Abweichung der Funktionswerte von 0 höchstens um 0,1:
Es muss gelten:

$|0 - f(x)| \le 0{,}1$

$\left| 0 - \dfrac{1}{x} \right| \le 0{,}1$

> Hinweise und Tipps:
> Wegen der Betragsstriche ist eine Fallunter-
> scheidung notwendig.

1. Fall: $0 - \dfrac{1}{x} \ge 0 \quad \Rightarrow \quad -\dfrac{1}{x} \ge 0 \quad \Rightarrow \quad x < 0$

Da $x \to \infty$ betrachtet werden soll, muss dieser Fall nicht berücksichtigt werden.

2. Fall: $0 - \frac{1}{x} < 0 \Rightarrow x > 0$

$\Rightarrow$ Betragsstriche weglassen und Minus davor

$-\left(0 - \frac{1}{x}\right) \le 0{,}1$

$\qquad \frac{1}{x} \le 0{,}1 \qquad | \cdot x$

$\qquad 1 \le 0{,}1x \qquad |:0{,}1$

$\qquad 10 \le x$

Ab dem Wert $x_0 = \mathbf{10}$ weichen die Funktionswerte höchstens um $0{,}1$ vom Grenzwert ab.

b) $\lim\limits_{x \to -\infty} 5^x = \mathbf{0}$

Abweichung der Funktionswerte von 0 höchstens um $0{,}1$:

Es muss gelten:

$|0 - f(x)| \le 0{,}1$

$\left| 0 - 5^x \right| \le 0{,}1$

1. Fall: $0 - 5^x \ge 0$ ⚡

2. Fall: $0 - 5^x < 0$ für $x \in \mathbb{R}$

$\Rightarrow$ Betragsstriche weglassen und Minus davor

$-(0 - 5^x) \le 0{,}1$

$\qquad 5^x \le 0{,}1 \qquad |\lg$

$\qquad \lg 5^x \le \lg 0{,}1$

$\qquad x \lg 5 \le \lg 0{,}1 \qquad |:\lg 5$

$\qquad x \le \frac{\lg 0{,}1}{\lg 5}$

$\qquad x \le -1{,}43$

Bis zu dem Wert $x_0 \approx \mathbf{-1{,}43}$ weichen die Funktionswerte höchstens um $0{,}1$ vom Grenzwert ab.

c) $\lim\limits_{x \to +\infty} (2^{-x} + 1) = \mathbf{1}$

Abweichung der Funktionswerte von 1 höchstens um $0{,}1$:

Es muss gelten:

$|1 - f(x)| \le 0{,}1$

$\left| 1 - (2^{-x} + 1) \right| \le 0{,}1$

$\left| 2^{-x} \right| \le 0{,}1$

1. Fall: $-2^{-x} \ge 0$ ⚡

2. Fall: $-2^{-x} < 0 \Rightarrow 2^{-x} > 0$ für $x \in \mathbb{R}$

$\Rightarrow$ Betragsstriche weglassen und Minus davor

$$2^{-x} \leq 0{,}1 \quad |\lg$$
$$\lg 2^{-x} \leq \lg 0{,}1$$
$$-x \cdot \lg 2 \leq \lg 0{,}1 \quad |:\lg 2$$
$$-x \leq \tfrac{\lg 0{,}1}{\lg 2} \quad |\cdot(-1)$$
$$x \geq 3{,}32$$

Ab dem Wert $x_0 \approx \mathbf{3{,}32}$ weichen die Funktionswerte höchstens um 0,1 vom Grenzwert ab.

d) $\lim\limits_{x \to -\infty} \left(\tfrac{1}{x^2} - 3\right) = \mathbf{-3}$

Abweichung der Funktionswerte von −3 höchstens um 0,1:
Es muss gelten:
$$|-3 - f(x)| \leq 0{,}1$$
$$\left|-3 - \left(\tfrac{1}{x^2} - 3\right)\right| \leq 0{,}1$$
$$\left|-\tfrac{1}{x^2}\right| \leq 0{,}1$$

1. Fall: $-\tfrac{1}{x^2} \geq 0$ ↯

2. Fall: $-\tfrac{1}{x^2} < 0$ für $x \in \mathbb{R}$

⇒ Betragsstriche weglassen und Minus davor

$$\tfrac{1}{x^2} \leq 0{,}1 \quad |\cdot x^2$$
$$1 \leq 0{,}1 x^2 \quad |:0{,}1$$
$$10 \leq x^2 \quad |\sqrt{}$$
$$\sqrt{10} \leq |x|$$
$$\Rightarrow x \geq \sqrt{10} \text{ oder } x \leq -\sqrt{10}$$

Es interessiert der x-Wert x_0 für $x \to -\infty$. Daher weichen die Funktionswerte bis zu dem Wert $x_0 = -\sqrt{10} \approx \mathbf{-3{,}16}$ höchstens um 0,1 vom Grenzwert ab.

112 a) $\mathbf{f: x \mapsto 2^x}$

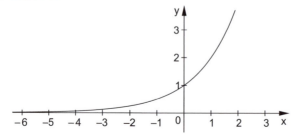

b) Wegen der senkrechten Asymptote kann es sich nur um eine gebrochen-rationale Funktion handeln.

$f(x) = \frac{a(x)}{b(x)}$

Da die senkrechte Asymptote bei x = 0 liegt, muss die Nennerfunktion b an der Stelle x = 0 eine Nullstelle besitzen (z. B. b(x) = x).

$f(x) = \frac{a(x)}{x}$

Da f eine waagrechte Asymptote bei y = 2 besitzt, muss die Zählerfunktion den gleichen Grad wie die Nennerfunktion haben und 2 als Vorfaktor von x besitzen (vgl. Aufgabe 109).

$f(x) = \frac{2x}{x}$

Durch Kürzen würde nun aber die Nullstelle der Nennerfunktion verschwinden. Daher erfüllt z. B. die folgende Funktion die geforderten Eigenschaften:

$\mathbf{f(x) = \frac{2x+1}{x}}$

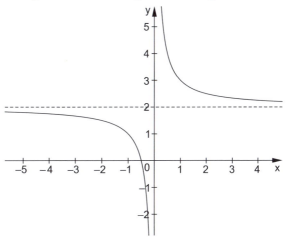

c) Analog zum Vorgehen wie bei Teilaufgabe b erhält man:

$\mathbf{f(x) = \frac{-3x}{x-4}}$

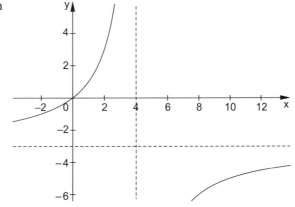

d) Wegen der senkrechten Asymptote handelt es sich um eine gebrochen-rationale Funktion, deren Nennerfunktion eine Nullstelle bei x = 1 besitzt.
Da keine waagrechte Asymptote vorliegt, muss der Grad der Zählerfunktion größer als der Grad der Nennerfunktion sein, da die gebrochen-rationale Funktion nur so bestimmt divergent werden kann (vgl. Aufgabe 109).

$$f(x) = \frac{x^2}{x-1}$$

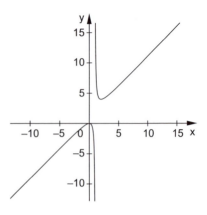

113 a) $t = 10 \Rightarrow f(10) = -4\,999\,990 \cdot 0{,}99^{10} + 5\,000\,000 \approx 478\,099$
Nach 10 Tagen sind **478 099 Fliegen** vorhanden.

b) $f(t) = 1\,000\,000$
Damit folgt:

$$\begin{aligned}
1\,000\,000 &= -4\,999\,990 \cdot 0{,}99^t + 5\,000\,000 &&|-5\,000\,000\\
-4\,000\,000 &= -4\,999\,990 \cdot 0{,}99^t &&|:(-4\,999\,990)\\
0{,}8000016 &= 0{,}99^t &&|\lg\\
\lg 0{,}8000016 &= \lg 0{,}99^t\\
\lg 0{,}8000016 &= t \cdot \lg 0{,}99 &&|:\lg 0{,}99\\
\frac{\lg 0{,}8000016}{\lg 0{,}99} &= t\\
t &\approx 22{,}2 \text{ Tage}
\end{aligned}$$

Nach **22,2 Tagen** sind eine Million Fliegen vorhanden.

$f(t) = 2\,000\,000$
Damit folgt:

$$\begin{aligned}
2\,000\,000 &= -4\,999\,990 \cdot 0{,}99^t + 5\,000\,000 &&|-5\,000\,000\\
-3\,000\,000 &= -4\,999\,990 \cdot 0{,}99^t &&|:(-4\,999\,990)\\
0{,}6000012 &= 0{,}99^t &&|\lg\\
\lg 0{,}6000012 &= \lg 0{,}99^t\\
\lg 0{,}6000012 &= t \cdot \lg 0{,}99 &&|:\lg 0{,}99\\
\frac{\lg 0{,}6000012}{\lg 0{,}99} &= t\\
t &\approx 50{,}8 \text{ Tage}
\end{aligned}$$

Nach **50,8 Tagen** gibt es 2 Millionen Fliegen.

c) Der Grenzwert $\lim_{x \to +\infty} f(x)$ beschreibt die **maximale Anzahl** an Fliegen in dieser Population (z. B. wegen Umwelteinflüssen oder Nahrungskonkurrenz).
$$\lim_{x \to +\infty} f(x) = \lim_{x \to +\infty} (-4\,999\,990 \cdot 0{,}99^t + 5\,000\,000) = \mathbf{5\,000\,000}$$

114 a)

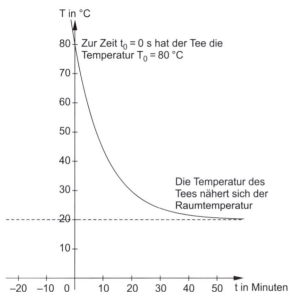

Es handelt sich hierbei um eine **Exponentialfunktion**.

b) Allgemeine Form einer Exponentialfunktion: $f: t \mapsto b \cdot a^t + c$ (t in Minuten)
Da sich die Temperatur des Tees nach einiger Zeit der Raumtemperatur von 20 °C annähert, muss $\lim_{x \to +\infty} f(x) = 20$ gelten:

$$\lim_{x \to +\infty} (b \cdot a^t + c) = 20$$

Der Grenzwert einer Exponentialfunktion $g: x \mapsto ba^x$ ist für $x \to +\infty$ entweder $+\infty$ (falls $a > 1$) oder 0 (falls $0 < a < 1$) gilt. Daher folgt:
$0 < a < 1$ und $c = 20$
$f(t) = b \cdot a^t + 20$
Zu Beginn hat der Tee eine Temperatur von $T_0 = 80\,°C$:
$f(0) = 80 \Rightarrow b \cdot a^0 + 20 = 80 \quad |-20$
$\qquad\qquad\qquad\qquad\quad b = 60$

$f(t) = 60 \cdot a^t + 20$

Nach zwei Minuten hat der Tee noch eine Temperatur von 70 °C:

$f(2) = 70 \Rightarrow 60 \cdot a^2 + 20 = 70 \quad |-20$

$\qquad\qquad\qquad 60 \cdot a^2 = 50 \quad |:60$

$\qquad\qquad\qquad\qquad a^2 = \frac{5}{6} \quad |\sqrt{}$

$\qquad\qquad\qquad\qquad a_1 = +\sqrt{\frac{5}{6}} \quad \text{und} \quad a_2 = -\sqrt{\frac{5}{6}}$

Es interessiert nur das positive Ergebnis. Daher ist die gesuchte Funktion:

$\mathbf{f(t) = 60 \cdot \left(\sqrt{\frac{5}{6}}\right)^t + 20}$ mit t: Zeit in Minuten

c) $t = 5 \text{ min} \quad\Rightarrow\quad f(5) = 60\,°C \cdot \left(\sqrt{\frac{5}{6}}\right)^5 + 20°\,C \approx \mathbf{58{,}0\,°C}$

$\quad t = 10 \text{ min} \quad\Rightarrow\quad f(10) = 60\,°C \cdot \left(\sqrt{\frac{5}{6}}\right)^{10} + 20 \approx \mathbf{44{,}1\,°C}$

$\quad t = 1\,h = 60 \text{ min} \Rightarrow f(60) = 60\,°C \cdot \left(\sqrt{\frac{5}{6}}\right)^{60} + 20 \approx \mathbf{20{,}3\,°C}$

d) Der Grenzwert $\lim\limits_{x \to +\infty} f(x)$ beschreibt die Raumtemperatur, an die sich die Temperatur des Tees langsam annähert. Rechnerisch benötigt der Tee dafür unendlich lange. (Physikalisch beschreibt diese Funktion nicht die Realität, da sich auch die Raumtemperatur durch den heißen Tee erwärmt.)

115 a)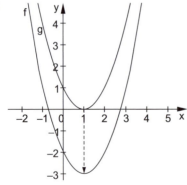

b)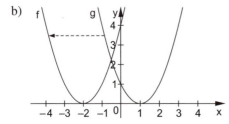

c)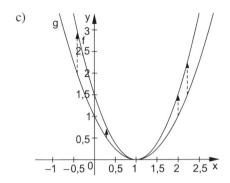

d)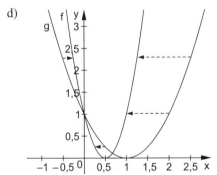

e)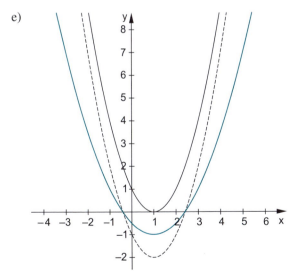

Schritte:
1. Verschiebung um –2 in y-Richtung (gestrichelt)
2. Streckung um den Faktor 0,5 (Stauchung) in y-Richtung (farbig)

266 / Lösungen

f)

Schritte:
1. Streckung um den Faktor 2 in x-Richtung (gestrichelt)
2. Streckung um den Faktor 0,5 (Stauchung) in y-Richtung (grau gestrichelt)
3. Verschiebung um −2 in y-Richtung (farbig gestrichelt)
4. Spiegelung an der x-Achse (farbig) – dies ist der gesuchte Graph.

116 a) $f_x(x) = -g(x) = -(2x^3 + 0{,}5x^2 - x + 7) = \mathbf{-2x^3 - 0{,}5x^2 + x - 7}$
$f_y(x) = g(-x) = 2(-x)^3 + 0{,}5(-x)^2 - (-x) + 7 = \mathbf{-2x^3 + 0{,}5x^2 + x + 7}$

b) $f_x(x) = -g(x) = -(3 \cdot 5^x - 7) = \mathbf{-3 \cdot 5^x + 7}$
$f_y(x) = g(-x) = 3 \cdot 5^{-x} - 7 = \mathbf{\dfrac{3}{5^x} - 7}$

c) $f_x(x) = -g(x) = -\left(\dfrac{x^2 - 1}{3x^2 - x + 3}\right) = \dfrac{-(x^2 - 1)}{3x^2 - x + 3} = \mathbf{\dfrac{1 - x^2}{3x^2 - x + 3}}$

$f_y(x) = g(-x) = \dfrac{(-x)^2 - 1}{3(-x)^2 - (-x) + 3} = \mathbf{\dfrac{x^2 - 1}{3x^2 + x + 3}}$

d) $f_x(x) = -g(x) = -(3 \cdot \sin(2x)) = \mathbf{-3 \cdot \sin(2x)}$
$f_y(x) = g(-x) = 3 \cdot \sin(2(-x)) = 3 \cdot \sin(-2x) = \mathbf{-3 \cdot \sin(2x)}$

117 a) $-4 = 2 \cdot 3^2 - 3 + a$
$-4 = 15 + a \qquad |-15$
$-19 = a$

P liegt auf $G_{f_{-19}}$ mit $f_{-19}: x \mapsto 2x^2 - x \mathbf{-19}$

Hinweise und Tipps:
Wenn P auf dem Graphen liegt, dann erfüllen die Koordinaten von P die Funktionsgleichung $y = f(x)$. Man muss also die Koordinaten von P einsetzen und nach a auflösen.

b) $4 = -2^2 + a \cdot 2 + 3$

$\qquad 4 = 2a - 1 \qquad |+1$

$\qquad 5 = 2a \qquad |:2$

$\qquad 2{,}5 = a$

P liegt auf $G_{f_{2{,}5}}$ mit $f_{2{,}5}\colon\ x \mapsto -x^2 + \mathbf{2{,}5}x + 3$

c) $-3 = \dfrac{a \cdot 3 - 1}{3^2 + 3 - 1}$

$\qquad -3 = \dfrac{3a - 1}{11} \qquad |\cdot 11$

$\qquad -33 = 3a - 1 \qquad |+1$

$\qquad -32 = 3a \qquad |:3$

$\qquad -\dfrac{32}{3} = a$

P liegt auf $G_{f_{-\frac{32}{3}}}$ mit $f_{-\frac{32}{3}}\colon\ x \mapsto \dfrac{-\frac{32}{3}x - 1}{x^2 + x - 1}$

d) $\dfrac{3}{2}\pi = a \cdot \sin(2\pi - \pi)$

$\qquad \dfrac{3}{2}\pi = a \cdot 0$

$\qquad \dfrac{3}{2}\pi = 0 \quad \text{⚡}$

Man kann keinen Wert für den Parameter a finden, sodass P auf dem Funktionsgraphen liegt.

e) $7 = a \cdot 3^2$

$\qquad 7 = a \cdot 9 \qquad |:9$

$\qquad \dfrac{7}{9} = a$

P liegt auf $G_{f_{\frac{7}{9}}}$ mit $f_{\frac{7}{9}}\colon\ x \mapsto \dfrac{7}{9} \cdot 3^x$

f) $-9 = 0{,}5 \cdot a^{-3} \qquad |:0{,}5$

$\qquad -18 = \dfrac{1}{a^3} \qquad |\cdot a^3$

$\qquad -18a^3 = 1 \qquad |:(-18)$

$\qquad a^3 = -\dfrac{1}{18} \qquad |\sqrt[3]{\ }$

$\qquad a = -\sqrt[3]{\dfrac{1}{18}}$

P liegt auf $G_{f_{-\sqrt[3]{\frac{1}{18}}}}$ mit $f_{-\sqrt[3]{\frac{1}{18}}}\colon\ x \mapsto 0{,}5 \cdot \left(-\sqrt[3]{\dfrac{1}{18}}\right)^x$

118 Um den Graphen in x-Richtung zu manipulieren, muss man das Argument einer Funktion variieren.

Beispiel: $f(x) = x^3 + 1$

Um G_f in x-Richtung zu verschieben, muss man zum Argument, also zu x, eine reelle Zahl addieren, z. B.:

$f(x+1) = (x+1)^3 + 1$

Um G_f in x-Richtung zu strecken/stauchen, muss man das Argument, also x, mit einem reellen Faktor (außer Null) multiplizieren, z. B.:

$f(2x) = (2x)^3 + 1$

Die Wirkung verhält sich (im Gegensatz zu Manipulationen in y-Richtung) entgegengesetzt zur Manipulation.

Addiert man zum Argument einen Wert (positive reelle Zahl), bedeutet das eine Verschiebung in negative Richtung. Subtrahiert man einen Wert (negative reelle Zahl), bedeutet das eine Verschiebung in positive Richtung.

Multipliziert man das Argument mit einer reellen Zahl (außer Null), so wird der Funktionsgraph um den Kehrwert dieser Zahl gestreckt/gestaucht.

Beispiel:

f(x + 1) bedeutet eine Verschiebung um 1 in negative x-Richtung (also um –1)

f(2x) bedeutet eine Streckung um den Faktor $\frac{1}{2}$ (Stauchung) in x-Richtung.

119 Eine Punktspiegelung am Ursprung entspricht einer Achsenspiegelung an der y-Achse, gefolgt von einer Achsenspiegelung an der x-Achse. Damit muss gelten:

$f(x) = -g(-x)$

Beispiel: $g(x) = -x^4 + 3x^3 - 2$
$f(x) = -g(-x)$
$= -(-(-x)^4 + 3(-x)^3 - 2)$
$= x^4 + 3x^3 + 2$

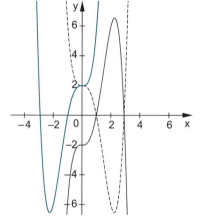

120 Achsensymmetrie zur x-Achse kann bei einer Funktion nicht auftreten, da sonst ein x-Wert gleichzeitig auf zwei Funktionswerte abgebildet werden würde. Dies widerspricht der Definition einer Funktion.

Achsensymmetrie zur y-Achse: $f(-x) = f(x)$

Punktsymmetrie zum Ursprung: $f(-x) = -f(x)$

a) $f(-x) = 2 \cdot 2^{-x} + 3^{-x}$

Wegen f(–x) ≠ f(x) und f(–x) ≠ –f(x) liegen **keine** Symmetrien vor.

b) $f(-x) = \dfrac{2(-x)^2}{-(-x)^4 + 1} = \dfrac{2x^2}{-x^4 + 1} = f(x)$

G_f verläuft **achsensymmetrisch** zur y-Achse.

c) $f(-x) = \dfrac{2 \cdot \sin(-x)}{(-x)^2} = \dfrac{-2 \cdot \sin x}{x^2} = -\dfrac{2 \cdot \sin x}{x^2} = -f(x)$

G_f verläuft **punktsymmetrisch** zum Ursprung.

d) $f(-x) = 3(-x)^3 - 2(-x) + 1 = -3x^3 + 2x + 1$

Es liegen **keine** Symmetrien vor.

121 a) $f(x) = 3 \cdot g(x) + 1$

$\qquad = 3 \cdot (x^3 - 1) + 1$

$\qquad = 3x^3 - 3 + 1$

$\qquad = \mathbf{3x^3 - 2}$

b) $f(x) = -2g(x + 1)$

$\qquad = -2 \cdot \dfrac{(x+1)^2 + 1}{(x+1)^3 - (x+1) + 1}$

$\qquad = -2 \cdot \dfrac{x^2 + 2x + 1 + 1}{x^3 + 3x^2 + 3x + 1 - x - 1 + 1}$

$\qquad = \dfrac{\mathbf{-2x^2 - 4x - 4}}{\mathbf{x^3 + 3x^2 + 2x + 1}}$

c) $f(x) = 2g\left(\dfrac{1}{3}x\right) - 2$

$\qquad = 2 \cdot \left(3 \cdot 5^{\frac{1}{3}x} - 1\right) - 2$

$\qquad = 6 \cdot 5^{\frac{1}{3}x} - 2 - 2$

$\qquad = 6 \cdot (5^{\frac{1}{3}})^x - 4$

$\qquad = \mathbf{6(\sqrt[3]{5})^x - 4}$

d) $f(x) = g(-x) - 2g(x)$

$\qquad = 2\sin x - 2 \cdot 2\sin(-x)$

$\qquad = 2\sin x + 4\sin x$

$\qquad = \mathbf{6\sin x}$

Hinweise und Tipps:
Es gilt sin(–x) = –sin x. Der Graph der Sinusfunktion sin x verläuft punktsymmetrisch zum Ursprung.

270 / Lösungen

122 a) $f(x) = \mathbf{2 \cdot g(x) - 1}$

b) $5x = \frac{5}{3} \cdot 3x \;\Rightarrow\; f(x) = \mathbf{g\!\left(\frac{5}{3}x\right)}$

c) $-3 = -\frac{3}{7} \cdot 7$ und $2^x = 8^{\frac{1}{3}x} \;\Rightarrow\; f(x) = \mathbf{-\frac{3}{7} \cdot g\!\left(\frac{1}{3}x\right)}$

d) $\dfrac{1}{x-1} + 7 = \dfrac{1}{x+1-2} + 7 = \dfrac{1}{(x-2)+1} + 7$

$\Rightarrow\; f(x) = \mathbf{g(x-2) + 7}$

123 Senkrechte Asymptote:
- Verschiebung in x-Richtung um c: Die senkrechte Asymptote wird um c mitverschoben.
- Verschiebung in y-Richtung um d: keine Veränderung
- Streckung in x-Richtung um den Faktor b: Der neue Schnittpunkt mit der x-Achse ist „b · alter Schnittpunkt". Die senkrechte Asymptote ändert ihre Lage.
- Streckung in y-Richtung um den Faktor a: keine Veränderung

Waagrechte Asymptote:
- Verschiebung in x-Richtung um c: keine Veränderung
- Verschiebung in y-Richtung um d: Die waagrechte Asymptote wird um d mitverschoben.
- Streckung in x-Richtung um den Faktor b: keine Veränderung
- Streckung in y-Richtung um den Faktor a: Der neue Schnittpunkt mit der y-Achse ist „a · alter Schnittpunkt". Die waagrechte Asymptote ändert ihre Lage.

Beispiel: $g\colon x \mapsto \dfrac{1}{x-1} + 1$

Verschiebung in x-Richtung:
f(x) = g(x − 2)

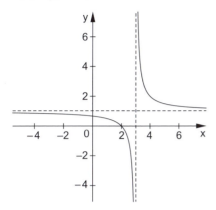

Verschiebung in y-Richtung:
f(x) = g(x) + 2

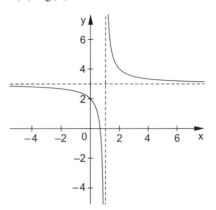

Streckung in x-Richtung:
f(x) = g(0,5x)

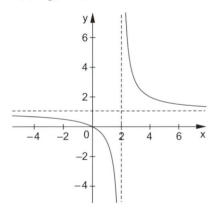

Streckung in y-Richtung:
f(x) = 2g(x)

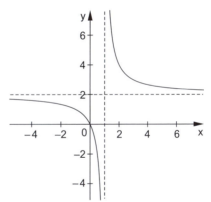

124 a) f_a ist eine Schar gebrochen-rationaler Funktionen. G_f besitzt genau an den Nullstellen der Nennerfunktion eine senkrechte Asymptote (falls diese nicht auch gleichzeitig Nullstellen der Zählerfunktion sind).
Senkrechte Asymptote bei x = −1,75, d. h., die Nennerfunktion muss für x = −1,75 den Wert null haben:
$(-1,75)^2 - a = 0$
$a = 3,0625$
Die Zählerfunktion darf für x = −1,75 nicht den Wert null haben:
$2 \cdot (-1,75)^2 + 3 \cdot (-1,75) - 0,25 = -0,625 \neq 0$ ✓
Für a = **3,0625** hat f_a eine senkrechte Asymptote bei x = −1,75

b) f: x ↦ cos x   W = [−1; 1]
f: x ↦ cos(0,1x)   W = [−1; 1]   (bewirkt nur eine Streckung in x-Richtung)
f: x ↦ 2,5 cos(0,1x)   W = [−2,5; 2,5] (bewirkt eine Streckung um 2,5 in y-Richtung)
f: x ↦ 2,5 cos(0,1x) + a   (bewirkt eine Verschiebung in y-Richtung)

Der Graph muss folgendermaßen verschoben werden, damit die Wertemenge der Funktion W = [−4; 1] ist:
−2,5 + a = −4 und 2,5 + a = 1 ⇒ a = −1,5
$f_{-1,5}$: x ↦ 2,5 cos(0,1x) **− 1,5** hat als Wertemenge W = [−4; 1].

c) $2^{-x} = \frac{1}{2^x} = \left(\frac{1}{2}\right)^x$

Wenn nun x immer größere Werte annimmt, wird der Wert von $\left(\frac{1}{2}\right)^x$ immer kleiner, also wird $-\left(\frac{1}{2}\right)^x$ immer größer.

Alle **a ∈ ℝ⁻** erzeugen Funktionen, deren Graph streng monoton steigend ist.

d) Eine quadratische Funktion hat genau dann eine doppelte Nullstelle, wenn die Diskriminante null ist:
$D = \sqrt{4a^2 - 4a^2} = 0$
Dies ist für alle **a ∈ ℝ** erfüllt.

125 a) $g(x) = x^2 + 1$
$f_1(x) = (x+3)^2 + 1$
$f_2(x) = (x+1)^2 + 1$
$f_3(x) = (x-2)^2 + 1$
$f_4(x) = (x-5)^2 + 1$

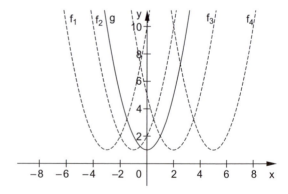

b) $g(x) = x^3$
$f_1(x) = (x+3)^3 - 2$
$f_2(x) = (x+3)^3 + 3$
$f_3(x) = (x-5)^3 - 2$
$f_4(x) = (x-5)^3 + 3$

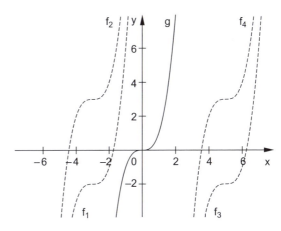

c) Man überlegt sich, durch welche Verschiebungen die gegebene Gerade aus der y-Achse (x = 0) bzw. der gegebene Punkt aus dem Ursprung (0|0) hervorgegangen ist. Anschließend verschiebt man rechnerisch den zu untersuchenden Funktionsgraphen genau so weit in die entgegengesetzte Richtung. Danach untersucht man die so entstandene Funktion auf Achsensymmetrie zur y-Achse bzw. Punktsymmetrie zum Ursprung. Ist sie vorhanden, war die ursprüngliche Funktion achsensymmetrisch zur gegebenen Parallele zur y-Achse bzw. punktsymmetrisch zum gegebenen Punkt.

126 a) P(–3|0): Ursprung um –3 in x-Richtung verschieben
$\Rightarrow$ G_f um +3 in x-Richtung verschieben $\Rightarrow$ G_g
$f(x) = 2x^3 + 18x^2 + 53x + 51$
$g(x) = 2(x-3)^3 + 18(x-3)^2 + 53(x-3) + 51$
$= 2(x^3 - 9x^2 + 27x - 27) + 18(x^2 - 6x + 9) + 53x - 159 + 51$
$= 2x^3 - 18x^2 + 54x - 54 + 18x^2 - 108x + 162 + 53x - 108$
$= 2x^3 - x$

Es muss noch gezeigt werden, dass G_g punktsymmetrisch zum Ursprung verläuft. Entweder erkennt man, dass es sich bei g um eine ganzrationale Funktion handelt, bei der nur ungerade Exponenten auftauchen und kein Summand ohne Variable vorkommt ($\Rightarrow$ punktsymmetrisch zum Ursprung), oder man testet:

$g(-x) = 2(-x)^3 - (-x) = -2x^3 + x = -(2x^3 - x) = -g(x)$ ✓

$\Rightarrow$ G_g verläuft punktsymmetrisch zum Ursprung
$\Rightarrow$ G_f verläuft **punktsymmetrisch zu P(–3|0)**

274 / **Lösungen**

b) $x = 2$: y-Achse um $+2$ in x-Richtung verschieben
$\Rightarrow$ G_f um -2 in x-Richtung verschieben $\Rightarrow$ G_g

$f(x) = -x^4 + 8x^3 - 22x^2 + 24x - 11$

$$g(x) = -(x+2)^4 + 8(x+2)^3 - 22(x+2)^2 + 24(x+2) - 11$$
$$= -(x^4 + 8x^3 + 24x^2 + 32x + 16) + 8(x^3 + 6x^2 + 12x + 8)$$
$$- 22(x^2 + 4x + 4) + 24(x+2) - 11$$
$$= -x^4 - 8x^3 - 24x^2 - 32x - 16 + 8x^3 + 48x^2 + 96x + 64$$
$$- 22x^2 - 88x - 88 + 24x + 48 - 11$$
$$= -x^4 + 2x^2 - 3$$

Es muss noch gezeigt werden, dass G_g achsensymmetrisch zur y-Achse verläuft. Entweder erkennt man, dass es sich bei g um eine ganzrationale Funktion handelt, bei der nur gerade Exponenten auftauchen ($\Rightarrow$ achsensymmetrisch zur y-Achse), oder man testet:

$g(-x) = -(-x)^4 + 2(-x)^2 - 3 = -x^4 + 2x^2 - 3 = g(x)$ ✔

$\Rightarrow$ G_g verläuft achsensymmetrisch zur y-Achse
$\Rightarrow$ G_f verläuft **achsensymmetrisch zu x = 2**

c) $P(1 \mid -3)$: Ursprung um $+1$ in x-Richtung und -3 in y-Richtung verschieben
$\Rightarrow$ G_f um -1 in x-Richtung und $+3$ in y-Richtung verschieben $\Rightarrow$ G_g

$f(x) = 2 \cdot 3^{x-1} - 3$

$$g(x) = 2 \cdot 3^{(x+1)-1} - 3 + 3$$
$$= 2 \cdot 3^x$$

Da die Graphen von Exponentialfunktionen weder achsensymmetrisch zur y-Achse noch punktsymmetrisch zum Ursprung verlaufen, weist G_g keine der genannten Symmetrien auf.

$\Rightarrow$ G_f verläuft **nicht** punktsymmetrisch zu $P(1 \mid -3)$

d) $x = -2$: y-Achse um -2 in x-Richtung verschieben
$\Rightarrow$ G_f um $+2$ in x-Richtung verschieben $\Rightarrow$ G_g

$f(x) = 2\cos(x+2) + \dfrac{x^2}{3} + \dfrac{4x}{3} + \dfrac{213}{71}$

$$g(x) = 2\cos((x-2)+2) + \frac{(x-2)^2}{3} + \frac{4(x-2)}{3} + \frac{213}{71}$$
$$= 2\cos x + \frac{x^2 - 4x + 4}{3} + \frac{4x - 8}{3} + \frac{9}{3}$$
$$= 2\cos x + \frac{x^2 - 4x + 4 + 4x - 8 + 9}{3}$$
$$= 2\cos x + \frac{x^2 + 5}{3}$$

Es muss noch gezeigt werden, dass G_g achsensymmetrisch zur y-Achse verläuft:

$$g(-x) = 2\cos(-x) + \frac{(-x)^2 + 5}{3}$$

Hinweise und Tipps:
Es gilt $\cos(-x) = \cos x$.

$$= 2\cos x + \frac{x^2 + 5}{3} = g(x)\ \checkmark$$

$\Rightarrow$ G_g verläuft achsensymmetrisch zur y-Achse
$\Rightarrow$ G_f verläuft **achsensymmetrisch zu x = –2**

127 a) Zum Ursprung punktsymmetrische ganzrationale Funktion: $f: x \mapsto x^3$
Zu $P(-3\,|\,7)$ punktsymmetrisch, d. h., die Funktion muss in x-Richtung um –3 und in y-Richtung um +7 verschoben werden:

$f: x \mapsto (x+3)^3 + 7$

b) Zur y-Achse achsensymmetrische Funktion: $f: x \mapsto x^2$
Achsensymmetrisch zu $x = -3$: $f: x \mapsto (x+3)^2$
Nach unten geöffnet: $f: x \mapsto -(x+3)^2$
$W = \,]-\infty;\,7\,]$: **$f: x \mapsto -(x+3)^2 + 7$**

c) Zum Ursprung punktsymmetrische trigonometrische Funktion: $f: x \mapsto \sin x$
Punktsymmetrisch zu $P(-1\,|-1)$: **$f: x \mapsto \sin(x+1) - 1$**

d) **$f: x \mapsto 1$**
Punktsymmetrisch zu $P(0\,|\,1)$ und achsensymmetrisch zur y-Achse.
Genauer: • punktsymmetrisch zu jedem Punkt $P(0\,|\,n)$, $n \in \mathbb{R}$ und
• achsensymmetrisch zu jeder Parallele der y-Achse $x = n$, $n \in \mathbb{R}$

Ihre Meinung ist uns wichtig!

Ihre Anregungen sind uns immer willkommen. Bitte informieren Sie uns mit diesem Schein über Ihre Verbesserungsvorschläge!

Titel-Nr.	Seite	Vorschlag

Lernen • Wissen • Zukunft
STARK

Bitte hier abtrennen

23-V1T_NW

Bitte ausfüllen und im frankierten Umschlag
an uns einsenden. Für Fensterkuverts geeignet.

Zutreffendes bitte ankreuzen!
Die Absenderin/der Absender ist:

☐ Lehrer/in in den Klassenstufen:

☐ Fachbetreuer/in
Fächer:

☐ Seminarlehrer/in
Fächer:

☐ Regierungsfachberater/in
Fächer:

☐ Oberstufenbetreuer/in

☐ Schulleiter/in
☐ Referendar/in, Termin 2. Staats-
examen:
☐ Leiter/in Lehrerbibliothek
☐ Leiter/in Schülerbibliothek
☐ Sekretariat
☐ Eltern
☐ Schüler/in, Klasse:
☐ Sonstiges:

Unterrichtsfächer: (Bei Lehrkräften!)

STARK Verlag
Postfach 1852
85318 Freising

Kennen Sie Ihre Kundennummer?
Bitte hier eintragen.

Absender (Bitte in Druckbuchstaben!)

Name/Vorname

Straße/Nr.

PLZ/Ort/Ortsteil

Telefon privat   Geburtsjahr

E-Mail

Schule/Schulstempel (Bitte immer angeben!)

Bitte hier abtrennen

Sicher durch das Abitur!

Effektive Abitur-Vorbereitung für Schülerinnen und Schüler:
Klare Fakten, systematische Methoden, prägnante Beispiele sowie Übungsaufgaben auf Abiturniveau mit erklärenden Lösungen zur Selbstkontrolle.

Mathematik

Analysis mit Hinweisen zur CAS-Nutzung	Best.-Nr. 540021
Analytische Geometrie und lineare Algebra	Best.-Nr. 54008
Analytische Geometrie – mit Hinweisen zu GTR-/CAS-Nutzung	Best.-Nr. 540038
Stochastik	Best.-Nr. 94009
Analytische Geometrie – Bayern	Best.-Nr. 940051
Analysis – Bayern	Best.-Nr. 9400218
Analysis Pflichtteil Baden-Württemberg	Best.-Nr. 840018
Analysis Wahlteil Baden-Württemberg	Best.-Nr. 840028
Analytische Geometrie Pflicht- und Wahlteil Baden-Württemberg	Best.-Nr. 840038
Stochastik Pflicht- und Wahlteil Baden-Württemberg	Best.-Nr. 840091
Klausuren Mathematik Oberstufe	Best.-Nr. 900461
Stark in Klausuren Funktionen ableiten Oberstufe	Best.-Nr. 940012
Kompakt-Wissen Abitur Analysis	Best.-Nr. 900151
Kompakt-Wissen Abitur Analytische Geometrie	Best.-Nr. 900251
Kompakt-Wissen Abitur Wahrscheinlichkeitsrechnung und Statistik	Best.-Nr. 900351
Kompakt-Wissen Abitur Kompendium Mathematik – Bayern	Best.-Nr. 900152
Abitur-Skript Mathematik – Bayern	Best.-Nr. 950051

Chemie

Chemie 1 – Gleichgewichte · Energetik · Säuren und Basen · Elektrochemie	Best.-Nr. 84731
Chemie 2 – Naturstoffe · Aromatische Verbindungen · Kunststoffe	Best.-Nr. 84732
Chemie 1 – Bayern Aromatische Kohlenwasserstoffe · Farbstoffe · Kunststoffe · Biomoleküle · Reaktionskinetik	Best.-Nr. 947418
Methodentraining Chemie	Best.-Nr. 947308
Rechnen in der Chemie	Best.-Nr. 84735
Abitur-Wissen Protonen und Elektronen	Best.-Nr. 947301
Abitur-Wissen Stoffklassen organischer Verbindungen	Best.-Nr. 947304
Abitur-Wissen Biomoleküle	Best.-Nr. 947305
Abitur-Wissen Chemie am Menschen – Chemie im Menschen	Best.-Nr. 947307
Klausuren Chemie Oberstufe	Best.-Nr. 107311
Kompakt-Wissen Abitur Chemie Organische Stoffklassen Natur-, Kunst- und Farbstoffe	Best.-Nr. 947309
Kompakt-Wissen Abitur Chemie Anorganische Chemie, Energetik · Kinetik · Kernchemie	Best.-Nr. 947310

Alle so gekennzeichneten Titel sind auch als eBook über **www.stark-verlag.de** erhältlich.

Biologie

Biologie 1 – Strukturelle und energetische Grundlagen des Lebens · Genetik und Gentechnik · Der Mensch als Umweltfaktor – Populationsdynamik und Biodiversität	Best.-Nr. 947038
Biologie 2 – Evolution · Neuronale Informationsverarbeitung · Verhaltensbiologie	Best.-Nr. 947048
Biologie 1 – Baden-Württemberg Zell- und Molekularbiologie · Genetik · Neuro- und Immunbiologie	Best.-Nr. 847018
Biologie 2 – Baden-Württemberg Evolution · Angewandte Genetik und Reproduktionsbiologie	Best.-Nr. 847028
Biologie 1 – NRW, Zellbiologie, Genetik, Informationsverarbeitung, Ökologie	Best.-Nr. 54701
Biologie 2 – NRW, Angewandte Genetik · Evolution	Best.-Nr. 54702
Chemie für den LK Biologie	Best.-Nr. 54705
Grundlagen, Arbeitstechniken und Methoden	Best.-Nr. 94710
Abitur-Wissen Genetik	Best.-Nr. 94703
Abitur-Wissen Neurobiologie	Best.-Nr. 94705
Abitur-Wissen Verhaltensbiologie	Best.-Nr. 94706
Abitur-Wissen Evolution	Best.-Nr. 94707
Abitur-Wissen Ökologie	Best.-Nr. 94708
Abitur-Wissen Zell- und Entwicklungsbiologie	Best.-Nr. 94709
Klausuren Biologie Oberstufe	Best.-Nr. 907011
Kompakt-Wissen Abitur Biologie Zellbiologie · Genetik · Neuro- und Immunbiologie Evolution – Baden-Württemberg	Best.-Nr. 84712
Kompakt-Wissen Abitur Biologie Zellen und Stoffwechsel Nerven · Sinne und Hormone · Ökologie	Best.-Nr. 94712
Kompakt-Wissen Abitur Biologie Genetik und Entwicklung Immunbiologie · Evolution · Verhalten	Best.-Nr. 94713
Kompakt-Wissen Abitur Biologie Fachbegriffe der Biologie	Best.-Nr. 94714

(Bitte blättern Sie um)

Physik

Physik 1 – Elektromagnetisches Feld und Relativitätstheorie	Best.-Nr. 943028
Physik 2 – Aufbau der Materie	Best.-Nr. 943038
Mechanik	Best.-Nr. 94307
Abitur-Wissen Elektrodynamik	Best.-Nr. 94331
Abitur-Wissen Aufbau der Materie	Best.-Nr. 94332
Klausuren Physik Oberstufe	Best.-Nr. 103011
Kompakt-Wissen Abitur Physik 1 – Mechanik, Thermodynamik, Relativitätstheorie	Best.-Nr. 943012
Kompakt-Wissen Abitur Physik 2 – Elektrizitätslehre, Magnetismus, Elektrodynamik, Wellenoptik	Best.-Nr. 943013
Kompakt-Wissen Abitur Physik 3 Atom-, Kern- und Teilchenphysik	Best.-Nr. 943011

Erdkunde/Geographie

Geographie Oberstufe	Best.-Nr. 949098
Geographie 1 – Bayern	Best.-Nr. 94911
Geographie 2 – Bayern	Best.-Nr. 94912
Geographie 2014 – Baden-Württemberg	Best.-Nr. 84906
Geographie – NRW Grundkurs · Leistungskurs	Best.-Nr. 54902
Prüfungswissen Geographie Oberstufe	Best.-Nr. 14901
Abitur-Wissen Entwicklungsländer	Best.-Nr. 94902
Abitur-Wissen Europa	Best.-Nr. 94905
Abitur-Wissen Der asiatisch-pazifische Raum	Best.-Nr. 94906
Kompakt-Wissen Abitur Erdkunde Allgemeine Geografie · Regionale Geografie	Best.-Nr. 949010
Kompakt-Wissen Abitur – Bayern Geographie Q11/Q12	Best.-Nr. 9490108

 Alle so gekennzeichneten Titel sind auch als eBook über **www.stark-verlag.de** erhältlich.

Englisch

Übersetzung	Best.-Nr. 82454
Grammatikübungen	Best.-Nr. 82452
Themenwortschatz	Best.-Nr. 82451
Grundlagen, Arbeitstechniken, Methoden mit Audio-CD	Best.-Nr. 944601
Sprachmittlung	Best.-Nr. 94469
Sprechfertigkeit mit Audio-CD	Best.-Nr. 94467
Klausuren Englisch Oberstufe	Best.-Nr. 905113
Abitur-Wissen Landeskunde Großbritannien	Best.-Nr. 94461
Abitur-Wissen Landeskunde USA	Best.-Nr. 94463
Abitur-Wissen Englische Literaturgeschichte	Best.-Nr. 94465
Kompakt-Wissen Abitur Wortschatz Oberstufe	Best.-Nr. 90462
Kompakt-Wissen Abitur Landeskunde/Literatur	Best.-Nr. 90463
Kompakt-Wissen Kurzgrammatik	Best.-Nr. 90461
Kompakt-Wissen Grundwortschatz	Best.-Nr. 90464

Deutsch

Dramen analysieren und interpretieren	Best.-Nr. 944092
Erörtern und Sachtexte analysieren	Best.-Nr. 944094
Gedichte analysieren und interpretieren	Best.-Nr. 944091
Epische Texte analysieren und interpretieren	Best.-Nr. 944093
Abitur-Wissen Erörtern und Sachtexte analysieren	Best.-Nr. 944064
Abitur-Wissen Textinterpretation Lyrik · Drama · Epik	Best.-Nr. 944061
Abitur-Wissen Deutsche Literaturgeschichte	Best.-Nr. 94405
Abitur-Wissen Prüfungswissen Oberstufe	Best.-Nr. 94400
Kompakt-Wissen Rechtschreibung	Best.-Nr. 944065
Kompakt-Wissen Literaturgeschichte	Best.-Nr. 944066
Klausuren Deutsch Oberstufe	Best.-Nr. 104011

Natürlich führen wir noch mehr Titel für alle Fächer und Stufen: Alle Informationen unter
www.stark-verlag.de

Bestellungen bitte direkt an:
STARK Verlagsgesellschaft mbH & Co. KG · Postfach 1852 · 85318 Freising
Tel. 0180 3 179000* · Fax 0180 3 179001* · www.stark-verlag.de · info@stark-verlag.de
*9 Cent pro Min. aus dem deutschen Festnetz, Mobilfunk bis 42 Cent pro Min.
Aus dem Mobilfunknetz wählen Sie die Festnetznummer: 08167 9573-0

Lernen ▪ Wissen ▪ Zukunft
STARK